Svelte 프레임워크를 이용한
웹 프런트엔드 기초부터 실전 SNS 프로젝트까지

스벨트로 시작하는
웹 프런트엔드

스벨트로 시작하는
웹 프런트엔드

Svelte 프레임워크를 이용한 웹 프런트엔드 기초부터 실전 SNS 프로젝트까지

서문

약 10년 전부터 웹(Web)이라는 분야에서 자바스크립트(JavaScript)를 이용한 웹 프런트엔드가 하나의 카테고리로 자리 잡기 시작했습니다. 당시의 웹 프런트엔드는 아주 단순했고 jQuery라는 기술만 익히면 개발 가능했습니다. 하지만 그 이후 지금까지 Angular, React, Vue는 물론 Ember.js, Backbone, Blaze 등 이름을 전부 나열하기도 힘들 정도로 많은 기술이 쏟아져 나왔습니다.

이러한 기술들은 다양한 측면에서 기존 방법의 몇 배로 생산성을 높였습니다. 그래서 새로운 기술을 배우는 것은 언제나 즐거움이었습니다. 하지만 시간이 흐르면서 각 프런트엔드가 내세우는 장점들은 더는 새로운 것이 아니게 됩니다.

저는 웹 프런트엔드의 본질은 HTML, CSS, JavaScript를 이용해서 효율적으로 화면을 그리는 것이라고 생각합니다. 프런트엔드 프레임워크들도 결국 이와 같은 이유로 존재한다고 생각합니다. 하지만 새로운 것이 사라진 이후부터는 각각의 프레임워크에서 내세우는 비슷한 기능의 다른 문법만이 남게 되었던 것 같습니다. 이것은 더 이상 흥미롭지도 효율적이지도 않게 다가왔습니다.

그러다가 만난 기술이 스벨트(Svelte)였습니다. 스벨트와의 첫 만남은 'Frameworks without the Framework'라는 제목의 어떤 블로그 글이었습니다. '프레임워크가 없는 프레임워크'라는 소개가 굉장히 신선했습니다. 실제로 스벨트로 작성한 코드들은 다른 프레임워크의 코드보다 자신만의 문법을 강요하는 장치적인 부분이 적었고 자바스크립트 고유의 모습에 가까웠습니다.

스벨트를 통해 다시금 깨달은 것은, 결국 우리가 프런트엔드에서 다루는 기술은 자바스크립트이고 자바스크립트를 효율적으로 활용해 화면을 그리는 것이 프런트엔드 개발이라는 점입니다. 이러한 이유로 프런트엔드에 관심을 가지고 계신 분이나 이미 현업에서 활동하는 분들 모두에게 이 스벨트란 기술을 추천합니다.

사전 지식

대부분의 내용은 자바스크립트를 중심으로 진행됩니다. 자바스크립트 또는 프로그램에 대한 기초적인 이해가 있다면 큰 무리 없이 이해할 수 있으며, HTML과 CSS에 대한 기본 이해가 있다면 좀 더 수월하게 학습 가능합니다.

개발 환경

윈도우, 맥, 리눅스 등 모든 OS 환경에서 개발 가능합니다. 실습을 위한 에디터는 비주얼 스튜디오 코드(무료)를 사용하며, 코드는 기본적으로 구글 크롬을 통해 실행합니다.

▶ **소스 코드 다운로드** https://github.com/bjpublic/Svelte

책의 구성

챕터 01. Svelte 소개

스벨트를 소개하고 다른 프레임워크와 어떤 차이점이 있는지 알아봅니다.

챕터 02. 학습 환경

학습 환경 설정과 예제 파일의 구성 등을 알아봅니다.

챕터 03~06. 컴포넌트/스타일 및 효과

스벨트의 핵심이 되는 컴포넌트의 구성 및 특징 그리고 컴포넌트를 조작하는 방법을 학습합니다.

김근영

2000년도 중반부터 본격적으로 웹 개발을 시작하여 현재까지 프리랜서 개발자로 활동하고 있습니다. 약 5년간 Amplix BI 솔루션 실무자 교육을 진행하고 개발을 지원하며 새로운 기술을 효율적으로 전달하는 경험을 쌓았습니다.

현재는 개발 업무와 함께 개발자들에게 도움이 될 만한 웹 프런트엔드 분야의 새로운 기술을 찾고, 강좌와 책을 통해 이를 공유하고 있습니다.

현) 프리랜서 개발자
전) ㈜비즈플러그 전략솔루션 사업부 팀장
전) ㈜퍼니몽키스 위니스토리 서비스 개발 팀장

▶ **블로그** https://medium.com/freeseamew
▶ **깃허브** https://github.com/freeseamew
▶ **스벨트 강좌** https://www.inflearn.com/course/만들면서-배우는-스벨트/

베타 리더 추천사

자바스크립트는 웹 개발을 하는 사람이라면 누구나 아는 친숙한 언어입니다. 저 또한 개발에 입문할 때 공부했던 언어이고 지금까지도 사용하고 있습니다. 자바스크립트로 좀 더 편하고 원활하게 개발할 수 있도록 도와주는 몇 가지 프레임워크가 있는데 스벨트도 그 중 하나입니다. 아직 한국에서는 낯선 이름이지만, 해외에서는 이미 스벨트에 대한 관심도가 급증하고 있다고 합니다.

이 책은 제가 본 여느 책이나 온라인 문서보다 스벨트에 대해 자세하게 설명합니다. 스벨트 라이브러리나 커뮤니티가 아직 많이 구축되지 않은 상황에서 이 책처럼 여러 번의 실습으로 스벨트를 익힐 수 있는 공인된 자료가 얼마나 귀한지 모르겠습니다. 새로운 것에 호기심을 느끼고 관심을 가지는 분들께 이 책을 추천합니다. 특히 React, Vue와 같은 프레임워크를 이미 접해본 분들이라면 공통점과 차이점을 비교하며 제가 느낀 놀라움을 경험하실 수 있을 겁니다.

프런트엔드 엔지니어 권예나

저는 웹 프런트엔드 도구로 Angular와 React를 사용해 왔습니다. 프런트엔드에 대한 기본 지식이 있는 상태에서 선입관을 가지고 스벨트를 처음 접했고, 스벨트 역시 기본적인 철학과 프로그래밍 방식에서는 다른 프레임워크와 비슷할 거라 생각했습니다. 그리고 책을 펼친 후 단 몇 초 만에 제 생각은 잘못되었다는 것을 깨달았습니다.

스벨트는 굉장히 간결하고 유연한 도구였습니다. 어느 정도의 보일러 플레이트 코드가 필요했던 다른 도구와는 달리, 문제의 핵심에 바로 다가설 수 있었습니다. 어떤 구조에 함몰되지 않고 간단한 컴포넌트로 시작할 수 있어서 생각하는 대로 프로그래밍하는 즐거움을 주었고, 구조에 대한 고민 없이 시원시원하게 프런트엔드를 맞이하는 새로운 느낌이었습니다. 차근차근 구조를 확장하며 라우터를 붙이고 REST API를 처리하는 과정은 직관적이고 이해하기 쉬웠습니다.

영민한 분이라면 하루 새에도 자신의 프로젝트에 스벨트를 적용해볼 수 있을 겁니다. 그리고 그에 필요한 지식은 이 책에서 모두 얻을 수 있습니다. 현대적인 번들링 방법과 자바스크립트 지식, 번들링 방법과 스타일시트 등의 사용 팁, 실제로 동작하는 Todo 앱과 간단한 소셜 미디어를 만들어 보며 전체적인 흐름을 익힐 수 있습니다. 더 나아가 미티어를 이용한 예제를 통해 풀 스택에서 전체적으로 어떻게 연동이 되어 사용할 수 있는지 영감을 얻을 수 있습니다.

제가 느낀 프런트엔드 본연의 재미를 여러분도 경험해 보세요. 그리고 더욱 빠르게 만들어 보세요!

카카오뱅크 모바일 프로그래머 김용욱

최근 React, Angular, Vue 등의 프레임워크를 사용한 프런트엔드 개발이 주류 기술로 떠오르며 프레임워크에 대한 방대한 지식을 습득해야만 한다는 부담감이 크게 늘었습니다. 스벨트는 이러한 틀을 벗어나 '프레임워크 없는 프레임워크'라는 슬로건을 내세워 순수 자바스크립트를 작성하듯 프런트엔드 개발을 할 수 있게 해줍니다.

이 책에서는 스벨트의 장점과 기능 그리고 기존 프런트엔드 프레임워크와의 차이점을 예제와 함께 자세히 소개합니다. 프런트엔드 개발이 처음인 분은 손쉬운 프런트엔드 개발 방법을, 이미 경험이 있는 분은 기존 틀에서 벗어난 새로운 사고방식을 얻어갈 수 있을 것입니다.

한국어로 작성된 스벨트 자료가 많지 않은 지금, 이 책은 여러분에게 스벨트를 안내해 주는 좋은 길잡이가 될 것입니다.

데브시스터즈 프런트엔드 개발자 문태근

저는 4년 전 Angular로 프런트엔드 프레임워크의 세계에 입문했고, Vue 프로젝트를 진행한 경험이 있으며 현재는 React를 사용 중입니다. 약 10년간 웹 개발 업계에서 커리어를 쌓으며 프런트엔드 프레임워크 3대장을 모두 경험해 본 사람으로서 새로운 개발 트렌드인 스벨트 또한 경험해 보고 싶었습니다. 하지만 스벨트에 대한 한국어 자료가 부족하여 개괄과 대략적인 사용법 정도만 이해할 수 있었습니다. 그런데 이 책을 통해 비로소 스벨트의 A부터 Z까지 알게 되었고, 스벨트가 기존 프런트엔드 프레임워크 그 이상의 확실한 메리트가 있는 매력적인 도구라는 생각이 확고해졌습니다.

이 책은 자바스크립트를 잘 모르는 입문자나 학생이 읽기에도 문제없는 책입니다. 웹 프로그래밍에서 자주 쓰이는 이벤트 또는 핵심적인 기초 지식이 잘 정리되어 있어 지식을 정리하는 데 굉장히 유용합니다. 특히 Vue나 React와 비교하여 스벨트의 코드가 어떤 장점을 가지는지 비교하며 설명한 점이 좋았습니다. 기존에 프런트엔드 프레임워크를 사용해 본 경험이 있는 저와 같은 사람들이라면 더욱 즐겁게 완독할 수 있을 것입니다.

이 책의 도움을 받아, 약 2주 만에 사내에서 사용할 작은 관리자 페이지를 빠르게 개발할 수 있었습니다. 그 관리자 사이트는 현재 전사적 도입을 승인받은 상태입니다. 미니멀하지만 강력한 프레임워크를 핵심 위주로 설명하고 있는 이 책을 강력히 추천합니다!

한국플랫폼시스템(KPS) 플랫폼개발자 **원은재**

이 책은 스벨트 입문서로 손색없습니다. 그 이유는 2가지입니다.

첫째, 스벨트의 문법마다 이해하기 쉬운 예시들이 있어 학습하기 수월합니다.

둘째, 저와 같이 책을 읽으며 코드를 타이핑하는 독자에게 편의를 제공합니다. 이 책의 최대 강점이라고 생각하는 'SNS 서비스 만들기' 프로젝트는 Github의 강의 자료를 통해 별도의 백엔드 서버 구축 없이 API를 구성할 수 있습니다. 그리고 마크업 파일을 별도로 제공하므로 스벨트만의 로직에 집중하여 책을 읽을 수 있습니다. 또한, 이전 코드에서 변경 또는 추가된 사항을 매번 명시하여 순차적으로 진행되는 프로젝트의 코드를 파악하기 수월합니다.

현 프런트엔드 3대장 Angular, React, Vue 체제 속에서 보다 적은 코드로 강력한 결과를 내는 스벨트가 꾸준히 상승세를 타고 있는 지금, 이 책으로 스벨트를 공부하는 것을 추천합니다.

NTS UI 개발자 임태현

스벨트를 쉽고 빠르고 확실하게 배울 수 있는 최고의 입문서!

끊임없이 발전하는 자바스크립트 생태계에 던져진 우리는 계속해서 학습할 수밖에 없습니다. 저는 최대의 효율로 학습하기 위해 항상 좋은 선생님, 좋은 강의, 좋은 책을 찾습니다. 그리고 좋은 스벨트 책이 나왔다고 하여 뒤도 돌아보지 않고 빠르게 읽어 보았습니다.

단도직입적으로 말씀드리자면 이 책은 좋은 책입니다. 스벨트 입문서답게 스벨트를 닮아서 쉽고 간결하지만 빠진 부분은 없습니다. 이해하기 쉽게 설명하여 막힘없이 술술 읽혔고 개발 환경 세

팅부터 토이 프로젝트까지 진행되는 구성이 굉장히 짜임새 있습니다. 덧셈을 먼저 배우고 뺄셈과 곱셈을 거쳐 나눗셈까지 배우는 느낌이랄까요?

가상 돔 없이 동작해서 React나 Vue보다 가볍고, 문법이 간결하여 코드양을 획기적으로 줄일 수 있는 스벨트를 쉽고 빠르게 습득한 좋은 시간이었습니다. 스벨트에 관심 있고 배워보고자 한다면 이 책을 읽으세요.

웹 개발자 Jaymon **주재만**

스벨트가 제공하는 다양한 기능을 정리하기에 좋은 책입니다. 특히, 스벨트뿐만 아니라 프런트엔드 프레임워크 트렌드와 역사, 번들러, 비동기통신, 스크롤링 등 웹 프런트엔드 개발자가 알아야 하는 기본기를 효과적으로 다루는 책입니다. 스벨트를 통해 웹 앱을 만들어 보고 싶은 비기너 분들에게 강력 추천합니다.

FE 개발자 **최지우**

목차

Chapter 01

Svelte 소개

Chapter 01
Svelte 소개

1-1 웹 프런트엔드의 과거와 현재

웹 프런트엔드의 역사는 사실상 자바스크립트(JavaScript)라는 언어의 역사와 함께 했습니다. 자바스크립트는 웹의 역사 초기부터 사용된 언어입니다. 초기 웹 환경에서는 중요한 기능은 대부분 서버에서 처리하고, 자바스크립트는 HTML에 동적인 기능을 추가하는 정도로만 사용되었습니다. 그리고 사실상 매우 동적이고 화려한 기능은 대부분 플래시(Flash)라는 기술로 만들었습니다. 하지만 AJAX[1]라는 개념이 나오면서 환경이 급변하게 됩니다. 자바스크립트라는 언어로 인해, 플래시라는 설치형 플러그인 없이도 충분히 동적이고 강력한 기능을 만들려는 시도가 이루어진 것입니다. 여기서부터 조금씩 백엔드와 프런트엔드가 분리될 조짐이 나타나기 시작했습니다. 자바스크립트가 단순히 HTML을 보조하는 것 이상의 기능을 하기 시작한 것입니다.

그리고 AJAX 열풍의 중심에서 jQuery라는 기술의 등장으로, 다시 한번 빅뱅이 일어납니다. jQuery의 등장으로 중구난방이던 프런트엔드 개발 과정이 어느 정도 일정한 규칙을 갖게 되었습니다. jQuery는 돔체인(DOM Chain) 방식이 핵심입니다. 돔체인은 div 영역의 id와 class 값으로 필요한 돔 요소를 검색해 해당 돔을 변경하거나 추가하는 방식으로 화면에 역동성 및 동적 기능을 구성하는 방식입니다. 당시로써는 정말 대단한 기술이었습니다. 플래시로나 구현 가능한 것

---

[1] Asynchronous JavaScript And XML의 줄임말. 서버에 필요한 데이터를 요청하면 요청받은 데이터는 XML, JSON 등의 형태로 클라이언트로 보내집니다. 그리고 이를 자바스크립트를 이용해 가공하여 화면의 필요한 부분을 수정하는 비동기 방식으로 처리합니다.

들이 jQuery로 구현되는 것을 보고 실제로 많은 개발자가 환호했던 것을 기억합니다.

하지만 이 돔체인 방식도 어느 순간부터 개발자들에게 지루함을 느끼게 했습니다. 마치 HTML 영역을 정글 탐험하듯, 필요한 돔을 찾아 헤매는 것이 '이게 맞나?'라는 생각을 가질 수밖에 없게 만들었는지도 모릅니다.

그래서 나온 기술이 Knockout.js나 Angular 1.0 같은 것이었습니다. 힘들게 돔을 찾아 헤매기 보다 HTML의 일정한 구획을 직접 조작하기 시작한 것입니다. 이때부터 등장한 개념이 바로 SPA(Single Page Application)입니다.

이어서 드디어 여러분도 잘 아는 React가 등장합니다. React가 나온 후 SPA 개발 방식이 당연한 듯 여겨지고, 한때 웹 개발의 표준이라고 생각했던 jQuery는 바뀌어야 할 구시대 기술이 되고 맙니다(물론 아직도 jQuery는 여러 곳에서 사용됩니다). React의 여러 장점 중에서 가장 큰 특징은 가상돔(Virtual DOM)입니다. 여러 가지 가상돔으로 이루어진 컴포넌트를 만들고 필요에 따라 조립해 쓰는 개념은 프런트엔드 개발의 당연한 공식과 같습니다. 여기에 Vue라는 새로운 프레임워크가 나오면서 이 가상돔을 이용한 기술은 점점 프런트엔드 환경의 중심에 서게 됩니다. 그리고 이 가상돔은 이를 이용한 Angular, React, Vue라는 속칭 프런트엔드의 3대장과 함께 황금기를 맞이하게 됩니다.

여기까지가 웹 프런트엔드의 역사입니다. 이런 역사를 아는 것이 무슨 소용이냐고 생각할지도 모르겠지만, 과거의 흔적은 미래를 조금이나마 알 수 있게 도와주는 작은 힌트가 될 수 있습니다.

1-2 Svelte의 등장

Svelte는 Vue보다 조금 늦게 나온 프런트엔드 프레임워크입니다. 그리고 2019년도에 버전3이 나온 후 많은 관심을 받기 시작했습니다.

Svelte 공식 사이트의 블로그의 첫 번째 포스트에는 다음과 같은 문구가 있습니다.

"Frameworks without the framework"

즉, 프레임워크가 없는 프레임워크, 어떻게 보면 말이 되지 않는 문구이지만 Svelte를 왜 만들었는지를 정말 잘 설명하는 구절이기도 합니다.

그럼 프레임워크가 무엇인지 생각해 보겠습니다.

라이브러리	재사용이 가능한 도구의 모음
프레임워크	도구의 모음을 넘어서, 개발자가 개발할 때 어떤 규칙과 패턴을 강제하는 말 그대로 틀(프레임)을 제공하는 역할도 합니다.

프레임워크를 사용할 때의 장점은 개발의 패턴을 쉽게 가질 수 있기 때문에 개발 품질을 일정 수준으로 유지하기 쉽다는 것입니다. 초보자도 조금만 익숙해지면 결국 프레임워크가 강제하는 패턴을 사용할 수밖에 없을 것입니다.

하지만 이 말은 그 패턴을 유지하기 위한 무언가를 계속해서 사용할 수밖에 없다는 뜻입니다. 즉, 코드양이 많아지는 것을 감수해야 합니다. React는 라이브러리이지만 실제로 사용할 때는 일정한 틀에 맞춰서 사용하게 됩니다. Hooks, Jsx, Redux 등이 좋은 예입니다. 그런 의미에서 React 역시 프레임워크라고 봐도 된다는 것이 필자의 생각입니다.

Svelte는 프레임워크의 틀을 지우는 것에서부터 시작했습니다. 우리는 결국 자바스크립트를 사용하기 때문에 '자바스크립트를 잘 사용한다면 굳이 이런 틀이 필요할까?'라는 생각에서 시작한 것입니다. 결국 자바스크립트를 효율적으로 사용할 수 있다면, 프레임에 해당하는 코드들은 언젠가부터 불필요한 요소가 될 수 있다는 것입니다.

여기서 한 가지 오해가 있을 수 있습니다. Svelte가 다른 프레임워크보다 무조건 좋다고 이야기하는 것이 아닙니다. 프레임워크에 대해 설명한 이유는 이 부분을 이해시키기 위해서입니다. 규칙을 제공하는 프레임워크가 주는 이점은 분명히 존재하고, 규칙만 잘 지키면 그만큼 제품 퀄리티가 보장되는 것은 굉장한 장점입니다.

Svelte는 이렇게 급변하는 프런트엔드 환경에서 다시 한번 프런트엔드의 근본, 즉 '우리가 사용하는 것은 결국 자바스크립트다.'라는 것을 말하고 싶었던 것인지도 모르겠습니다.

1-3 Svelte의 장점

Svelte의 공식 사이트 첫 화면에서 Svelte의 3가지 장점을 다음과 같이 말합니다.

1 Write less code(보다 적은 코드)

2 No virtual DOM(가상돔 없이)

3 Truly reactive(진정한 반응성)

1-3-1 Write less code: 보다 적은 코드

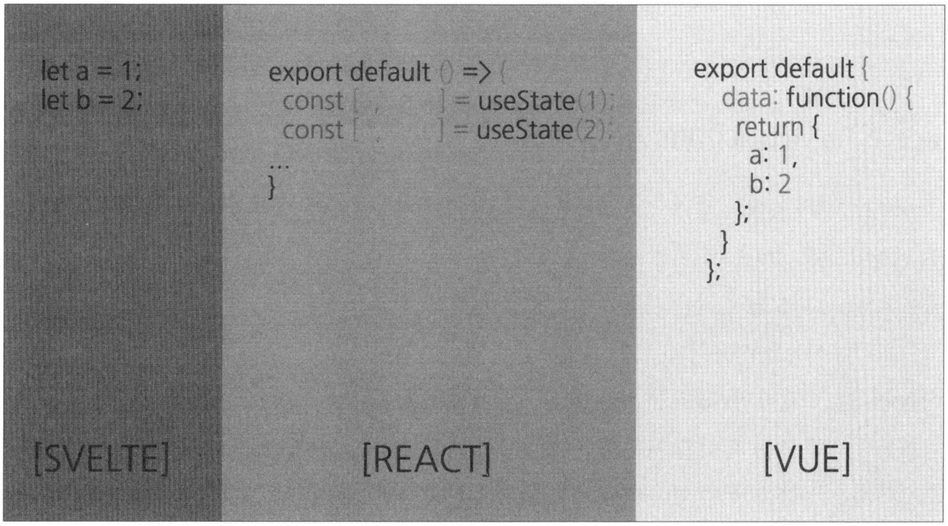

[그림 1-1] 프레임워크 코드 비교

가끔은 장황한 설명보다 한 줄의 코드가 더욱 명확할 때가 있습니다. [그림 1-1]의 코드는 Svelte, React, Vue에서 프런트엔드의 가장 기본이 되는 상태값을 정의하는 부분을 비교한 것입니다. Svelte의 첫 번째 특징인 '보다 적은 코드'를 아주 잘 설명할 수 있는 코드입니다. Svelte의 상태값은 특별한 규칙을 만들기보다 자바스크립트 변수 선언을 하는 것이 전부입니다.

다음은 Svelte의 이벤트입니다.

```
<script>
let count = 0;
const handleClick = () => count = count + 1
</script>

<button on:click={handleClick}>
  클릭 수 {count}
</button>
```

[코드 1-1] App.svelte - 이벤트 설명

여기서 사용된 handleClick이라는 이벤트는 자바스크립트 함수입니다. ES6부터 사용된 화살표함수를 이용해 한 줄로 만들었지만, 그 이전 방식 'function handleClick() {...}'으로 해도 상관없습니다. 상태와 그 상태를 변경해 주는 이벤트 모두 자바스크립트일 뿐이고 특정한 프레임을 위한 장치를 따로 사용하지 않았습니다. 이것이 바로 Svelte의 첫 번째 장점이 '보다 적은 코드'인 이유입니다.

1-3-2 No virtual DOM: 가상돔 없이

Virtual DOM은 돔에 직접적으로 접근하여 조작하는 것이 아니라, 돔을 자바스크립트 객체 형태로 만들어 메모리에 두고 이를 조작하는 방식입니다. 우리말로는 가상돔이라고 합니다. 이 가상돔은 React가 나오면서 많은 사람에게 사랑받아 온 개념입니다. 사실 가상돔은 속도도 나쁘지 않고, React나 Vue를 사용하다 보면 자연스럽게 받아들여지는 개념이라 나쁜 기술이라고 보기는 어렵습니다. 그렇다면 Svelte는 왜 가상돔을 사용하지 않는 것을 특징으로 내세웠을까요? 프레임워크를 설명한 것과 비슷한 이유 때문이 아닐까 생각합니다. 가상돔이 유용하지만 가상돔 없이 그것과 같은 성능을 낼 수 있다면 굳이 그 개념을 사용할 필요가 없으니까요.

그렇다면 Svelte는 어떻게 가상돔을 사용하지 않고 복잡한 화면의 요소, 즉 돔들을 제어할까요?

Svelte가 React, Vue와 가장 다른 부분은 컴파일(Compile)이라는 개념입니다. 최근 프런트엔드 개발은 대부분이 번들링이라는 과정을 거칩니다. Node.js 기반의 환경에서 수많은 플러그인이 사용되고, 이 플러그인들은 배포 시 하나의 파일로 모이게 됩니다. 이것을 번들링이라고 합니다. 이때 React와 Vue는 각각의 엔진을 번들링된 자바스크립트 파일에 포함시킵니다. 그리고 어떠한 액션이 발생하면 React와 Vue 엔진이 각각의 요청에 맞게 대응합니다. 즉, 앱이 작동되는 런타임(Runtime) 시 처리하는 것입니다. 하지만 Svelte는 최종적으로 번들되는 과정에서 엔진을 포함하는 것이 아니라 대부분의 코드를 '순수 자바스크립트로 변환'합니다. 이 과정을 컴파일이라고 생각하면 됩니다. 그래서 어떤 요청에 대한 준비가 런타임에서 일어나는 것이 아니라 배포 전 빌드타임(Build Time)에서 준비됩니다.

그래서 Svelte를 프레임워크라고 소개하지 않고, 구성요소들을 최적화된 자바스크립트로 변환하는 컴파일러라고 소개합니다. 가상돔이란 결국은 런타임 시 각각의 엔진에 의해 요청을 제어하는 것인데, Svelte는 빌드될 때 이런 요청에 대한 최적화 코드를 순수 자바스크립트로 미리 만들어 배포하기 때문에 가상돔이 필요 없는 것입니다.

이렇게 컴파일의 과정을 거치면 또 한 가지 장점이 생깁니다. 최종 빌드 결과물의 용량이 작아진다는 것입니다. React나 Vue는 런타임 대응을 위해 기본적으로 엔진을 빌드에 포함해야만 합니다. 하지만 Svelte는 컴파일 시 대부분을 자바스크립트로 만들기 때문에 굳이 엔진을 포함할 필요가 없습니다. 그래서 최종 빌드된 결과물의 용량이 작을 수밖에 없습니다. 빌드 파일이 작으면 네트워크 비용이 감소하는 등 다양한 이점을 가지게 됩니다.

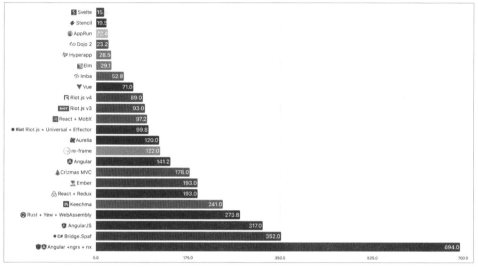

[그림 1-2] 빌드 사이즈 비교(자료 출처: https://bit.ly/3DgBm5C)

1-3-3 Truly reactive: 진정한 반응성

Svelte의 마지막 장점은 'Truly reactive', 진정한 반응성입니다. 프런트엔드 개발은 보통 하나의 동작으로 여러 가지를 처리해야 합니다. 메일함을 예로 들어 보겠습니다. 새로운 메일이 오면 리스트에 새 메일이 추가되고 알림 팝업이 뜹니다. 그리고 전체 메일 및 읽지 않은 메일의 개수가 증가합니다. 실제로는 새로운 메일이 도착했을 뿐이지만, 그 부수 효과로 알림 팝업, 개수 변화 등 다양한 변화가 일어나는 것입니다.

메인 이벤트가 일어났을 때, 즉 선언되었을 때 나머지 이벤트들이 자동으로 발생하게 할 수 있다면 개발이 훨씬 편할 것입니다. 바로 이 부분이 Reactive, 반응성적인 특징입니다. Svelte는 이 반응성을 광장히 쉽게 개발할 수 있게 설계되어 있습니다.

자, 그럼 이번엔 코드를 보겠습니다. 참고로 아직은 이 코드를 실행시킬 준비가 안 되어 있을 테니, 아래 링크에서 실행해 보겠습니다.

REPL링크: https://svelte.dev/repl/hello-world?version=3.38.2

PC에 개발환경이 준비되어 있지 않아도 간단한 코드는 REPL 링크에서 실행 가능합니다.

다음은 count라는 상태값(state)을 handleClick 이벤트로 증가시키는 코드입니다. [코드 1-2]를 실행시켜 봅니다.

```
<script>
let count = 0;
$: double = count * 2;
const handleClick = () => count = count + 1;
</script>

<button on:click={handleClick}>
  클릭 수 {count}
</button>
<p>두배 값: {double}</p>
```

[코드 1-2] App.svelte

클릭해 보면 클릭 수인 count와 함께 두 배 값인 double을 볼 수 있습니다.

[그림 1-3] 코드 실행 결과

double은 let으로 정의 내려진 상태값과는 다르게, 앞에 $: 키워드가 있는 것을 볼 수 있습니다. 뒤에서 배우겠지만 $:로 정의된 반응성 함수는 일반적인 상태값과는 다르게 호출 없이 알아서 작동합니다. 일종의 센서와 같은 역할을 하는 기호입니다. [코드 1-2]만 보더라도 count가 변경되면 자동으로 출력화면에서의 count와 함께 double도 count*2 값으로 변경됩니다.

Svelte로 만든 반응형 코드인 $: double = count*2가 Vue로 만들어질 경우 다음과 같습니다.

```
var vm = new Vue({
  el: '#example',
  data: {
    count: 0
  },
  computed: {
    double: function () {
      return this.count * 2;
    }
  }
})
```

[코드 1-3] Vue.js와 비교 코드 샘플

Svelte가 왜 반응성을 특징으로 내세운지 알 수 있습니다. 단순한 기호 하나만으로 자동으로 반응하는 선언 형식의 기능이 구현되는 것은 분명한 장점입니다.

지금까지 Svelte의 장점 3가지 '보다 적은 코드', '가상돔 없이', '진정한 반응성' 구현을 중심으로 Svelte라는 프레임워크에 대해서 알아봤습니다.

Svelte를 소개했던 구문인 'Frameworks without the framework(프레임워크가 없는 프레임워크)'로 돌아가 보겠습니다. 사실 프런트엔드의 프레임워크들은 서로 달라 보여도 많은 부분에서 비슷한 개념을 가지고 있습니다. Svelte에서 State라고 하는 상태값이 React에서는 useState, Vue에서는 data와 그 기능이 유사합니다. 결국은 프런트엔드 프레임워크는 상태값을 바탕으로 사용자가 보는 화면을 만드는 것이니까요. 프레임워크를 위한 문법이 적은 Svelte는, 이 3가지 장점으로 인해 다른 프레임워크보다 학습곡선이 낮을 수밖에 없습니다. Svelte를 통해 프런트엔드에 입문한다면 비슷한 개념의 다른 프레임워크도 쉽게 배울 수 있을 것입니다. 그리고 이미 다른 프레임워크를 사용하고 있다면, Svelte를 배우는 데에 많은 노력이 들지 않을 것입니다. 하나의 프레임워크를 깊이 있게 배우는 것도 중요하겠지만, 계속해서 변화하고 있는 프런트엔드 환경 속에서 좀 더 잘 적응하기 위해서는 새로운 프레임워크가 어떻게 진화하고 변해 가는지 계속해서 관심을 가져야만 할 것입니다.

자, 그럼 이 새로운 프런트엔드 프레임워크인 Svelte에 대해 배워 봅시다.

Chapter 02

학습 환경

Chapter 02
학습 환경

2-1 REPL을 통한 예제 실행방법

Svelte는 REPL(Read-Eval-Print-Loop) 환경을 통해, 별도의 설치 과정이나 컴파일 없이 코딩하고 바로 결과를 알 수 있는 서비스를 제공합니다. Svelte 공식 사이트에 접속하여 상단의 REPL 메뉴를 클릭합니다.

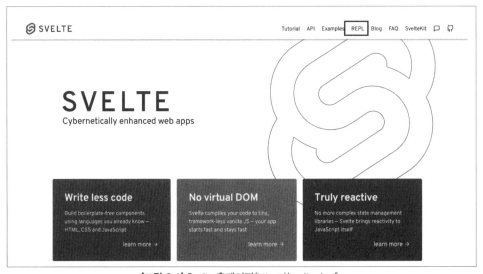

[그림 2-1] Svelte 홈페이지(https://svelte.dev/)

REPL 메뉴는 크게 세 부분으로 나뉩니다.

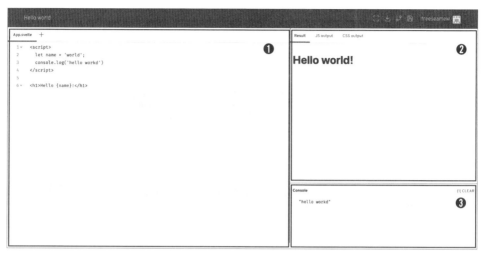

[그림 2-2] REPL 구성요소 설명

❶번은 코드를 입력하는 곳입니다. 이곳에 Svelte 코드를 입력하면 그 결과를 바로 확인할 수 있습니다. ❷번은 코드 실행화면이 나타나는 공간입니다. ❸번은 console.log로 출력되는 메시지가 보여지는 창입니다.

또한, 기본 파일 외에 다른 파일을 추가할 수 있습니다. 생성된 파일은 이름을 더블클릭해서 수정모드를 활성화한 다음 이름을 변경할 수 있습니다.

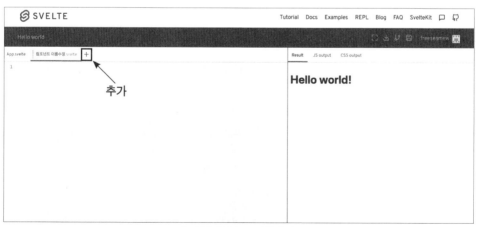

[그림 2-3] REPL 파일 추가

REPL을 통해서 기본적인 Svelte 코드를 실행하고 바로 결과를 볼 수 있습니다. 패키지 설치가 필요한 예제가 아니라면 이곳에서 실행 가능합니다.

2-2 로컬 개발환경 구축

Svelte는 일반적인 프런트엔드 프레임워크와 같이 Node.js가 설치된 환경에서 개발할 수 있습니다. 《챕터 7. Modal로 배우는 컴포넌트 실습》까지는 REPL 환경에서 실습할 예정이니 참고 바랍니다 (본격적인 프로젝트를 만들 때 환경부터 함께 구축하는 것이 학습하는 데에 일관성이 있을 것이라 생각하여 이렇게 진행합니다). 그래서 Svelte의 기본 문법 및 사용법을 익히는 《챕터 3~7》까지는 REPL로 진행하고 《챕터 8. 실전 프로젝트(1) - Todo 서비스 만들기》부터 여러분의 PC에 Svelte 개발환경을 구축하고 진행하겠습니다.

2-2-1 Node.js 환경설정

● Node.js 소개

Node.js란 V8 엔진을 이용해 브라우저 이외의 환경에서 자바스크립트를 실행할 수 있게 해 주는 런타임 도구입니다. Svelte를 통해 처음 웹 프런트엔드를 접하는 분이라면 Node.js로 시작하여 당황하는 분도 있을 것입니다. 현재 대부분의 프런트엔드 개발환경은 백엔드와 마찬가지로 로컬 Node.js 환경 위에서 작동합니다.

《챕터 1. Svelte 소개》에서 Svelte의 구동에 대해 잠깐 설명했습니다. 앱이 빌드되기 위해서는 번들링이라는 과정이 필요합니다. 이는 사용한 패키지들이 하나의 자바스크립트로 모이고, 여기에 Svelte로 작성된 코드들은 컴파일을 통해 순수 자바스크립트로 변경되는 과정입니다. 이 모든 과정이 바로 Node.js 환경을 통해 일어나는 것입니다.

그리고 번들링이나 컴파일 같은 작업은 커맨드라인에서 간단한 명령어를 입력하면 수행됩니다. 이 명령어를 통해 Node.js를 제어하는 환경을 CLI(Command Line Interface)라고 합니다.

Svelte를 사용하기 위해 Node.js를 깊이 배울 필요는 없습니다. 단지 실행되는 환경이 Node.js라는 것과 필요한 명령어 몇 가지만 알면 충분합니다.

● Node.js 설치

다음 사이트에서 OS에 따른 Node.js 설치 파일들을 다운받을 수 있습니다.

Node.js 설치 파일 다운로드   https://nodejs.org/ko/

파일을 다운로드 후 설치해 주세요. **이때 꼭 최신 버전이 아닌 LTS 버전을 사용하시길 바랍니다**
(2022년 1월을 기준으로 16.13.1이 최신 LTS 버전입니다).

설치 완료 후에는 cmd 창(터미널창)을 열고 다음 명령어를 입력합니다. 버전 정보가 나오면 여러분
의 PC에 Node.js가 정상적으로 설치된 것입니다.

```
node -v
```

```
Last login: Sun Aug 29 11:35:50 on ttys007

The default interactive shell is now zsh.
To update your account to use zsh, please run `chsh -s /bin/zsh`.
For more details, please visit https://support.apple.com/kb/HT208050.
MacBook-Pro:~ gimgeun-yeong$ node -v
v16.13.1
MacBook-Pro:~ gimgeun-yeong$
```

[그림 2-4] Node.js 버전 확인

참고로 윈도우 사용자의 경우 《**챕터 11. 실전 프로젝트(2) - SNS 서비스 만들기**》에서 백엔드 서버
로 사용되는 Slog-Server를 실행시키기 위해 다음 명령을 실행시켜야 하는 경우가 있습니다.
Windows PowerShell을 관리자 권한으로 열고 다음 명령어를 실행시키기 바랍니다.

```
Set-ExecutionPolicy RemoteSigned
// 물음이 나오면 y
Get-ExecutionPolicy
```

2-2-2 비주얼 스튜디오 코드 설치

●비주얼 스튜디오 코드 설치

이 책의 예제는 비주얼 스튜디오 코드를 기준으로 진행합니다. 무료로 사용할 수 있고, 다음 주소
에서 다운받을 수 있습니다.

비주얼 스튜디오 코드 무료 다운로드 https://code.visualstudio.com/

[그림 2-5] 비주얼 스튜디오 코드 설치

●비주얼 스튜디오 Svelte 관련 확장 패키지 설치

마켓 플레이스에서 Svelte를 검색하면 다양한 패키지를 찾아볼 수 있습니다. 이 중 필자가 기본적
으로 사용하는 패키지는 다음과 같습니다.

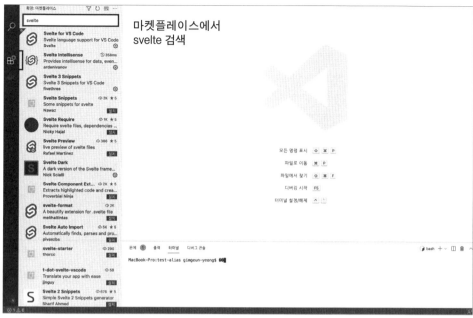

[그림 2-6] 비주얼 스튜디오 확장 패키지

Svelte for vs code	svelte intellisense, svelte 코드에서 기본 에러 표시 및 emmet 등을 사용할 수 있게 도와줌
Svlete3 Snippets	각종 단축어 사용 가능

2-2-3 Svelte 설치 및 실행

마지막으로 Svelte를 설치해 보겠습니다. 프로젝트를 수행할 폴더를 하나 만든 후 비주얼 스튜디오에서 해당 폴더를 선택해 프로젝트를 열겠습니다. 하단 바를 클릭하면 우측 하단 영역이 활성화됩니다. 터미널을 선택하면 해당 폴더 경로에서 터미널창이 열리고, 터미널창에서 커맨드라인 명령어를 실행할 수 있습니다. 참고로 하단 바를 한 번 더 클릭하면 터미널 영역이 닫힙니다.

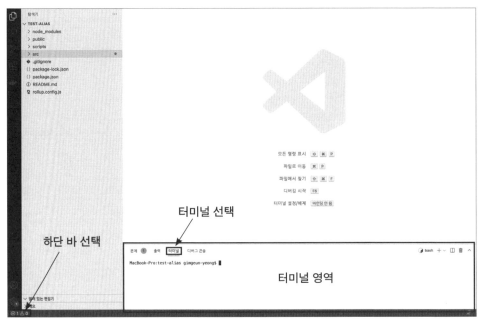

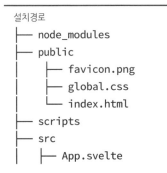

[그림 2-7] 비주얼 스튜디오 관련

이 터미널창에서 다음 명령어를 실행합니다. 참고로 현재 폴더가 프로젝트 생성 폴더이므로 경로를 './로 설정했습니다. './ 는 바로 현재 터미널의 경로를 의미합니다. 여기서 npx degit은 어떤 Git 리포지토리의 복사본을 만드는 명령어입니다. 즉 sveltejs/template이라는 것을 여러분의 폴더로 복사하는 과정입니다. 그리고 npm install을 이용해 연관 패키지들을 다운해 줍니다.

```
npx degit sveltejs/template ./
npm install
```

정상적으로 설치가 완료되면 다음과 같은 폴더 및 파일이 생성되어 있는 것을 확인할 수 있습니다.

```
설치경로
├── node_modules
├── public
│   ├── favicon.png
│   ├── global.css
│   └── index.html
├── scripts
├── src
│   ├── App.svelte
```

```
|    └── main.js
├── package.json
└── rollup.config.js
```

설치된 Svelte를 실행시킵니다. 터미널창에서 다음 명령어를 실행시킵니다.

```
npm run dev
```

정상적으로 실행되었다면 터미널에 [그림 2-8]과 같은 화면이 나타나는 것을 확인할 수 있습니다. Svelte가 실행되고 기본적으로 5000번 포트를 사용하는 것을 볼 수 있습니다.

[그림 2-8] Svelte 실행

브라우저에서 터미널에 나타난 주소인 localhost:5000으로 접속해 보겠습니다.

[그림 2-9] 브라우저에서 접속 화면

HELLO WORLD가 화면에 나타나면 Svelte가 정상적으로 실행된 것입니다.

2-3 Svelte 설치 폴더 설명

2-3-1 기본 구성요소 및 폴더 구조

Svelte 프로젝터의 구성요소를 설명하겠습니다. 이전에 설명한 것처럼 정상적으로 설치되면 다음과 같은 파일 및 폴더가 생성됩니다.

```
설치폴더
├── node_modules
├── public
│       ├── favicon.png
│       ├── global.css
│       └── index.html
├── scripts
├── src
│       ├── App.svelte
│       └── main.js
├── package.json
└── rollup.config.js
```

- ▶ **node_modules:** 설치된 패키지가 위치한 폴더
- ▶ **public:** 빌드 결과가 위치한 폴더
- ▶ **scripts:** Typescript 설정 파일이 위치한 폴더
- ▶ **package.json:** 설치된 패키지 정보가 들어 있는 파일
- ▶ **rollup.config.js:** rollup 설정 파일
- ▶ **src:** 실제 프로젝트 코드가 들어갈 폴더

node_modules는 npm 또는 npx 등을 이용해 패키지를 다운했을 때 다운한 폴더가 위치하는 공간입니다. scripts 폴더는 typescript 관련 설정 파일이 있는 폴더입니다. 이 두 폴더는 개발자가 수정할 일이 거의 없으니 용도만 알아두면 됩니다. package.json은 기본적으로는 설치된 패키지들의 정보가 들어 있는 파일입니다. 설치 패키지 정보 이외에도 프로젝트의 이름, 버전, 그리고 실행 스크립트 옵션 등도 설정할 수 있습니다.

```
{
  "name": "svelte-app",
  "version": "1.0.0",
```

```
  "private": true,
  "scripts": {
    "build": "rollup -c",
    "dev": "rollup -c -w",
    "start": "sirv public --no-clear"
  },
  "devDependencies": {
    "@rollup/plugin-commonjs": "^17.0.0",
    "@rollup/plugin-node-resolve": "^11.0.0",
    "rollup": "^2.3.4",
    "rollup-plugin-css-only": "^3.1.0",
    "rollup-plugin-livereload": "^2.0.0",
    "rollup-plugin-svelte": "^7.0.0",
    "rollup-plugin-terser": "^7.0.0",
    "svelte": "^3.0.0"
  },
  "dependencies": {
    "sirv-cli": "^1.0.0"
  }
}
```

그리고 비슷한 파일로 rollup.config.js가 있습니다. Svelte는 rollup이라는 툴을 기본 번들러(bundler)로 사용합니다. rollup.config.js는 번들링 관련 설정을 하는 파일입니다. rollup에 관해서는 《챕터 12. rollup 소개 및 번들러 이해》에서 자세히 다루겠습니다. public 폴더는 빌드 완료한 파일들이 모이는 곳입니다. src 폴더는 실제 프로젝트 작업이 이루어지는 폴더입니다. 대부분의 작업은 이 src 폴더 아래에서 행해지므로, 앞으로 작성된 대부분의 코드는 src 폴더 아래에 위치할 겁니다.

2-3-2 Svelte 기본 구성요소

그럼 기본 예제 Hello world에 사용된 Svelte 파일은 어떤 구조를 가지고 있는지 살펴보겠습니다.

폴더를 열면 폴더 아래에 App.svelte와 main.js가 있는 것을 볼 수 있습니다. 이 두 파일은 Svelte 프로젝트의 가장 기본이 되는 파일입니다.

우선 App.svelte를 열어 보겠습니다. App.svelte는 최상위 컴포넌트입니다. Svelte에서 컴포넌트는 .svelte라는 확장자를 가집니다. 즉, 확장자가 .svelte로 된 파일들은 svelte 컴포넌트입니다.

```
<script> // script 영역
  export let name;
</script>

<main> // markup 영역
  <h1>Hello {name}!</h1>
  <p>Visit the <a href="https://svelte.dev/tutorial">Svelte tutorial</a> to learn
  how to build Svelte apps.</p>
</main>

<style> // style 영역
  main {
    text-align: center;
    padding: 1em;
    max-width: 240px;
    margin: 0 auto;
  }

  h1 {
    color: #ff3e00;
    text-transform: uppercase;
    font-size: 4em;
    font-weight: 100;
  }

  @media (min-width: 640px) {
    main {
      max-width: none;
    }
  }
</style>
```

[코드 2-1] App.svelte

이 컴포넌트는 다음의 3가지 영역을 가집니다. 3가지 영역의 작성 순서는 상관없고, 특정 영역
이 꼭 있어야 하는 것도 아닙니다. **단지 script 영역과 style 영역은 꼭 〈script〉…〈/script〉,
〈style〉…〈/style〉과 같이 태그 안에 내용을 작성해야 한다는 것을 기억해야 합니다.**

▶ **script 영역:** JavaScript 코드가 위치

▶ **markup 영역:** html 및 컴포넌트 마크업이 위치

▶ **style영역:** CSS 스타일이 위치

다음으로 main.js를 살펴보겠습니다. main.js는 App.svelte에 모인 .svelte 컴포넌트와 .js 파일들이 작동하게 되는 entry point, 즉 시작점이 되는 파일입니다. 앱의 시작점을 정의하기 위해서는 new App(|)으로 import한 App.svelte를 이용해 새로운 인스턴스를 만드는 작업이 필요합니다.

```
import App from './App.svelte';

const app = new App({
  target: document.body,
  props: {
    name: 'world'
  }
});

export default app;
```

[코드 2-2] main.svelte

그리고 App에는 target과 props라는 두 가지 요소가 정의되어 있습니다. target은 App 컴포넌트가 mount되어 위치할 곳을 설정하는 것입니다. 여기서는 document.body로 되어 있는데, 이 body는 public 폴더의 index.html의 body를 가리킵니다.

```
<!DOCTYPE html>
<html lang="en">
<head>
  <meta charset='utf-8'>
  <meta name='viewport' content='width=device-width,initial-scale=1'>

  <title>Svelte app</title>

  <link rel='icon' type='image/png' href='/favicon.png'>
  <link rel='stylesheet' href='/global.css'>
  <link rel='stylesheet' href='/build/bundle.css'>

  <script defer src='/build/bundle.js'></script>
</head>
```

```
<body> <!-- document.body -->
</body>
</html>
```

[코드 2-3] index.html

2-4 소스코드 실행방법

● CHAPTER 03~06 코드 실행방법

《챕터 3~6》의 소스코드는 [그림 2-10]과 같이 코드 넘버를 기준으로 저장되어 있습니다. 예를 들어 [코드 3-19]는 'chapter03' 폴더의 'code3-19'에 저장되어 있습니다.

이름	∧	수정일	크기	종류
> 📁 .git		오늘 오후 2:50	10.1MB	폴더
✓ 📁 chapter03		오늘 오전 11:05	20KB	폴더
> 📁 code3-1_code3-7		2021년 8월 30일 오전 12:37	464바이트	폴더
> 📁 code3-8		2021년 8월 30일 오전 12:40	251바이트	폴더
> 📁 code3-9		2021년 8월 30일 오전 12:40	184바이트	폴더
> 📁 code3-10		2021년 8월 30일 오전 12:41	449바이트	폴더
> 📁 code3-11_code3-13		2021년 8월 30일 오전 12:41	676바이트	폴더
> 📁 code3-14_code3-16		2021년 8월 30일 오전 12:44	395바이트	폴더
> 📁 code3-18		2021년 8월 30일 오전 12:45	274바이트	폴더
> 📁 code3-19		2021년 8월 30일 오전 12:47	209바이트	폴더
> 📁 code3-20_code3-21		2021년 8월 30일 오전 12:47	434바이트	폴더
> 📁 code3-22		2021년 8월 30일 오전 12:49	137바이트	폴더
> 📁 code3-23_code3-24		2021년 8월 30일 오전 12:50	180바이트	폴더
> 📁 code3-25_code3-26		2021년 8월 30일 오전 12:51	186바이트	폴더
> 📁 code3-27_code3-28		2021년 8월 30일 오전 12:53	297바이트	폴더
> 📁 code3-28_code-29		2021년 8월 30일 오전 12:55	351바이트	폴더
> 📁 code3-30_code3-31		2021년 8월 30일 오전 12:56	322바이트	폴더
> 📁 code3-32_code3-34		2021년 8월 30일 오전 12:58	460바이트	폴더
> 📁 chapter04		오늘 오전 11:07	23KB	폴더
> 📁 chapter05		오늘 오전 11:08	15KB	폴더
> 📁 chapter06		오늘 오전 11:31	26KB	폴더
> 📁 chapter07		2021년 8월 30일 오전 11:20	222KB	폴더
> 📁 chapter08		오늘 오전 11:51	574KB	폴더
> 📁 chapter09		2021년 8월 30일 오전 11:36	276KB	폴더
> 📁 chapter10		2021년 8월 30일 오전 11:36	300KB	폴더

[그림 2-10] 예제 폴더

다음 표를 참고하여 번호에 맞는 폴더를 열어 확인이 가능합니다.

[코드 3-8]	chapter03 폴더 아래 code3-8 폴더
[코드 3-12]	chapter03 폴더 아래 code3-11_code3-13

《챕터 3~6》의 코드들은 대부분 짧습니다. 폴더에는 App.svelte와 몇몇 파일이 있을 수 있습니다. 이 파일들을 새로 설치된 Svelte 프로젝트 폴더에서 src 아래에 복사 및 덮어쓰기하여 실행 가능합니다.

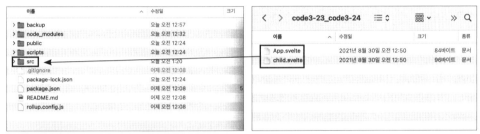

[그림 2-11] 예제 실행방법

또는 《챕터 2-1. REPL을 통한 예제 실행방법》에서 배운 REPL을 통해 실행할 수도 있습니다.

● CHAPTER 07~10 코드 실행방법

《챕터 7~10》의 예제는 각각의 폴더에 Node.js 프로젝트 환경과 함께 Svelte가 설치되어 있는 것을 볼 수 있습니다. 해당 폴더의 위치에서 터미널을 열고 'npm i'를 입력해 패키지들을 설치한 후 실행하면 됩니다.

● CHAPTER 11 코드 실행방법

《챕터 11. 실전 프로젝트(2) - SNS 서비스 만들기》의 경우 Slog-Server, Slog-Front, Slog-Design의 3가지 폴더가 있습니다. 이 중에서 Svelte는 Slog-Front입니다. 해당 폴더에서 터미널을 열고 마찬가지로 'npm i'를 입력해 패키지를 설치한 후 실행하면 됩니다. Slog-Server는 《챕터 11-2. API 설치 및 설명》에 설치 및 실행방법이 있으니 이곳을 참고하면 됩니다.

Chapter 03

컴포넌트(1)
- 기본 사용방법

Chapter 03
컴포넌트(1)
- 기본 사용방법

3-1 컴포넌트 기본

컴포넌트는 프런트엔드를 이해할 때 매우 중요한 개념입니다. 현재의 웹은 대부분 컴포넌트 기반으로 개발됩니다. [그림 3-1]과 같은 서비스 화면이 있다고 가정하겠습니다. 표시된 부분은 각각 하나의 컴포넌트입니다. 메인 메뉴가 모여 있는 헤더(Header), 서브 메뉴가 있는 사이드바(Aside), 내용이 들어 있는 콘텐츠(Content), 그리고 사이트 정보가 표시되는 푸터(Footer)는 각각 다른 컴포넌트입니다. 또 콘텐츠 컴포넌트는 포스트(Post)라는 컴포넌트를 여러 개 가지고 있습니다. 이렇게 컴포넌트가 모여 하나의 웹 화면, 즉 서비스를 만드는 것입니다(비유하자면 레고 블록과 비슷합니다). 그리고 컴포넌트가 모인 형태는 트리 구조와 비슷합니다. 최상위 부모컴포넌트가 있고 그 아래에 한 개 이상의 하위 컴포넌트, 즉 자식컴포넌트가 계속해서 이어지는 구조입니다.

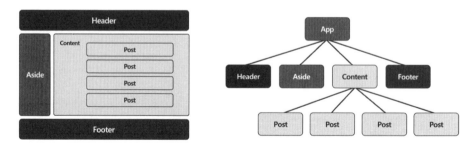

[그림 3-1] 컴포넌트 설명

컴포넌트를 이용하면 다음과 같은 장점이 생깁니다.

▶ **분류를 통한 관리의 효율**

▶ **재사용을 통한 개발의 효율**

헤더, 사이드바, 푸터에 해당하는 내용은 사실 재사용이 많지 않습니다. 하지만 기능에 따라 명확히 분류되어 있기 때문에 내용을 변경해야 할 때, 해당 부분만 쉽게 변경할 수 있어 관리의 측면에서 상당한 이점이 있습니다. 콘텐츠의 리스트와 아이템은 용도에 맞게 게시판 또는 상품 리스트 등으로 재사용될 수도 있습니다. 이는 개발을 좀 더 효율적으로 할 수 있게 도와주는 부분입니다.

이제 Svelte로 어떻게 컴포넌트를 구성할 수 있는지 알아보겠습니다. 확장자가 .svelte로 끝나는 것이 Svelte 컴포넌트입니다. 이 Svelte 컴포넌트는 기본적으로 다음과 같은 구조를 가집니다.

```
<script>
  export let name;
</script>
```
Script 영역

```
<main>
  <h1>Hello {name}!</h1>
</main>
```
Markup 영역

```
<style>
  main {
    text-align: center;
    padding: 1em;

    max-width: 240px;
    margin: 0 auto;
  }

  h1 {
    color: #ff3e00;
    text-transform: uppercase;
    font-size: 4em;

    font-weight: 100;
  }
</style>
```
Style 영역

[코드 3-1] Svelte 컴포넌트 구성 요소

▶ **Script**: 자바스크립트 소스가 들어가는 영역

▶ **Markup**: HTML 등과 같은 마크업(markup)이 들어가는 영역

▶ **Style**: CSS, 즉 스타일 요소가 들어가는 스타일 영역

이 세 가지 요소는 순서에 상관없이 배치하면 되고, 필요에 따라서 컴포넌트에 배치하지 않아도 상관없습니다. 스크립트와 스타일의 경우에만 〈script〉〈/script〉, 〈style〉〈/style〉처럼 태그 안에 내용을 써 주면 됩니다.

이 컴포넌트를 어떻게 만들고 조립할 수 있는지 알아보겠습니다. 예제로 사용할 App.svelte, header.svelte, content.svelte, footer.svelte 4개의 컴포넌트를 REPL 페이지에서 만들어 보겠습니다.

```
<h1>Header Space </h1>
```

[코드 3-2] header.svelte

```
<h2>Content Space </h2>
```

[코드 3-3] content.svelte

```
<h2>Footer Space </h2>
```

[코드 3-4] footer.svlete

```
<script>
import Header from './header.svelte';
import Content from './content.svelte';
import Footer from './footer.svelte';
</script>

<Header /> <!-- 컴포넌트는 꼭 대문자로 시작해야 함 -->
<Content />
<Footer />
```

[코드 3-5] App.svelte

App.svelte라는 최상위 컴포넌트 아래에 Header, Content, Footer를 임포트(import)해서 삽입할 수 있습니다. 참고로 일반적으로 자바스크립트나 다른 프레임워크의 경우, 익스포트(export)된 모듈만 임포트(import)를 이용해 불러와서 사용할 수 있습니다. 하지만 Svelte는 확장자가 .svelte로 되어 있는 컴포넌트들은 익스포트 없이 임포트만으로 사용이 가능합니다. 그리고 이렇게 임포트된

컴포넌트는 마크업 영역에서 마치 HTML처럼 사용할 수 있습니다. 앱이 정상적으로 구현되었다면 다음과 같이 각각의 내용이 표시된 것을 확인할 수 있습니다. 여기서 한 가지 주의할 점은 **컴포넌트 이름은 꼭 대문자로 시작해야 한다**는 것입니다.

컴포넌트 사용 시 주의 사항

import를 통해 삽입한 컴포넌트는 이름을 꼭 대문자로 지정해야 합니다.
(예) import Header from './header.svelte';

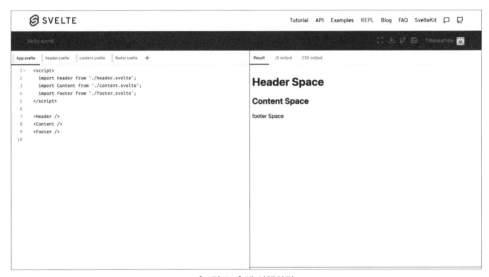

[그림 3-2] 앱 실행화면

컴포넌트 아래에 또 서브 컴포넌트를 만들 수도 있습니다. subContent.svelte라는 컴포넌트를 추가로 만들어 보겠습니다.

```
<ul>
  <li>목록 1</li>
  <li>목록 2</li>
  <li>목록 3</li>
</ul>
```

[코드 3-6] subContent.svelte

이 컴포넌트를 Content 컴포넌트에 삽입하겠습니다.

```
<script>
  import SubContent from './subContent.svelte';
</script>


<h2>Content Space </h2>
<SubContent />
```

[코드 3-7] content.svelte

[그림 3-3] subContent 추가 후 실행 결과

컴포넌트는 중복해서 사용 가능합니다. 그럼 컴포넌트를 반복해서 사용해 보겠습니다. App.
svelte 컴포넌트에서 〈Content /〉와 〈Footer /〉 컴포넌트를 한 번씩 더 작성하겠습니다.

```
<script>
  import Header from './header.svelte';
  import Content from './content.svelte';
  import Footer from './footer.svelte';
</script>


<Header />
<Content />
<Content />
<Footer />
<Footer />
```

[코드 3-8] App.svelte

그러면 [그림 3-4]와 같이 컴포넌트가 사용된 만큼 중복해서 나타나는 것을 볼 수 있습니다.

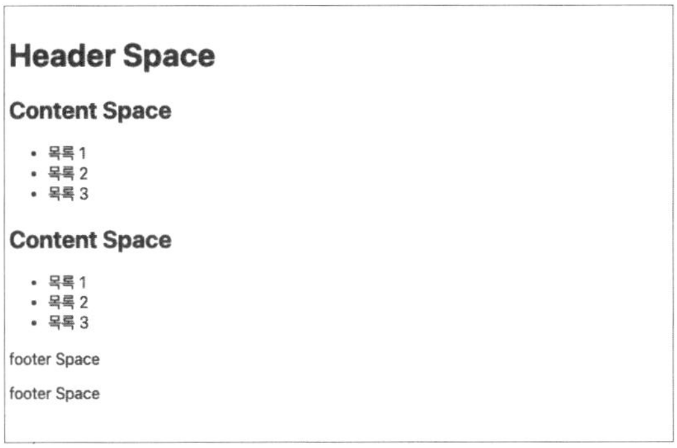

Header Space

Content Space

- 목록 1
- 목록 2
- 목록 3

Content Space

- 목록 1
- 목록 2
- 목록 3

footer Space

footer Space

[그림 3-4] 컴포넌트 중복 실행

지금까지 컴포넌트의 기본 사용법을 익혀 봤습니다. 필요한 컴포넌트를 만들고 배치하는 것으로 웹 어플리케이션(이하 '웹앱')은 만들어집니다. 구성요소를 어떻게 나눌지, 어떻게 활용할지 잘 고민하고 만들어야 좋은 품질의 웹앱을 만들 수 있습니다. 컴포넌트를 만드는 것에 확실한 정답이 있는 것은 아닙니다. 하지만 **가능하다면 하나의 컴포넌트는 명확한 하나의 주제 또는 기능으로 분리하는 것이 좋습니다. 컴포넌트 하나에 너무 많은 기능이 담기면 컴포넌트 관리도 힘들고 재사용도 쉽지 않기 때문입니다.** 이는 웹앱 개발 시 항상 고민해야 하는 부분임을 기억하기 바랍니다.

3-2 State(상태값)

State, 즉 상태값은 컴포넌트와 함께 현대 프런트엔드를 이해할 때 매우 중요한 개념입니다. 상태값은 컴포넌트로 표현할 어떤 값의 상태나 목록이 되기도 하며, 마우스나 스크롤 등의 위치데이터도 상태값이 될 수 있습니다. 즉, 프런트엔드를 구성하는 모든 데이터가 상태값입니다.

우선 State를 정의하고 사용하는 방법에 대해서 알아보겠습니다. Svelte를 아주 단순하게 요약하자면 State와 State를 바라보는 Component, 그리고 이 둘이 서로 영향을 주고받으면서 화면을 그려 구성해 가는 것입니다. 선언된 State는 〈script〉 영역에서는 일반적인 자바스크립트 변수처럼 만들어져 사용되고, 마크업 영역에서는 {상태값이름}과 같이 { } 기호를 이용해 마크업에 상태값을 표현하면 됩니다.

《챕터 1. Svelte 소개》에서 설명한 [코드 1-1]을 다시 한번 살펴보겠습니다. 여기서 상태값은 바로 count입니다. 이미 설명했듯이 Svelte에서의 상태값은 자바스크립트 변수 선언(let)을 통해서 이루어집니다. [코드 3-9]에서는 count라는 상태값이 정의되어 있는 것을 볼 수 있습니다.

```
<script>
let count = 0; // state(상태값)

const handleClick = () => count = count + 1; // count를 count +1로 재할당
</script>

<button on:click={handleClick}>
  클릭 수 {count} <!-- { } 기호로 마크업에 상태값 표시 -->
</button>
```

[코드 3-9] App.svelte

상태값 'count'의 변경이 일어날 경우 이를 감지하고 변경된 값으로 다시 표현해 줍니다. 상태값은 이렇듯 기본적으로 반응성(Reactivity)적인 특징을 가지고 있습니다.

[그림 3-5] 버튼 클릭 전후

상태값은 간단한 변수 형태 말고도 객체를 사용할 수 있습니다. 여기서 상태값 people은 객체로 선언된 형태이므로 마크다운 영역 또는 스크립트 영역에서 값을 사용할 때 'people.name'과 같이 상태값에 접근하면 됩니다.

```
<script>
  let people = {
    name: '철수',
    age: 20,
    sex: '남성',
  }
</script>

<h2>이름: {people.name}</h2>
<h2>나이: {people.age}</h2>
<h2>성별: {people.sex}</h2>
```

[코드 3-10] App.svelte - 객체형 상태값

그리고 객체로 이루어진 배열을 사용할 수도 있습니다. [코드 3-11]은 Todo List를 상태값으로 표현한 예제입니다. id, content, done으로 이루어진 객체가 반복되는 형태의 배열로 만들어 list라는 상태값에 저장됐습니다.

```
<script>
let list = [
  {
    id:0,
    content: '첫 번째 할 일',
    done: false
  },
  {
    id:1,
    content: '두 번째 할 일',
    done: false
  },
  {
    id:2,
    content: '세 번째 할 일',
    done: true
  },
  {
    id:3,
    content: '네 번째 할 일',
    done: false
  }
]
</script>

<ul>
  {#each list as item}
    <li>
      <p>{item.id}</p>
      <p>{item.content}</p>
      <p>{item.done}</p>
    </li>
  {/each}
</ul>
```

[코드 3-11] App.svelte - 배열형 상태값

[코드 3-11]을 실행한 화면에서 상태값들이 〈li〉 태그 안에 표시된 것을 볼 수 있습니다. 참고로 {#each}는 상태값이 배열일 경우 배열의 수만큼 반복해 출력해 주는 문법입니다. 이 부분은 **〈챕터 4-2. 반복블록 {#each...}〉**에서 다루니, 지금은 배열 형태의 상태값도 이렇게 사용할 수 있다는 것만 기억하면 됩니다.

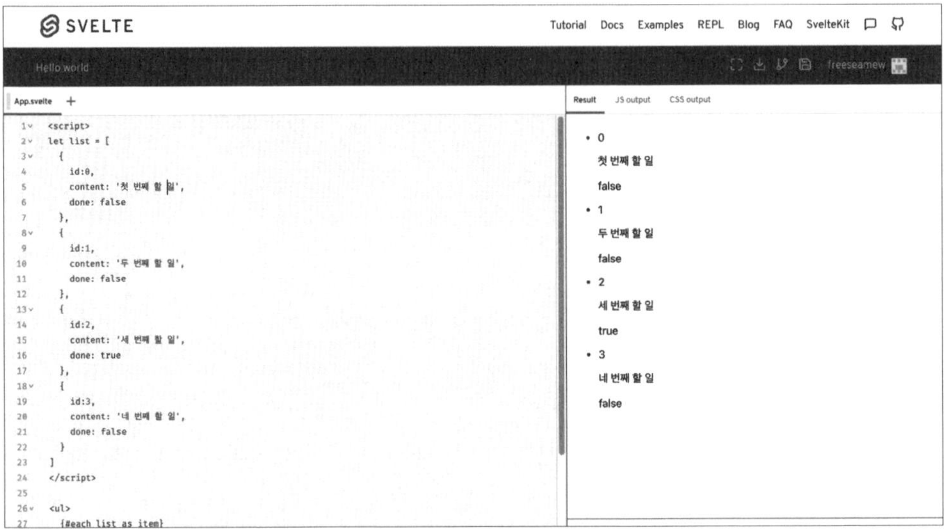

[그림 3-6] Todo 실행화면

상태값의 변경에 대해 알아보겠습니다. 상태값은 기본적으로 재할당을 통해 변경할 수 있습니다. [코드 3-9] 예제를 보면 'count = count + 1'로 상태값을 변경하는 것을 확인할 수 있습니다. 재할당이란 바로 '상태값 = 변경된 상태값'과 같은 방법을 말합니다.

배열은 어떨까요? 배열도 같습니다. '상태값배열 = 변경된배열'과 같은 방법으로 변경할 수 있습니다. 여기서 주의할 사항이 있습니다. 배열의 경우 자바스크립트 배열조작 방법인 push, splice 등으로는 변경된 것을 인식하지 못합니다. [코드 3-12]를 통해 살펴보겠습니다.

새로운 할 일을 추가하는 기능을 더해 보겠습니다. handleAddTodo라는 메소드를 만들고 버튼의 on:click 이벤트에 이 메소드를 연결해 작동하도록 설정된 소스입니다. [코드 3-12]를 실행시켜 보면 오류는 나지 않지만, 추가된 내용이 마크다운 영역에 반영되지 않은 것을 볼 수 있습니다.

```
<script>
let list = [
```

```
  {
    id:0,
    content: '첫 번째 할 일',
    done: false
  },
  {
    id:1,
    content: '두 번째 할 일',
    done: false
  },
  {
    id:2,
    content: '세 번째 할 일',
    done: true
  },
  {
    id:3,
    content: '네 번째 할 일',
    done: false
  }
]
const handleAddTodo = () => {
  const todo = {
    id: list.length + 1,
    content: '새로운 할 일',
    done: false
  }

  list.push(todo);
}

</script>

<ul>
  {#each list as item}
    <li>
      <p>{item.content}</p>
    </li>
  {/each}
```

```
</ul>

<button on:click={handleAddTodo}>할일 추가</button>
```

[코드 3-12] App.svelte

[코드 3-12]를 정상적으로 작동하려면, 다음과 같이 list.push(todo)로 새로운 값을 넣고, 다시 list = list로 재할당해야만 합니다.

```
<script>
list = [
...
]
...

const handleAddTodo = () => {
  const todo = {
    id: list.length + 1,
    content: '새로운 할 일',
    done: false
  }

  list.push(todo);

  list = list; // list 재할당
}

</script>

<ul>
  {#each list as item}
    <li>
      <p>{item.content}</p>
    </li>
  {/each}
</ul>

<button on:click={handleAddTodo}>할 일 추가</button>
```

[코드 3-13] App.svlelte

코드를 수정하고 실행시켜 보면 새로운 Todo 값이 추가되는 것을 확인할 수 있습니다.

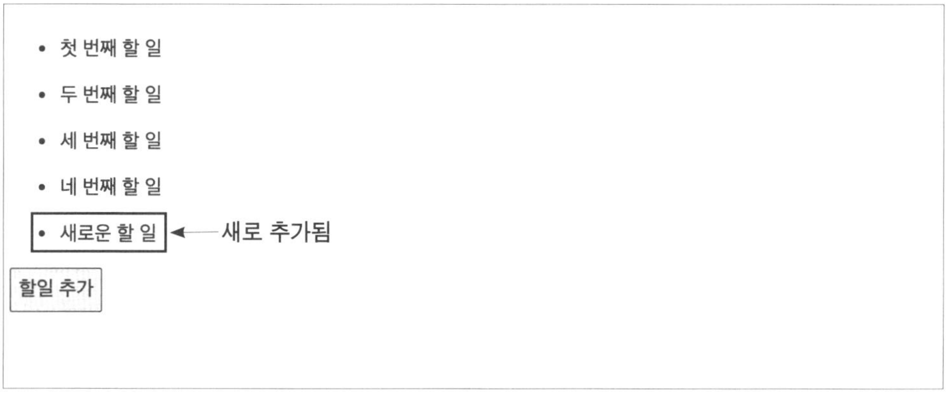

- 첫 번째 할 일
- 두 번째 할 일
- 세 번째 할 일
- 네 번째 할 일
- 새로운 할 일 ◄──── 새로 추가됨

할일 추가

[그림 3-7] Todo 항목 추가 결과

또 다른 방법으로 스프레드(spread) 연산자를 이용할 수도 있습니다. 스프레드 연산자는 배열과 같은 나열형 자료를 추출하거나 연결할 때 사용하는 것으로, 전개 연산자라고도 합니다. 참고로 자바스크립트 ES6부터 추가된 배열조작 메소드입니다. 단순히 배열의 특정 부분에 데이터를 추가하는 것이라면 스프레드를 이용하는 것이 좀 더 효율적일 수 있습니다.

```
const handleAddTodo = () => {
  const todo = {
    id: list.length + 1,
    content: '새로운 할 일',
    done: false
  }

  list = [...list, todo]
}
```

[코드 3-14] handleAddTodo 수정

스프레드 연산자 사용방법

스프레드 연산자를 사용하려면 [ ] 배열 안에 ... 기호로 배열을 추가하고, 배열의 앞뒤에 추가하고 싶은 요소를 넣어주면 됩니다. 간단하게 배열에 새로운 내용을 더하는 방법입니다(《챕터 14. 유용한 자바스크립트 문법》 참조).

화면 UI 및 내용은 대부분 상태값을 통해 제어되기 때문에, 상태값은 웹앱을 만들 때 중요한 개념입니다. 이 상태값이 무엇이고 어떻게 다루는지 꼭 기억하기 바랍니다.

3-3 Reactivity(반응성)

Svelte에서 반응성(Reactivity)은 상당히 의미 있는 기능입니다. 사실 여러분은 이미 Svelte의 반응성에 대해 기본적인 기능은 배웠습니다. [코드 3-9] 예제에서 count가 증가하면 별다른 호출 없이 변경된 count가 마크업 영역에 반영되는 것을 보았습니다. 당연한 기능처럼 보이지만 Svelte 같은 프레임워크를 사용하지 않고 이런 기능을 구현한다면, 훨씬 복잡한 구조를 가질 수밖에 없습니다.

3-3-1 마크업 영역에서의 반응성

우선 마크업 영역에서의 반응성을 더 알아보겠습니다. [코드 3-15]는 이전 [코드 3-9]에 한 가지 기능을 더한 코드입니다.

```
<script>
let count = 1

function handleClick() {
  // 이벤트 코드
  count += 1
}

</script>

<button on:click={handleClick} >
  클릭 수 { count } {count === 1 ? 'time' : 'times'}
</button>
```

[코드 3-15] App.svelte

[코드 3-15]를 실행시켜 마크업 영역에서 count를 증가시키면, count가 1이면 time, 그리고 1 이상이면 times라고 표시되는 것을 볼 수 있습니다. count라는 상태값은 하나이지만 이 값을 베이스로 계속해서 기능을 늘려갈 수 있습니다. 이번에도 역시 count를 이용한 선언구문만 있을 뿐, 개발자가 변화에 직접 대응하는 코드는 사용하지 않았습니다. 상태값을 기반으로 선언 형태의 코드

를 만들기만 하면, 상태값 변경에 대한 마크업 영역에서의 반응은 자동으로 일어나는 것입니다.

클릭 수 1 이하

times로 변경
클릭 수 1 이상

[그림 3-8] 마크업 반응성

삼항연산자

변수 == 값 ? '참일 때' : '거짓일 때'

위의 연산자는 아래의 if문을 심플하게 구현한 코드입니다. 이것을 삼항연산자라고 합니다.

if(변수) {
'참'
}
else {
'거짓'
}

3-3-2 스크립트 영역에서의 반응성 - $:

스크립트 영역에서도 상태값에 따라 반응하는 코드를 만들어 보겠습니다. 스크립트 영역에서는 '$:' 기호를 통해서 반응성을 쉽게 구현할 수 있습니다. let을 이용하는 상태값과 달리 상태값을 참조하는 새로운 변수를 만들 때는 그 변수 앞에 '$:'를 사용해 만들어 주면 됩니다. 이렇게 $:로 선언되어 만들어진 변수는 해당 변수를 참조하는 상태값들이 변경될 경우 이를 감지해 자동으로 함께 변경됩니다.

```
<script>
let count = 1
$: doubled = count * 2

$: {
  console.log( count )
  console.log( doubled )
```

```
}

function handleClick() {
  // 이벤트 코드
  count += 1
}

</script>

<button on:click={handleClick}>
  클릭 수 { count } {count === 1 ? 'time' : 'times'}
</button>

<p>{count} 두배는 {doubled} <p/>
```

[코드 3-16] App.svelte

제일 먼저 선언된 값은 doubled입니다. doubled는 count 값이 변경되면 그 count 값에 곱하기 2
를 하여 결과를 나타내는 변수입니다. 그리고 변수가 아닌 $: {}처럼 블록을 이용해 그룹화할 수
도 있습니다. 블록으로 감싼 부분의 상태값이나 반응성코드가 변경되면 해당 블록으로 그룹화된
코드들도 자동으로 호출되게 되는 것입니다. 즉, 상태값(let)과 반응성코드($:) 모두 선언적인 방법
으로 작동하는 것을 볼 수 있습니다. 참고로 반응성코드로 선언된 상태값도 기본적으로 일반 상
태값과 같이 재할당을 통해서만 변경이 감지됩니다. **push, splice를 이용하면 배열의 변경을 감지
하지 못하므로, $:로 선언된 상태값의 변경이 필요한 경우에는 스프레드나 재할당을 통한 방법을
사용해야 합니다.** 이 부분을 꼭 기억하기 바랍니다.

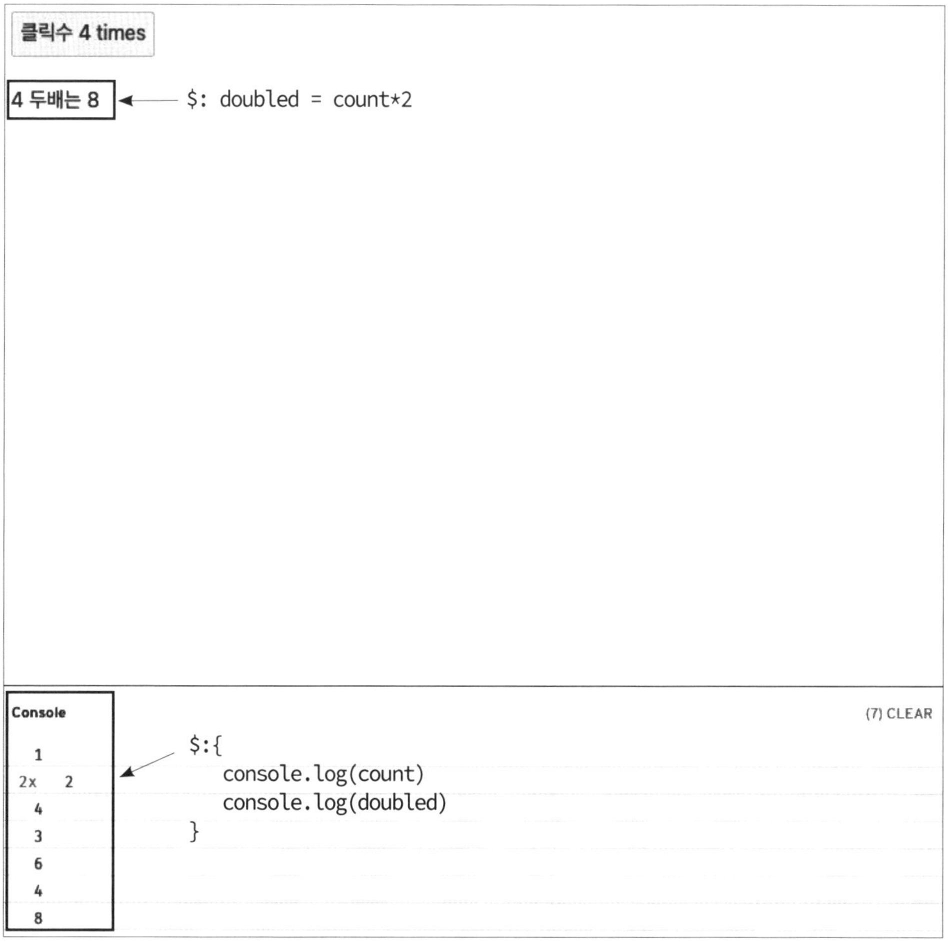

```
클릭수 4 times
```

```
4 두배는 8   ◀─── $: doubled = count*2
```

```
Console                                              (7) CLEAR
  1              $:{
 2x    2             console.log(count)
  4                  console.log(doubled)
  3              }
  6
  4
  8
```

[그림 3-9] 반응성 블록에서의 로그 출력

상태값을 이용해 조건절을 걸어 반응하게 할 수도 있습니다. 사용방법은 $: if(조건) {}입니다. if 조건문 앞에 $: 코드를 넣고, 이 코드의 조건에 상태값이나 상태값을 참조하여 만든 반응성코드를 넣어주면 됩니다. [코드 3-17]에는 count 상태값이 10보다 크거나 같으면 alert 팝업을 나타나게 하는 코드가 추가되었습니다.

```
<script>
let count = 1
$: doubled = count * 2

$: if(count >= 10) {
```

```
    alert('카운트가 10을 넘었습니다.')
    count = 9
  }

  $: {
    console.log( count )
    console.log( doubled )
  }

  function handleClick() {
    // 이벤트 코드
    count += 1
  }

</script>

<button on:click={handleClick}>
  클릭 수 { count } {count === 1 ? 'time' : 'times'}
</button>

<p>{count} 두배는 {doubled} <p/>
```

[코드 3-17] App.svelte

[코드 3-17]을 실행하고 count 값이 10보다 클 때까지 증가시키면 다음과 같은 팝업창이 나타나는 것을 볼 수 있습니다.

[그림 3-10] 경고창 출력

3-3-3 다른 프레임워크와 코드 비교

지금까지 만든 코드를 다른 프레임워크와 비교해 보겠습니다. 이를 통해서 Svelte로 구현한 각종 이벤트 및 반응성적인 부분이 프레임워크의 문법이 아닌 순수 자바스크립트로 구현되었음을 알 수 있을 것입니다. 이번 비교에서는 Vue.js를 사용해 보겠습니다.

```
<template>
  <div>
    <button @click="handleClick">
      Clicked {{count}} {{count === 1 ? 'time' : 'times'}}
    </button>

    <p>{{count}} doubled is {{doubled}}</p>
  </div>
</template>
<script>
  export default {
    data () {
      return {
        count: 0
      }
    },
    computed: {
      double () {
        return this.count * 2
      }
    },
    watch: {
      count (count) {
        if(count >= 10) {
          alert(`count is dangerously high!`);
          this.count = 9;
        }
      }
    },
    methods: {
      handleClick () {
        this.count += 1;
      }
    },
  }
</script>
```

[코드 3-18] App.vue

Vue.js로 구현된 소스와 비교해 보면 확실히 많은 장치가 들어 있는 것을 알 수 있습니다. 일단 마크업에 해당하는 부분이 〈template〉 태그로 감싸져 있고, 상태값은 자바스크립트 메소드로 이루어져 있으며, 반응성에 해당하는 코드는 computed, watch로 이루어져 있습니다. 또 이벤트는 methods로 안에 구현된 것을 볼 수 있습니다. 이에 비해 Svelte로 구현된 내용은 $: 코드 및 마크업의 {}를 제외하면 대부분 순수 자바스크립트 형태에서 벗어나지 않습니다.

이 두 가지 프레임워크 간의 비교를 통해, 단순히 Svelte 코드가 양적으로 적다는 것뿐만 아니라 코드의 가독성 면에서도 프레임워크 지식 없이도 코드가 어떤 기능을 하고 어떻게 사용하면 되는지 쉽게 알 수 있다는 것을 확인할 수 있습니다.

반응성은 프런트엔드로 화면을 구성하면서 생기는 많은 문제의 해결을 돕는 열쇠가 될 수 있습니다. 사용자가 하나의 액션을 한다고 해서, 프로그램 역시 그에 해당하는 결과를 한 가지만 주는 경우는 거의 없습니다. 특히 UI를 만들 때 이런 반응성이 필요한 경우가 더 자주 발생합니다. 사용자의 다양한 액션을 대비하고 있다가 각각의 행동에 맞는 결과를 보내줘야 하기 때문입니다. 이런 경우에 [코드 3-18]의 count와 doubled 같이, 선언한 상태값을 바탕으로 조건절을 필터처럼 사용할 수 있는 Svelte의 선언적인 프로그래밍 방식은 좀 더 효율적일 수 있습니다.

3-4 Event

사용자는 웹앱에서 다양한 이벤트를 실행합니다. 가장 대표적인 이벤트로는 마우스로 버튼 같은 요소를 클릭하는 것입니다. 이와 연계하여 더블클릭, 마우스 스크롤이 있고, 마우스 이외에 키보드로 입력하는 행동 역시 이벤트가 됩니다. 이벤트는 보통 마크업 영역에서 일어납니다. 그리고 발생한 이벤트는 자바스크립트를 통해서 제어됩니다.

3-4-1 이벤트 기본 사용방법

우리는 첫 번째 챕터에서부터 이벤트를 사용해 봤습니다. 대표적인 on:click 이벤트를 사용했던 것을 기억할 것입니다. 마크업 영역에서 이벤트를 등록하고 제어하는 방법은 다음과 같습니다. 'on:' 뒤에 click 혹은 mousemove 등 자바스크립트에서 사용되는 이벤트명을 넣어 주면 되고 이렇게 발생한 이벤트는 스크립트 영역에서 만든 함수를 통해서 기능을 수행하게 만들 수 있습니다.

---

on: 이벤트이름 = { 이벤트함수 }

기본적인 click 이외에 mousemove라는 이벤트를 만들어 보겠습니다. mousemove는 마우스가 움직일 때 발생하는 이벤트입니다. [코드 3-19]에서 주의 깊게 살펴봐야 할 부분은 이벤트함수로 특별히 인자를 넘기지 않더라도 기본 인자로 event가 넘겨진다는 것입니다. 특히 마우스 같이, 위치를 기반으로 작동하는 이벤트에서 유용합니다. 여기서 event 인자는 자바스립트에서 이벤트를 처리하는 addEventListener의 event 인자에 해당하는 것으로 상당히 많은 정보가 담겨 있습니다. 그중에 clientX, clientY는 마우스 위치정보가 담긴 객체속성입니다.

```
<script>
  let m = { x: 0, y: 0 };

  function handleMousemove(event) {
    m.x = event.clientX;
    m.y = event.clientY;
  }
</script>

<div on:mousemove={handleMousemove}>
  The mouse position is {m.x} x {m.y}
</div>

<style>
  div { width: 100%; height: 100%; }
</style>
```

[코드 3-19] App.svelte

[코드 3-19]를 실행시켜 보면 마우스 위치가 움직일 때마다 위치에 해당하는 값이 변경되는 것을 볼 수 있습니다.

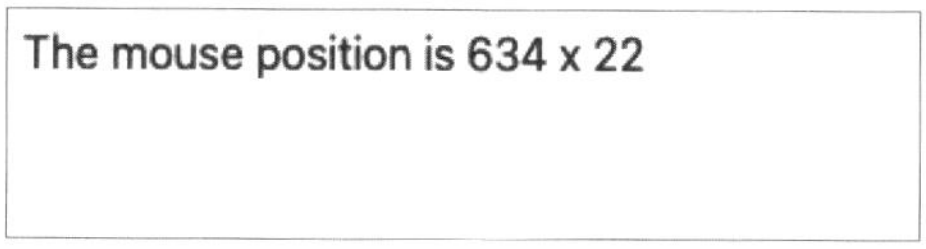

The mouse position is 634 x 22

[그림 3-11] 마우스 위치값 출력

다음은 웹앱을 만들 때 많이 사용되는 이벤트입니다.

■ 마우스 이벤트

click	사용자가 마우스를 클릭했을 때
dblclick	사용자가 마우스를 더블클릭했을 때
mousedown	마우스를 누르고 있을 때
mouseup	눌렀던 마우스에서 손을 뗄 때
mousemove	마우스를 움직일 때
mouseover	특정 요소 위로 마우스를 움직였을 때

■ 키보드

keydown	사용자가 키를 처음 눌렀을 때
keyup	눌렀던 키에서 손을 뗄 때
keypress	눌렀던 키의 문자가 입력되었을 때

■ 기타

scroll	페이지 스크롤이 발생했을 때
resize	브라우저 창 크기가 변경되었을 때

3-4-2 인라인(inline) 이벤트 사용방법

이벤트를 제어할 경우 보통은 함수를 만들어 이벤트와 연동해서 사용하지만, 간단한 작업은 화살표함수를 사용해서 마크업 영역에 인라인 형태로 사용할 수도 있습니다. [코드 3-19]를 인라인 이벤트로 변경하면 다음과 같습니다. 참고로 이벤트함수를 따옴표(" 또는 ")로 감싸주는 것은 옵션입니다. 따옴표 없이 {이벤트함수}로 사용해도 되고 "{이벤트함수}"와 같이 사용해도 괜찮습니다.

```
<script>
  let m = { x: 0, y: 0 };
</script>

<div on:mousemove="{e => m = { x: e.clientX, y: e.clientY }}">
  The mouse position is {m.x} x {m.y}
</div>

<style>
  div { width: 100%; height: 100%; }
```

```
  </style>
```

[코드 3-20] App.svelte

화살표함수

화살표함수는 ES6부터 사용되는 함수선언 방법입니다. 자세한 사용법은《챕터 14. 유용한 자바스크립트 문법》에서 다루니 참고 바랍니다.

만약 event 이외의 전달인자를 스크립트 영역의 이벤트함수에 보낼 경우는 반드시 인라인으로 사용해야 합니다. 그렇지 않고 넘길 전달인자를 단순히 on:click={이벤트함수(전달인자)}와 같이 작성하면 예측한 대로 실행되지 않습니다.

```
<script>
  function handleClick_1(param) {
    alert(`선택값 ${param}`)
  }

  function handleClick_2(param) {
    alert(`선택값 ${param}`)
  }
</script>

<button on:click={() => handleClick_1('1번')}>1번 버튼</button>
<button on:click={() => handleClick_2('2번')}>2번 버튼</button>
```

[코드 3-21] App.svelte

[코드 3-21]에서는 클릭했을 때 정상적으로 이벤트가 실행되고 이벤트에 의해 넘겨진 1, 2번 값이 나오는 것을 확인할 수 있습니다. 하지만 [코드 3-22]와 같이 화살표함수를 사용하지 않고 인자를 이벤트함수에 보낼 경우에는 코드가 실행됨과 동시에 클릭이벤트와 상관없이 handleClick_1(), handleClick_2()가 실행됩니다. 이것은 개발자가 의도한 방향과 상관없이 실행되는 부분입니다. 그러니 **이벤트로 어떤 인자값을 이벤트함수로 넘길 때는 꼭 화살표함수를 이용하기 바랍니다.**

```
<script>
  function handleClick_1(param) {
    alert(`선택값 ${param}`)
  }
```

```
  function handleClick_2(param) {
    alert(`선택값 ${param}`)
  }
</script>

<button on:click={handleClick_1('1번')}>1번 버튼</button>

<button on:click={handleClick_1('2번')}>2번 버튼</button>
```

[코드 3-22] App.svelte

▶ **전달인자가 없을 경우:** on:click={handleFunction}
▶ **전달인자가 있을 경우:** on:click={() ⇒ handleFunction(전달인자)}

3-4-3 이벤트 수식어(modifiers)

이벤트를 제어할 때 조건을 붙이는 수식어도 함께 사용할 수 있습니다. 대표적인 이벤트 수식어로는 once, preventDefault가 있습니다. once는 말 그대로 이벤트가 한 번만 발생하도록 하는 것입니다. 그리고 preventDefualt의 경우 폼을 만들 때 〈a〉 태그나 〈submit〉 태그로 만들어진 버튼을 클릭하면 그 고유의 속성 때문에 이벤트 처리 전에 페이지 주소가 변경되어 화면이 새로고침되는 등의 문제가 발생할 수 있습니다. 이때 태그의 동작을 중단시키는 역할을 하는 수식어입니다.

수식어의 기본 사용법은 다음과 같습니다. on:이벤트명|수식어={}처럼 이벤트명 다음에 '|'를 넣고, 수식어를 사용하면 됩니다.

[코드 3-23]은 처음 클릭하면 경고창이 뜨지만 그 후에 더는 경고창이 뜨지 않게 하는 예제입니다.

```
<script>
  function handleClick() {
    alert('no more alerts')
  }
</script>

<button on:click|once={handleClick}>
  Click me
</button>
```

[코드 3-23] App.svelte

대표적인 이벤트 수식어는 다음과 같습니다.

preventDefault	'event.preventDefault()'를 호출. 이벤트가 발생한 태그의 기본 동작을 막음
stopPropagation	'event.stopPropagation()'이 호출. 발생한 이벤트가 겹쳐진 상위 요소로 전파되지 않도록 함
passive	터치 혹은 휠 이벤트로 발생하는 스크롤 성능을 향상시킴
capture	버블링 단계가 아닌 캡처 단계에서 이벤트 핸들러를 실행함
once	이벤트 핸들러를 단 한 번만 실행하도록 함
self	'event.target'과 이벤트 핸들러를 정의한 요소가 같을 때 이벤트 핸들러를 실행하도록 함

이 수식어는 한 개가 아닌 여러 개를 사용할 수도 있습니다. 여러 개의 이벤트 수식어를 사용할 경우에는 이벤트 수식어 뒤에 '|'를 붙이고 추가할 다른 이벤트 수식어를 작성해 주면 됩니다.

이벤트 수식어 사용방법

on:click|once|preventDefault={...}

3-5 Props를 이용한 컴포넌트 통신방법

컴포넌트는 단일로 쓰이는 경우보다 여러 컴포넌트가 함께 사용되는 경우가 일반적입니다. 그리고 이렇게 여러 컴포넌트가 사용될 경우에는 당연히 컴포넌트끼리 통신이 이루어질 수밖에 없습니다. Props는 컴포넌트끼리 통신하는 가장 기본적인 방법입니다.

3-5-1 Props 기본 사용방법

《챕터 3-1. 컴포넌트 기본》에서 설명한 바와 같이 컴포넌트끼리의 구조는 상하 구분이 있는 트리 형태입니다. 이때 흔히 부모컴포넌트라고 부르는 상위 컴포넌트에서 하위 컴포넌트인 자식컴포넌트로 데이터를 전달하는데 이것을 properties, 줄임말로 Props라고 합니다. 즉, 상위 컴포넌트에서 하위 컴포넌트로 데이터를 전달하는 방식이라고 기억하면 됩니다. 그럼 예제를 통해서 사용방법을 알아보겠습니다.

이번에는 App.svelte 이외에 child.svelte라는 컴포넌트를 하나 더 만들어 주겠습니다. 참고로 《챕

터 2-1. REPL을 통한 예제 실행방법 소개〉에서 안내한 것처럼 다음 버튼을 클릭해서 REPL에서 컴포
넌트를 추가로 만들 수 있습니다.

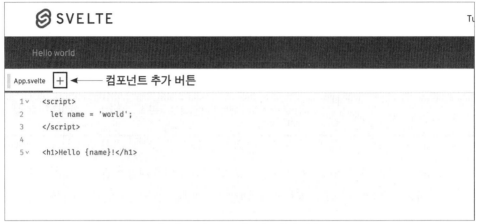

[그림 3-12] REPL 컴포넌트 추가 방법

```
<script>
import Child from './child.svelte'

</script>

<Child carryValue = {12} />
```

[코드 3-24] App.svelte(부모컴포넌트)

자식컴포넌트에 해당하는 Child 컴포넌트에서 **Props이름 = { 전달값 }**과 같은 형태로 값을 전달
할 수 있습니다. 숫자나 문자 또는 boolean(true or false 형태의 값) 값을 직접 입력해서 전달할 수도
있습니다.

```
<script>
  export let carryValue
</script>

<p> 전달된 값은 { carryValue } 입니다. </p>
```

[코드 3-25] child.svelte

그리고 자식컴포넌트로 전달된 값은 **'export let props이름'**과 같은 형태로 받아서 사용 가능합니

다(참고로 여기서 사용하는 export는 자바스크립트의 export와 다릅니다. Props를 받아오는 Svelte 고유 문법이라고 기억하기 바랍니다). 정상적으로 작동했다면 [그림 3-13]과 같은 결과 화면을 볼 수 있습니다. 부모컴포넌트에서 전달한 12라는 숫자가 자식컴포넌트에 전달되어 마크다운 영역에까지 나타난 것을 확인할 수 있습니다.

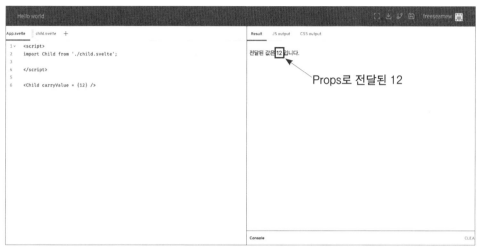

[그림 3-13] Props를 이용한 데이터 전달 기본

그리고 상태값과 같은 변수에 담긴 값을 전달하는 방법도 있습니다. 실제로 프로젝트에서는 상태값을 Props로 전달하는 경우가 좀 더 많이 사용됩니다. 사용방법의 차이는 Props이름 = { 상태값 }으로 전달할 값에 상태값을 넣어 주면 됩니다.

```
<script>
import Child from './child.svelte'

let count = 12

</script>

<Child carryValue = {count} />
```

[코드 3-26] App.svelte

```
<script>
  export let carryValue
</script>
```

```
<p> 전달된 값은 { carryValue } 입니다. </p>
```

[코드 3-27] child.svelte 자식컴포넌트 - 상태값으로 전달

3-5-2 Props 데이터 변경

Props를 이용한 컴포넌트 간 통신 방법은 기본적으로 단방향적인 특성을 가집니다. 이 말은 전달되는 값을 자식컴포넌트에서는 직접적으로 변경할 수 없고, 오직 부모컴포넌트에서만 변경이 가능하다는 것을 뜻합니다. 그래서 값을 변경할 때는 부모컴포넌트에서 변경한 후 다시 자식컴포넌트로 넘겨야 합니다.

그럼 부모컴포넌트에 숫자를 증가하는 간단한 함수를 만들어서 어떻게 되는지 확인해 보겠습니다. App.svelte에 handleClick이라는 메소드를 만들고 마크다운에 button을 생성한 다음 on:click={handleClick} 이벤트로 연결해 줍니다.

```
<script>
import Child from './child.svelte';
let count  = 0;

const handleClick = () => count = count + 1;
</script>

<Child carryValue = {count} />

<button on:click={handleClick}>클릭</button>
```

[코드 3-28] App.svelte

버튼을 클릭하면 값이 변경되는 것을 볼 수 있습니다. 부모컴포넌트의 값이 변경되면 자식컴포넌트로 전달된 Props도 상태값처럼 반응하는 것입니다.

그렇다면 자식컴포넌트에서 값을 변경하는 방법은 없는 걸까요? 당연히 있습니다. 자식컴포넌트에서 부모컴포넌트로 값을 변경할 경우 상태값이 아닌 변경 메소드를 Props로 넘겨주는 방법을 이용할 수 있습니다.

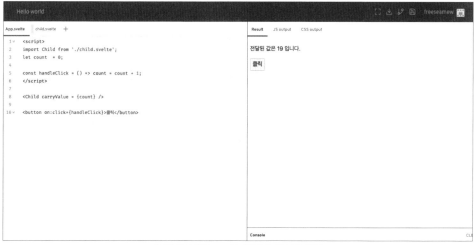

[그림 3-14] Props를 이용한 메소드 전달

우선 App.svelte에서 handleClick이라는 메소드를 Props로 전달하겠습니다. 그리고 〈button〉 태그는 child.svelte로 옮겨 주겠습니다.

```
<script>
import Child from './child.svelte';
let count  = 0;

const handleClick = () => count = count + 1;
</script>

<Child carryValue={count} handleClick={handleClick} />
```

[코드 3-29] App.svelte

child.svelte에서는 handleClick을 Props로 받고 자식컴포넌트로 옮겨진 button에서 이벤트로 실행하면 정상적으로 작동하는 것을 볼 수 있습니다.

```
<script>
  export let carryValue;
  export let handleClick;

</script>

<p> 전달된 값은 { carryValue } 입니다. </p>
```

```
<button on:click={handleClick}>클릭</button>
```

[코드 3-30] child.svelte

Props는 기본적으로 단방향 바인딩 방식으로 작동합니다. 하지만 하위 컴포넌트에서 값을 변경하고 싶을 경우 위와 같이 함수 형태의 메소드를 만들어 넘겨서 부모컴포넌트의 값을 변경할 수 있습니다.

그리고 이 Props를 더 간단하게 사용하는 방법이 있습니다. 지금까지는 'Props이름 = {상태값}'과 같은 형태로 Props를 전달했습니다. 하지만 보통 Props 이름과 상태값은 같은 경우가 많습니다. 이 경우 {상태값}의 형태로도 사용이 가능합니다. 지금까지의 예제를 [코드 3-31], [코드 3-32]와 같이 변경해 보겠습니다.

```
<script>
import Child from './child.svelte';
let count  = 0;

const handleClick = () => count = count + 1;
</script>

<Child {count} {handleClick} />
```

[코드 3-31] App.svelte

```
<script>
  export let count;
  export let handleClick;
</script>

<p> 전달된 값은 { count } 입니다. </p>

<button on:click={handleClick}>클릭</button>
```

[코드 3-32] child.svelte

코드가 훨씬 간단해졌습니다.

그럼 부모컴포넌트의 바로 아래 컴포넌트가 아닌 더 깊은 곳에는 어떻게 전달할 수 있을까요? 방법은 간단합니다. 다시 Props를 이용하여 전달해 주면 됩니다. child.svelte 위로 middle.svelte라는 컴포넌트를 추가해서 예제를 만들어 보겠습니다. App.svelte → middle.svelte → child.svelte로 값이 전달된다고 생각하면 됩니다.

우선 middle.svelte라는 컴포넌트를 추가로 만들겠습니다. 이 컴포넌트는 App.svelte에서 count와 handleClick을 Props로 전달받고, 다시 child.svelte 컴포넌트에 전달하는 기능을 가집니다.

```
<script>
  export let count;
  export let handleClick;

  import Child from './child.svelte';

</script>

<Child {count} {handleClick} />
```

[코드 3-33] middle.svelte

다음으로 App.svelte를 수정하겠습니다. child.svelte가 아닌 middle.svelte에 Props로 값을 전달하도록 변경하겠습니다.

```
<script>
 import Middle from './middle.svelte';
 let count  = 0;

 const handleClick = () => count = count + 1;
</script>

<Middle {count} {handleClick} />
```

[코드 3-34] App.svelte

그리고 child.svelte 컴포넌트는 그대로 사용하겠습니다.

```
<script>
  export let count;
  export let handleClick;
</script>
```

```
<p> 전달된 값은 { count } 입니다. </p>

<button on:click={handleClick}>클릭</button>
```

[코드 3-35] child.svelte

결과를 실행하면 값이 이상 없이 전달되는 것을 확인할 수 있습니다.

[그림 3-15] 먼 거리의 컴포넌트 데이터 전달

하나의 부모컴포넌트를 바라만 보고 있다면 깊이가 아무리 깊어도 이와 같이 계속해서 아래로 Props를 전달하는 방법으로 상태값 또는 메소드를 전달할 수 있습니다.

Props 사용 시 주의할 점

Props는 위에서 아래로 전달되는 단방향적인 성격을 가진다.

Props로 전달된 값을 자식컴포넌트에서 변경하기 위해서는 부모컴포넌트에서 상태 변경 메소드를 만들고, 이를 다시 Props로 자식컴포넌트에서 전달받아 호출하는 방법을 사용한다.

직접적으로 import된 바로 아래의 자식컴포넌트가 아닌 자식컴포넌트 아래에 위치한 훨씬 깊은 관계의 컴포넌트에서도 연속해서 Props를 이용하면 값을 전달할 수 있다.

Chapter 04

컴포넌트(2)
- Template 제어

Chapter 04
컴포넌트(2)
- Template 제어

《챕터 3. 컴포넌트(1) - 기본 사용방법》을 통해 컴포넌트가 무엇인지, 어떻게 동작하는지, 다른 컴포넌트와는 어떻게 통신을 하는지에 대해 배웠습니다. 지금부터는 컴포넌트의 또 다른 역할인 마크업 영역을 좀 더 효율적으로 다룰 수 있는 방법에 대해 학습하겠습니다.

4-1 논리블록 {#if...}

프로그램을 이루는 요소 중 대표적인 두 가지 기능은 조건문과 반복문입니다. 기본적으로 HTML은 조건문이나 반복문 같은 기능이 없습니다. 그래서 Svelte의 마크업 영역에서는 조건문을 사용할 수 있도록 도와주는 논리블록이라는 기능을 제공합니다. 논리블록이 필요한 경우는 다양하지만 한 가지를 예로 들자면, 로그인 상태를 나타내는 UI입니다. 보통 로그인을 하면 아이디와 같은 사용자 정보를 표시하고, 로그아웃 상태라면 해당 영역에 로그인을 할 수 있는 폼이나 버튼이 나타납니다. 이렇게 상태에 따라 화면을 다르게 보여주는 것이 논리블록의 역할입니다.

4-1-1 if 블록

다음은 논리블록의 기본 사용방법입니다. 조건 값이 true일 경우에만 마크업 영역에 내용이 표시됩니다.

if 블록

```
{# if 조건}
  <!-- 조건이 true일 때 표시 -->
{/if}
```

[코드 4-1]을 통해서 기본적인 사용법을 익혀 보겠습니다. user는 객체형태의 상태값에 loggedIn 이라는 데이터가 들어 있는 것을 볼 수 있습니다. 그리고 toggle() 메소드를 통해서 loggedIn 값을 true 또는 false로 변경할 수 있게 작성했습니다. 또 마크업 영역에서 이 loggedIn 상태값이 true 일 때와 fasle일 때 영역이 다르게 나타나도록 논리블록을 사용했습니다.

```
<script>
  let user = { loggedIn: false };

  function toggle() {
    user.loggedIn = !user.loggedIn;
  }
</script>

{#if user.loggedIn}
  <button on:click={toggle}>
    Log out
  </button>
  <p>로그인 상태입니다. </p>
{/if}

{#if !user.loggedIn}
  <button on:click={toggle}>
    Log in
  </button>
  <p>로그아웃 상태입니다. </p>
{/if}
```

[코드 4-1] App.svelte

[코드 4-1]을 실행하면 상태값에 따라서 나타나는 영역이 달라지는 것을 확인할 수 있습니다.

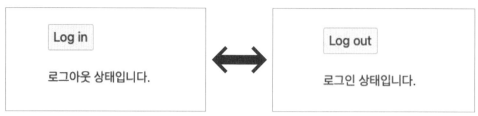

[그림 4-1] 논리블록을 사용한 로그인

4-1-2 else 블록

if문은 보통 else 구문과 같이 사용하는 경우가 많습니다. 논리블록도 기본적으로 else문을 지원합니다.

if else 블록

```
{#if 조건}
  <!-- 조건이 true일 때 표시 -->
{:else}
  <!-- 조건이 false일 때 표시 -->
{/if}
```

이전 소스에 else 블록을 이용하면 다음과 같습니다.

```
<script>
  let user = { loggedIn: false };

  function toggle() {
    user.loggedIn = !user.loggedIn;
  }
</script>

{#if user.loggedIn}
  <button on:click={toggle}>
    Log out
  </button>
  <p>로그인 상태입니다. </p>
{:else}
```

```
  <button on:click={toggle}>
    Log in
  </button>
  <p>로그아웃 상태입니다. </p>
{/if}
```

[코드 4-2] App.svelte

4-1-3 else-if 블록

조건은 단순히 true, false일 때도 있지만, 두 가지 이상의 조건을 필요로 할 때도 있습니다. 이럴 때 {:else if 조건}으로 기능을 구현할 수 있습니다. 그리고 마지막은 {:else}로 나머지 기타 조건을 처리할 수도 있습니다.

if else 블록 다중조건

```
{#if 상태값 === 조건1}
  <!-- 조건1일 때 표시 -->
{:else if 상태값 === 조건2}
  <!-- 조건2일 때 표시 -->
{:else if 상태값 === 조건3}
  <!-- 조건3일 때 표시 -->
{:else 조건4}
  <!-- 조건4일 때 표시 -->
{/if}
```

[코드 4-3]은 else-if 블록을 이용한 예제입니다.

```
<script>
  let x = 11; // 숫자값을 넣어 보세요.
</script>

{#if x > 10}
  <p>{x}는 10보다 큽니다.</p>
{:else if 5 > x}
  <p>{x}는 5보다 작습니다.</p>
{:else}
  <p>{x}는 5와 10 사이입니다.</p>
{/if}
```

[코드 4-3] App.svelte

4-2 반복블록 {#each...}

반복문은 조건문(if)과 함께 많이 사용됩니다. 마크업 영역에서도 반복문을 사용할 일이 많은데, 쇼핑몰의 상품 목록이 대표적인 예입니다. 쇼핑몰 페이지에는 상품 이미지, 상품명, 가격 정보로 이루어진 상품 목록이 항상 존재합니다. 하지만 HTML은 조건문과 마찬가지로 반복문을 처리할 수 있는 기능을 제공하지 않기 때문에 Svelte의 반복블록이 필요합니다.

4-2-1 Each 블록

{#each}를 이용한 반복블록의 기본 사용법은 다음과 같습니다.

Each 블록

```
{#each datas as data}
  {data.id} ...
{/each}
```

이번에는 간단한 Todo List를 이 반복블록으로 구현하겠습니다. 반복블록을 이용하려면 기본적으로 배열형태의 데이터로 작성된 상태값이 필요합니다. 반복블록은 이 배열의 요소만큼 반복해 마크업을 만들어 줍니다. Todos라는 상태값을 만들고 사용해 보겠습니다. 반복블록은 **{#each 상태값 복수형단어 as 단수형단어}**와 같은 식으로 '상태값을 나타내는 복수형단어'를 as 다음에 '단수형단어'로 표현해 주는 것이 일반적입니다. 그리고 todo.id, todo.content와 같은 방법으로 배열객체의 요소에 접근할 수 있습니다.

```
<script>
  let todos = [
    {
      id:1,
      content: '첫 번째 할일',
      done: false
    },
    {
      id:2,
      content: '두 번째 할일',
      done: false
    },
```

```
    {
      id:3,
      content: '세 번째 할일',
      done: true
    },
    {
      id:4,
      content: '네 번째 할일',
      done: false
    }
  ]
</script>

<ul>
  {#each todos as todo}
    <li>
      <span>{todo.id}</span>
      <span>{todo.content}</span>
    </li>
  {/each}
</ul>
```

[코드 4-4] App.svelte

[코드 4-4]를 실행해 보겠습니다. 그러면 [그림 4-2]와 같이 Todos라는 배열형태의 상태값의 내용이 〈li〉 태그가 반복되는 형태로 구현되는 것을 볼 수 있습니다.

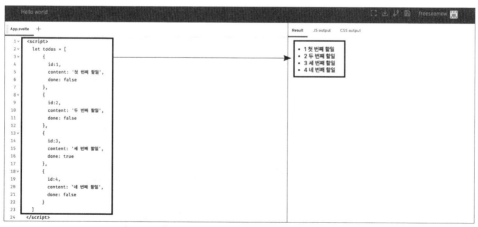

[그림 4-2] #each 블록을 활용한 Todo 리스트 실행화면

기본적으로는 todo.id, todo.content 같은 객체속성의 이름을 가져올 수 있지만, 이름만으로 속성을 가져오는 방법도 있습니다. as {id, count}처럼 {}에 속성이름을 넣어서 사용하는 객체 비구조화 할당 문법형태로 사용하면 됩니다.

```
<script>
  ...
</script>

<ul>
  {#each todos as {id, content} }
    <li>
      <span>{id}</span>
      <span>{content}</span>
    </li>
  {/each}
</ul>
```

[코드 4-5] App.svelte

반복블록은 배열의 위치정보, 즉 인덱스(index)를 제공합니다. 인덱스는 반복블록의 두 번째 인자로 설정되어 있으므로 다음과 같이 사용 가능합니다.

```
<script>
  ...
</script>

<ul>
  {#each todos as {id, content}, i }
    <li>
      <span>{i}</span>
      <span>{id}</span>
      <span>{content}</span>
    </li>
  {/each}
</ul>
```

[코드 4-6] App.svelte

실행하면 [그림 4-3]과 같이 인덱스가 나옵니다. 참고로 인덱스의 시작 값은 0입니다.

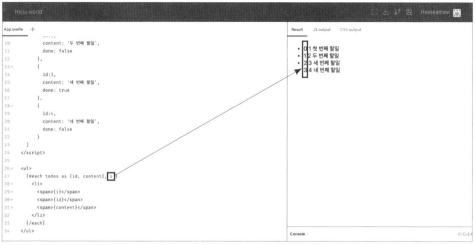

[그림 4-3] each 블록의 Index 설정

이렇게 만들어진 항목들에 키(key) 값, 즉 요소의 고유값을 줄 수도 있습니다. **요소를 추가, 삭제해야 하는 경우에는 꼭 키값을 설정하는 것이 좋습니다.** 그 이유는 키값 없이 추가 작업을 할 경우에 추가된 값은 무조건 항목의 끝에 위치하게 되는데, 이것은 개발자가 원하는 방향이 아닐 수 있기 때문입니다. 이 경우 키값을 주는 것으로 요소들의 위치를 우리가 원하는 방향으로 제어할 수 있습니다. 키값은 보통 배열의 id 값과 같은 중복되지 않는 값을 사용해야 합니다.

```
<script>
  let todos = [
    ...
  ]
</script>


<ul>
  {#each todos as todo (todo.id) }
    <li>
      <span>{todo.id}</span>
      <span>{todo.content}</span>
    </li>
  {/each}
</ul>
```

[코드 4-7] App.svelte

<u>4-3</u> Binding

4-3-1 바인딩(Binding)이란?

데이터를 입력하는 다양한 폼(text box, select box, combo box, check box 등)은 대부분 상태값과 함께 작동합니다. 상태값과 이 상태값을 제어하는 장치와의 결합을 바인딩이라고 합니다. 바인딩의 종류에는 다음과 같이 2가지가 있습니다.

> ▶ **One way binding:** 단방향 바인딩
> ▶ **Two way binding:** 양방향 바인딩

단방향 바인딩은 엘리먼트나 태그와 같은 연결된 요소가 상태값을 직접적으로 변화시키지 못합니다. 변화된 상태값의 영향을 받기만 한다는 것으로 《챕터 3-5. Props를 이용한 컴포넌트 통신방법》에서 설명한 Props가 대표적입니다. Props는 하위 컴포넌트가 상위 컴포넌트의 상태값을 변경하지 못하고 단지 변화된 상태값을 내려 받는 형태로 구성되어 있다는 것을 기억하실 겁니다. 일반적인 프런트엔드의 구조는 이 단방향 바인딩을 많이 사용합니다.

하지만 단방향 바인딩이 언제나 유용한 것은 아닙니다. 입력폼을 사용할 때 특히 그렇습니다. 입력폼의 경우 그 특성상 값이 입력되면 그 순간 입력폼에 바인딩된 상태값도 변경되는 것이 자연스럽습니다. 그래서 Svelte에서는 입력폼을 제어하는 데에는 양방향 바인딩을 사용합니다.

기본 사용법은 바인딩시키고자 하는 폼 요소에 'bind:value={상태값 이름}'입니다. [코드 4-8]을 통해 알아보겠습니다.

```
<script>
  let textValue = ''

  function clearText() {
    textValue = ''
  }

</script>


<input type="text" bind:value={textValue} />
<p> 입력값: {textValue} </p>
```

```
<button on:click={clearText}>지우기</button>
```

[코드 4-8] App.svelte

〈input〉 폼의 bind:value를 통해서 텍스트박스(textbox)와 textValue 값은 바인딩을 통한 동기화가 되어 있습니다. 그래서 텍스트박스에 값을 입력하면 textValue 상태값도 함께 변경됩니다. 또한 clearText 메소드를 호출하면 textValue의 값이 초기화되고 텍스트박스도 초기화되는 것을 볼 수 있습니다. 이를 통해 왜 입력폼은 양방향 바인딩을 이용하는 것이 효율적인지 알 수 있습니다.

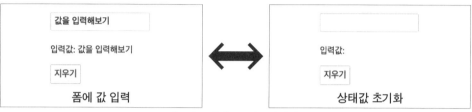

[그림 4-4] 텍스트박스 바인딩

그럼 지금부터 HTML 입력폼들을 Svelte 상태값과 어떻게 연동하는지 알아보겠습니다.

4-3-2 레인지 바인딩(Range Binding)

레인지는 슬라이드 형태를 가지고 있는 입력폼입니다. 특정 범위의 숫자값만을 입력해야 할 때 레인지폼이 유용합니다. 〈input type=range〉로 사용하면 되고, min, max를 통해서 입력할 수 있는 숫자값의 범위를 지정할 수도 있습니다. 그리고 bind:value={상태값}을 통해서 상태값과 바인딩하여 사용하면 됩니다. 바인딩된 상태값은 당연히 반응성적입니다.

```
<script>
  let a = 1;
  let b = 2;
</script>

<label>
  <input type=number bind:value={a} min=0 max=10>
  <input type=range bind:value={a} min=0 max=10>
</label>

<label>
  <input type=number bind:value={b} min=0 max=10>
```

```
    <input type=range bind:value={b} min=0 max=10>
  </label>

<p>{a} + {b} = {a + b}</p>
```

[코드 4-9] App.svelte

[코드 4-9]를 실행시키면 두 가지 레인지폼을 조작해서 변경된 상태값은 다시 {a + b}와 같이 더해져서 결과로 나타나게 됩니다.

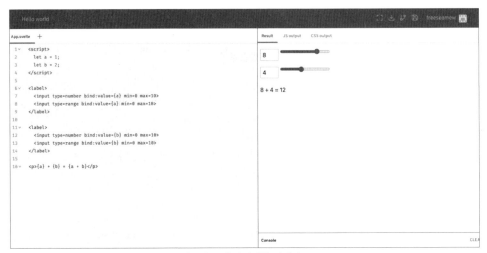

[그림 4-5] 레인지폼 바인딩

4-3-3 셀렉트박스 바인딩(Selectbox Binding)

셀렉트박스도 bind:value를 이용해 상태값과 바인딩할 수 있습니다.

```
<script>
  let todos = [
    {
      id: 1,
      content: '1번 항목'
    },
    {
      id: 2,
      content: '2번 항목'
    },
```

```
  {
    id: 3,
    content: '3번 항목'
  },
]

let selected = '';
</script>

<select bind:value={selected} >
  {#each todos as todo}
    <option value={todo.id}>{todo.content}</option>
  {/each}
</select>

<p>{selected} 선택됨</p>
```

[코드 4-10] App.svelte

만약 [코드 4-10]처럼 상태값의 초기값이 정의되어 있지 않다면, 셀렉트박스는 첫 번째 값이 선택됩니다. 하지만 실제로 값이 선택된 것은 아닙니다. Value 값이 비어 있으니 셀렉트박스가 첫 번째를 보여주고 있는 것뿐입니다. 만약에 첫 로드 때 상태값과 셀렉트박스의 값을 맞추고 싶다면 let selected = 1;과 같이 명시적으로 상태값을 지정해야만 합니다.

[그림 4-6] 셀렉트 바인딩

71

텍스트박스, 셀렉트박스, 레인지, 그리고 예제에서 다루진 않았지만 〈textarea〉 폼은 모두 bind:value={상태값} 형태로 바인딩을 하여 사용할 수 있습니다.

4-3-4 체크박스 바인딩(Checkbox Binding)

체크박스도 많이 사용되는 입력폼입니다. 체크박스는 값을 바인딩한다기보다 체크가 되어 있는 지 없는지를 체크한다고 보는 것이 맞습니다. 그래서 바인딩되는 값이 value가 아닌 'checked'입니다. 기본적인 사용방법은 bind:checked={상태값} 입니다.

```
<script>
  let boxChecked = false
</script>

<label>
  체크박스 예제
  <input type="checkbox" bind:checked="{boxChecked}">
</label>

<button disabled={!boxChecked} >전송</button>
```

[코드 4-11] App.svelte

[코드 4-11]을 실행하여 체크박스를 체크하면 boxchecked가 true가 되어 버튼 비활성화가 풀리 게 됩니다. bind:checked를 통해서 체크 유무를 확인할 수 있는 것입니다.

[그림 4-7] 체크박스 바인딩

4-3-5 group input을 이용한 라디오(radio) 버튼 · 체크박스 바인딩

라디오버튼, 체크박스 폼은 대상 상태값은 하나지만 폼 자체가 여러 개로 나뉘어 사용되곤 합니다. 이럴 때 사용하는 것이 bind:group입니다.

[코드 4-12]는 1~3 중에서 값을 선택할 수 있는 라디오버튼을 생성했습니다. 이 라디오버튼 중 하 나만 선택할 수 있고 선택된 값은 selected라는 상태값에 영향을 주도록 만들었습니다.

```
<script>
  let selected = 0
</script>

<h2>Size</h2>

<label>
  <input type=radio bind:group={selected} value={1}>
  One scoop
</label>

<label>
  <input type=radio bind:group={selected} value={2}>
  Two scoops
</label>

<label>
  <input type=radio bind:group={selected} value={3}>
  Three scoops
</label>

<p>선택된 라디오 버튼: {selected} 번째</p>
```

[코드 4-12] App.svelte

실행하면 bind:group={selected}로 만들어진 폼들은 상태값을 공유하는 것을 볼 수 있습니다.

[그림 4-8] 라디오버튼 바인딩

비슷한 내용으로 체크박스도 bind:group을 사용해 보겠습니다. 이번에는 numbers 상태값을 반복블록으로 만들어 총 3가지의 체크박스를 만들어 보겠습니다. 그리고 getNumbers라는 빈 배열의 상태값을 bind:group으로 바인딩하겠습니다.

```
<script>
  let numbers = [
    'own',
    'two',
    'three'
  ]

  let getNumbers = []
</script>

{#each numbers as number}
  <label>
    <input type="checkbox" bind:group={getNumbers} value={number} />
    {number}
  </label>
{/each}

{getNumbers}
```

[코드 4-13] App.svelte

[코드 4-13]을 실행시키고 체크하면 이번에도 getNumbers라는 상태값을 bind:group={getNumbers}라고 설정한 체크박스폼에서 공유하는 것을 확인할 수 있습니다.

[그림 4-9] 멀티 체크박스 바인딩

4-3-6 contenteditable 바인딩

많이 사용되지는 않지만 직접적으로 HTML 영역의 내용을 수정하는 옵션인 contenteditable이 설정된 돔의 경우 bind:innerHTML={상태값}을 사용해서 바인딩할 수 있습니다.

```
<script>
  let html = '<p>내용을 입력해주세요...</p>';
</script>

<div contenteditable="true" bind:innerHTML={html}></div>

<pre>{html}</pre>
```

[코드 4-14] App.svelte

4-3-7 컴포넌트 바인딩(Component Binding)

지금까지 입력폼을 활용한 다양한 양방향 바인딩 방법을 알아봤습니다. Svelte에서 양방향 바인딩은 적절하게만 사용한다면 매우 유용한 방법이라는 것을 알 수 있었습니다. 이러한 입력폼은 양방향 바인딩이 기본으로 제공되는 컴포넌트라고도 볼 수 있습니다. 그리고 Svelte에서는 양방향 바인딩을 활용하여 사용자가 만든 컴포넌트도 쉽게 사용할 수 있습니다.

이번에는 컴포넌트 바인딩을 알아보겠습니다. 예제로 만들 Increment 컴포넌트의 기능은 전달받은 값을 무조건 1씩 증가시키는 기능을 가진다고 가정해 보겠습니다. 이 컴포넌트는 전달받은 count라는 값을 증감하는 역할만 하도록 되어 있습니다.

```
<script>
  export let count

  const increNum = () => count = Number(count) + 1;
</script>

<button on:click={increNum}>Increment</button>
```

[코드 4-15] increment.svelte

그리고 이렇게 만들어진 컴포넌트를 App.svelte에서 사용해 보겠습니다. Increment 컴포넌트 안에는 increNum()이라는 메소드가 있고, 이 메소드는 전달받은 count의 값에 +1을 해 주는 역할을 합니다. 물론 count를 증가시키는 increNum() 메소드를 App.svelte에서 만들어 Props를 이용해 Increment 컴포넌트로 전달할 수도 있습니다. 하지만 Increment 컴포넌트에 increNum() 메소드가 있고 바인드를 이용해 값을 조작하는 것이 보다 자연스럽습니다. 이처럼 완결된 형태의 컴포넌트를 사용할 때 컴포넌트 바인딩을 사용하면 유용합니다. 컴포넌트에 바인딩을 사용하는 방법은 입력폼과 같습니다. 그리고 Increment 컴포넌트에서는 바인딩으로 전달된 값을 Props를 이용한 방법과 같은 export let으로 받을 수 있습니다.

```
<script>
  import Increment from './increment.svelte'

  let value = 0
</script>

<input type="Number" bind:value={value} >

<h2>{value}</h2>

<Increment bind:count={value} />
```

[코드 4-16] App.svelte

실행시켜 보면 Increment 컴포넌트에서 count 값을 증가시키면 부모컴포넌트인 App.svlete의 count 값도 변경되는 것을 확인할 수 있습니다.

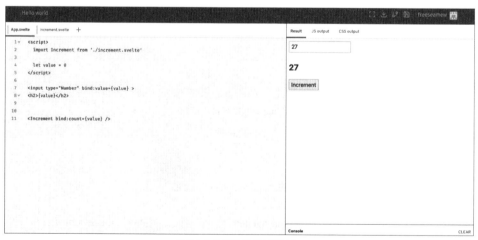

[그림 4-10] 컴포넌트 바인딩

4-4 슬롯(Slot)

4-4-1 슬롯이란?

지금까지는 상태값을 중심으로 컴포넌트를 어떻게 효과적으로 사용하는지 학습했습니다. 이번에는 마크업 영역을 좀 더 효율적으로 사용하는 방법을 알아보겠습니다. 불러온 컴포넌트를 사용하다 보면 상태값과는 별개로 마크업 형태는 그대로 두고 그 안의 내용만 변경해서 사용해야 할때가 있습니다. 이럴 때 도움이 되는 기능이 바로 슬롯(Slot)입니다. 대표적인 예로는 button, card, popup이 있습니다. 기본적인 레이아웃은 변하지 않지만, 마크업 영역의 HTML 내용은 계속 변경되어 사용되는 상황입니다.

슬롯을 만들어 보겠습니다. 우선 card.svelte라는 컴포넌트를 만들어 보겠습니다. 그리고 〈slot〉〈/slot〉이라는 영역을 만들어 주겠습니다.

```
<style>
  .card {
    width: 300px;
    border: 1px solid #aaa;
    border-radius: 2px;
    box-shadow: 2px 2px 8px rgba(0,0,0,0.1);
    padding: 1em;
    margin: 0 0 1em 0;
  }
</style>

<div class="card">
  <slot></slot>
</div>
```

[코드 4-17-1] card.svelte

App.svelte에서 이 컴포넌트를 불러와서 사용해 보겠습니다. 사용방법은 간단합니다. [그림 4-11]과 같이〈Card〉〈/Card〉로 컴포넌트를 마크업으로 불러온 후 그 사이에 원하는 다른 HTML로 이루어진 내용을 입력하면 됩니다. 즉 부모컴포넌트에서 card 컴포넌트의 〈slot〉〈/slot〉으로 정의된 부분에 별도의 내용 및 HTML 태그를 추가로 사용할 수 있습니다. 이렇게 슬롯을 이용하면 자식컴포넌트에서 정의된 CSS와 같은 디자인 요소 및 태그의 골격을 쉽게 재사용할 수 있습니다.

```
<div class="card">          <Card>
  <slot></slot>  ◄───────     <h2>안녕하세요!</h2>
</div>                         <p>이곳은 내용이 들어가는 영역입니다.</p>
                            </Card>
```

[그림 4-11] 슬롯 사용설명

```
<script>
  import Card from './card.svelte';
</script>

<Card>
  <h2>안녕하세요!</h2>
  <p>이곳은 내용이 들어가는 영역입니다.</p>
</Card>

<Card>
  <h2>Hello Svelte</h2>
  <p>Svelte를 배우는 여러분을 환영합니다.</p>
  <p>즐거운 코딩 되세요...</p>
</Card>
```

[코드 4-17-2] App.svelte

[코드 4-17-2]를 실행하면 다음과 같은 결과가 나옵니다. Card라는 컴포넌트의 디자인적인 요소
들이 잘 재사용된 것을 볼 수 있습니다.

[그림 4-12] Card 슬롯 실행화면

4-4-2 슬롯 name 설정

좀 더 실용적인 예제를 만들어 보겠습니다. [코드 4-18]과 같이 card.svelte 컴포넌트를 다시 한 번 만들어 보겠습니다. 마크업 영역에 〈slot name="name"〉, 〈slot name="address"〉, 〈slot name="email"〉의 세 가지 slot 영역을 만들어 주겠습니다.

```
<style>
.contact-card {
    width: 300px;
    border: 1px solid #aaa;
    border-radius: 2px;
    box-shadow: 2px 2px 8px rgba(0,0,0,0.1);
    padding: 1em;
  }

  h2 {
    padding: 0 0 0.2em 0;
    margin: 0 0 1em 0;
    border-bottom: 1px solid #ff3e00;
  }

  .address, .email {
    padding: 0 0 0 1.5em;
    background:  0 50% no-repeat;
    background-size: 1em 1em;
    margin: 0 0 0.5em 0;
    line-height: 1.2;
  }

  .address { background-image: url(tutorial/icons/map-marker.svg) }
  .email   { background-image: url(tutorial/icons/email.svg) }
  .missing { color: #999 }
</style>

<article class="contact-card">
  <h2>
    <slot name="name">
      <span class="missing">이름 미입력</span>
    </slot>
```

```
    </h2>

    <div class="address">
      <slot name="address">
        <span class="missing">주소 미입력</span>
      </slot>
    </div>

    <div class="email">
      <slot name="email">
        <span class="missing">이메일 미입력</span>
      </slot>
    </div>
  </article>
```

[코드 4-18] card.svelte

이 컴포넌트는 name, address, email이라는 세 가지의 슬롯 영역을 가지게 됩니다. 이제 name을
이용하여 원하는 곳에 내용을 채워 넣을 수 있습니다. 이 Card 컴포넌트를 이용한 앱을 실행해 보
겠습니다.

```
<script>
  import Card from './card.svelte';
</script>

<Card>
  <span slot="name">
    홍길동
  </span>

  <span slot="address">
    서울특별시<br>
    여의도동
  </span>
</Card>
```

[코드 4-19] App.svelte

각 슬롯에 필요한 내용이 채워진 것을 볼 수 있습니다. 그리고 사용하지 않은 값은 card.svelte에서
설정한 기본값으로 표시된 것을 볼 수 있습니다. 〈slot〉 태그 아래에 〈span class="missing"〉 이

메일 미입력</span>과 같이 기본값에 해당하는 HTML 요소를 입력하면 됩니다.

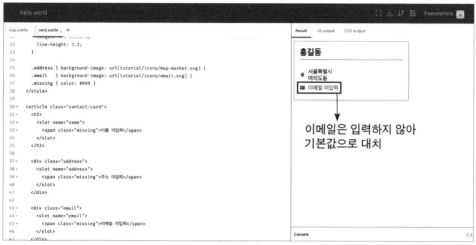

[그림 4-13] 슬롯 기본값 설정

4-4-3 조건에 따른 표현

슬롯으로 만들어진 컴포넌트를 불러와 사용할 경우 기본값을 이용해 입력하지 않은 내용을 처리할 수 있었습니다. 이번에는 특정 슬롯 사용 여부를 체크하는 기능에 대해 알아보겠습니다.

'$$slots.슬롯이름'을 통해서 슬롯이 사용되었는지에 대한 정보를 받아올 수 있습니다. 그래서 이 정보의 유무를 체크하고 이를 통해서 특정 영역의 표시 여부를 설정하거나 어떤 스타일(CSS) 요소를 첨부하는 등의 행동을 할 수 있습니다.

[코드 4-18]을 조금 수정해서 실행시켜 보겠습니다.

```
<style>
.contact-card {
    width: 300px;
    border: 1px solid #aaa;
    border-radius: 2px;
    box-shadow: 2px 2px 8px rgba(0,0,0,0.1);
    padding: 1em;
}
```

```
  h2 {
    padding: 0 0 0.2em 0;
    margin: 0 0 1em 0;
    border-bottom: 1px solid #ff3e00
  }

  .address, .email {
    padding: 0 0 0 1.5em;
    background:  0 50% no-repeat;
    background-size: 1em 1em;
    margin: 0 0 0.5em 0;
    line-height: 1.2;
  }

  .address { background-image: url(tutorial/icons/map-marker.svg) }
  .email   { background-image: url(tutorial/icons/email.svg) }
  .missing { color: #999 }
</style>

<article class="contact-card">
  <h2>
    <slot name="name">
      <span class="missing">이름 미입력</span>
    </slot>
  </h2>

  <div class="address">
    <slot name="address">
      <span class="missing">주소 미입력</span>
    </slot>
  </div>
  {#if $$slots.email}
    <div class="email">
      <hr />
      <slot name="email"></slot>
    </div>
  {/if}
</article>
```

[코드 4-20] card.svelte

App.svelte도 수정해 보겠습니다.

```
<script>
  import Card from './card.svelte';
</script>

<Card>
  <span slot="name">
    홍길동
  </span>

  <span slot="address">
    서울특별시<br>
    여의도동
  </span>
</Card>

<br/>

<Card>
  <span slot="name">
    홍길동
  </span>

  <span slot="address">
    서울특별시<br>
    여의도동
  </span>
  <span slot="email">
    myemail@google.com
  </span>
</Card>
```

[코드 4-21] App.svelte

실행하면 email 컴포넌트가 있을 경우와 없을 경우 나타나는 값이 다름을 알 수 있습니다.

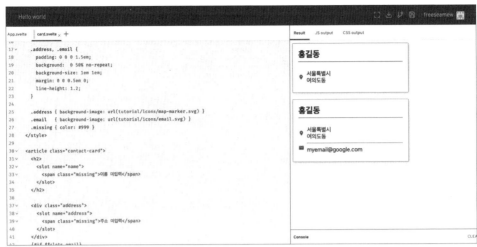

[그림 4-14] 슬롯 조건 처리

지금까지의 기능만으로도 정적인 마크업은 어느 정도 대응 가능합니다. 지금부터는 슬롯을 이용하여 좀 더 동적인 기능을 구현해 보겠습니다. 슬롯으로 만들어진 Card 컴포넌트에 마우스오버 이벤트가 발생하면 색상이 변하고 폰트의 두께도 변경하는 기능을 추가해 보겠습니다. .hovering {} 스타일을 추가하고, 스크립트 영역에 hovering 상태값, enter, leave 메소드를 만든 다음 〈article class="contact-card" class:hovering on:mouseenter={enter} on:mouseleave={leave}〉와 같이 이벤트에 연결하겠습니다. 그리고 앱을 실행시킨 후 마우스를 카드에 올려 보면 카드의 색이 변하는 것을 확인할 수 있습니다. 참고로 코드에서 class:hovering은 hovering이라는 상태값이 true일 경우 CSS의 hovering class가 적용되는 것입니다. 이 부분은 《챕터 6-1. CSS 제어》에서 자세히 다루도록 하겠습니다.

```
<style>
  .contact-card {
    width: 300px;
    border: 1px solid #aaa;
    border-radius: 2px;
    box-shadow: 2px 2px 8px rgba(0,0,0,0.1);
    padding: 1em;
  }

  h2 {
    padding: 0 0 0.2em 0;
```

```
    margin: 0 0 1em 0;
    border-bottom: 1px solid #ff3e00
  }

  .address, .email {
    padding: 0 0 0 1.5em;
    background:  0 50% no-repeat;
    background-size: 1em 1em;
    margin: 0 0 0.5em 0;
    line-height: 1.2;
  }

  .address { background-image: url(tutorial/icons/map-marker.svg) }
  .email   { background-image: url(tutorial/icons/email.svg) }
  .missing { color: #999 }

  .hovering { /* 추가 */
    background-color: #ffed99;
  }
</style>

<script>
  let hovering;
  const enter = () => hovering = true;
  const leave = () => hovering = false;
</script>

<article class="contact-card" class:hovering on:mouseenter={enter}
on:mouseleave={leave}>
  <h2>
    <slot name="name">
      <span class="missing">이름 미입력</span>
    </slot>
  </h2>

  <div class="address">
    <slot name="address">
      <span class="missing">주소 미입력</span>
    </slot>
  </div>
```

```
    <div class="email">
      <slot {hovering} name="email"></slot>
    </div>
</article>
```

[코드 4-22] card.svelte

4-4-4 슬롯에서의 Props 통신

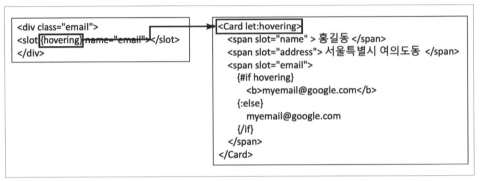

[그림 4-15] 슬롯 Props 설명

슬롯에서 사용된 상태값을 다른 컴포넌트에서 전달받아 사용하는 것도 가능합니다. 전달받는 방법은 <컴포넌트 let:상태값>입니다. 마우스오버 시 사용했던 hovering 상태값을 App.svelte에서 전달받아 사용해 보도록 하겠습니다.

```
<script>
  import Card from './card.svelte';
</script>


<Card let:hovering>
  <span slot="name" >
    홍길동
  </span>

  <span slot="address">
    서울특별시 여의도동
  </span>
  <span slot="email">
    {#if hovering}
```

```
      <b>myemail@google.com</b>
    {:else}
      myemail@google.com
    {/if}
  </span>
</Card>
```

[코드 4-23] App.svelte

실행하면 마우스오버 시 card 컴포넌트에서는 배경색이 변경되고, App.svelte의 email slot에서
적용한 〈b〉 태그가 적용되는 것을 볼 수 있습니다.

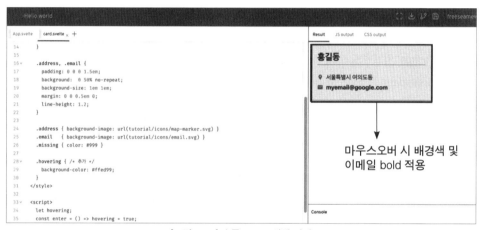

[그림 4-16] 슬롯 Props 실행 결과

현재의 프런트엔드 프레임워크들은 컴포넌트들을 좀 더 효율적으로 개발할 수 있는 방향으로 발
전하고 있습니다. 이런 관점에서 Svelte의 슬롯은 마크업 영역을 효율적으로 재사용할 수 있게 도
와주는 훌륭한 API입니다. 슬롯과 같은 장치들이 처음에는 조금 어색할 수 있습니다. 하지만 반
복적으로 사용되는 마크업 영역에서 슬롯을 적극적으로 사용하면 훨씬 효율적으로 앱을 개발할
수 있습니다.

4-5 라이프사이클

컴포넌트는 라이프사이클(Lifecycle), 즉 생명주기라는 것을 가집니다. 컴포넌트 생명주기가 필요한 예를 들어 보겠습니다. 어떤 컴포넌트가 백엔드 서버와 통신 후 서버를 통해서 받은 정보를 화면에 표시한다고 가정해 보겠습니다. 그 컴포넌트는 서버로부터 정보를 받아 와야만 정상적으로 사용자에게 결과를 보여줄 수 있습니다. 그래서 컴포넌트가 서버로부터 정보를 가져오는 동안은 로딩 효과를 통해서 잠시 동안 다른 결과를 보여주어야 할 경우가 발생합니다. 바로 이때 필요한 기능이 라이프사이클입니다.

Svelte에서 제공하는 라이프사이클 API는 기본적으로 다음과 같은 4가지가 있습니다.

- ▶ **onMount:** 컴포넌트가 돔에 마운트되면 실행
- ▶ **onDestroy:** 컴포넌트가 해제된 후 실행
- ▶ **beforeupdate:** 컴포넌트가 마운트되기 전 실행
- ▶ **afterUpdate:** 컴포넌트가 마운트된 후 실행

그리고 여기에 tick이라는 일반적인 라이프사이클과 다른 API가 있습니다.

- ▶ **tick:** 컴포넌트 변경이 완료되면 실행(라이프사이클과 조금 성격이 다름)

컴포넌트가 동작할 때 이 라이프사이클들의 실행순서는 다음과 같습니다.

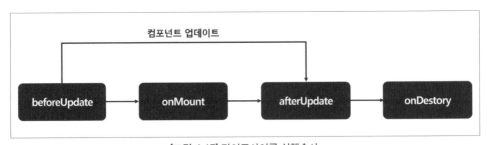

[그림 4-17] 라이프사이클 실행순서

그리고 완전히 화면에 나타난 컴포넌트에 어떤 변화가 생기면 beforeUpdate → afterUpdate의 라이프사이클 과정을 거치게 됩니다.

웹앱을 실제로 개발해 보면 많은 기능이 서버와의 통신으로 이루어집니다. 서버와의 통신은 일반

적으로 비동기적인 성격을 가질 수밖에 없습니다. 왜냐하면 서버로 어떤 정보를 요청했을 때 그 요청된 정보가 프런트엔드로 전달되는 시간이 필요하기 때문입니다.

앞에서 예로 들었던 화면 로딩으로 다시 한번 설명하겠습니다. 로딩이 필요한 어떤 화면에서 loading이라는 상태값을 만들어 두고, beforeUpdate에서 loading을 true로 설정해 로딩 효과를 나타나게 합니다. 다음 onMount에서는 서버로 값을 요청합니다. 그리고 정보 전달이 완료된 후 화면이 만들어지는 것이 끝나는 타이밍인 afterUpdate에서 loading 상태값을 false로 설정하면 데이터가 전달되는 동안의 로딩 효과를 구현하는 것이 가능합니다.

[그림 4-18] 컴포넌트 업데이트 시 라이프사이클 실행순서

그럼 부모와 자식컴포넌트 사이의 라이프사이클은 호출 순서가 어떻게 될까요? 부모의 beforeUpdate 이후 자식컴포넌트의 모든 라이프사이클이 호출됩니다. 즉, 자식컴포넌트의 afterUpdate가 호출된 이후 부모의 onMount가 호출되는 것입니다. [코드 4-24, 25]를 만들어서 부모컴포넌트와 자식컴포넌트는 어떤 라이프사이클을 가지는지 확인해 보겠습니다.

```
<script>

import { onMount, onDestroy, beforeUpdate, afterUpdate, tick } from 'svelte';
import Child from './child.svelte';

onMount(async() => {
  console.log('App onMount');
});

onDestroy(async() => {
  console.log('App onDestroy');
});

beforeUpdate(async() => {
  console.log('App beforeUpdate');
});
```

```
afterUpdate(async() => {
  console.log('App afterUpdate');
});

</script>

<h1>부모컴포넌트</h1>
<Child />
```

[코드 4-24] App.svelte

```
<script>
import { onMount, onDestroy, beforeUpdate, afterUpdate, tick } from 'svelte';

onMount(async() => {
  console.log('child onMount');
});

onDestroy(async() => {
  console.log('child onDestroy');
});

beforeUpdate(async() => {
  console.log('child beforeUpdate');
});

afterUpdate(async() => {
  console.log('child afterUpdate');
});

</script>

<p>자식컴포넌트</p>
```

[코드 4-25] child.svelte

[그림 4-19]와 같이 console 창이 나타나는 것을 볼 수 있습니다. 이를 통해 여러 개의 컴포넌트가 모여 있을 때 상하관계의 컴포넌트를 어떻게 제어할지에 대한 많은 힌트를 얻을 수 있을 것입니다.

부모 컴포넌트

자식 컴포넌트

```
Result    JS output    CSS output

Console                                    (6) CLEAR

  "App beforeUpdate"
  "child beforeUpdate"
  "child onMount"
  "child afterUpdate"
  "App onMount"
  "App afterUpdate"
```

[그림 4-19] 라이프사이클 실행 로그

tick 함수

상태값을 변경시킨 후 돔에 변경된 상태값이 적용되기까지는 약간의 시간이 소요됩니다. tick은 변경된 상태값이 실제 돔에 적용되면 다음 단계를 진행할 수 있도록 도와주는 기능입니다.

코드를 통해서 알아보겠습니다. [코드 4-26]은 a, b, sumElement라는 상태값을 가집니다. sumElement 상태값의 경우 .sum div 영역과 바인드되어 있습니다. 그리고 handleUpdate 메소드에 의해서 a, b 상태값은 변경되고 sumElement에 바인딩된 textContent, 즉 문자열을 콘솔로 나타냅니다.

```
<script>
  import { tick } from "svelte";
  let a = 1;
  let b = 2;
  let sumElement;

  async function handleUpdate() {
    a = 2;
    b = 5;

    // Logs 2 + 5 = 7
    console.log(`${a}, ${b}`);
    console.log(sumElement.textContent);
  }
```

```
</script>

<div class="sum" bind:this={sumElement}>
  {a} + {b} = {a + b}
</div>
<button on:click={handleUpdate}>
    숫자 업데이트
</button>
```

[**코드 4-26**] App.svelte

[코드 4-26]을 실행하면 [그림 4-20]과 같은 결과가 콘솔창에 출력되는 것을 볼 수 있습니다. handleUpldate에 의해 상태값은 바로 변경되었지만, div 영역 안의 값들은 아직 변경이 이루어 지지 않아 두 번째 클릭부터 변경된 값이 나타나는 것을 알 수 있습니다.

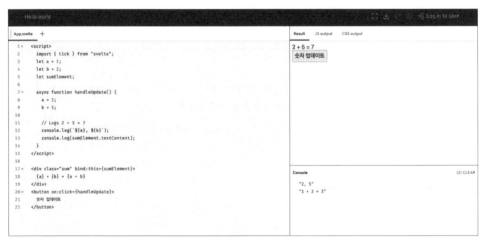

[**그림 4-20**] tick 적용 전 결과

이제 tick 함수를 적용해 보겠습니다. console.log 전에 tick 함수를 호출합니다. 참고로 tick 함수 는 비동기 처리를 하는 것이므로 async await을 이용해야 합니다. async await에 대해서는 《**챕터 10. 서버와의 통신방법**》에서 자세히 설명하겠습니다.

```
<script>
  import { tick } from "svelte";
  let a = 1;
  let b = 2;
  let sumElement;
```

```
async function handleUpdate() {
  a = 2;
  b = 5;

  // tick()을 이용해 변경된 상태값이 돔에 적용되기를 기다림
  await tick();

  // Logs 2 + 5 = 7
  console.log(`${a}, ${b}`);
  console.log(sumElement.textContent);
}
</script>

<div class="sum" bind:this={sumElement}>
  {a} + {b} = {a + b}
</div>
<button on:click={handleUpdate}>
  숫자 업데이트
</button>
```

[코드 4-27] App.svelte

[코드 4-27]을 실행해 보겠습니다. [그림 4-21]과 같이 상태값(state) 변경 후 마크업 영역에서도 해당 상태값이 변경되기를 기다린 후 console.log가 출력되는 것을 볼 수 있습니다.

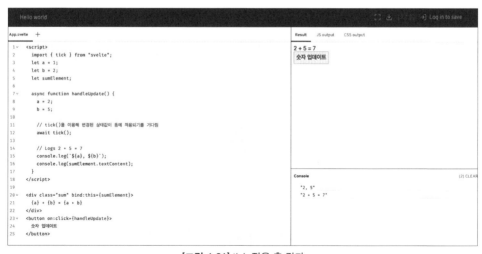

[그림 4-21] tick 적용 후 결과

93

Chapter 05

컴포넌트 통신 고급

Chapter 05
컴포넌트 통신 고급

컴포넌트 구조가 단순하다면 Props를 이용한 데이터 전달만으로 충분합니다. 하지만 웹앱을 만들다 보면 기능이 많아지고 이럴 때 컴포넌트의 구조가 복잡해질 수밖에 없습니다. [그림 5-1]과 같은 트리 구조의 웹앱이 있다고 생각해 보겠습니다. 이 앱은 1번 컴포넌트의 어떤 데이터를 다른 한쪽 끝에 있는 ⑦, ⑩번 컴포넌트로 전달해야만 합니다. 이때 Props를 이용해 전달하려고 한다면 그림처럼 한 단계씩 모두 Props를 이용해 옮겨야만 합니다. 이 방법은 결코 효율적이지 않습니다.

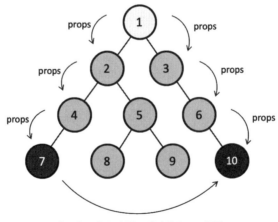

[그림 5-1] 트리 구조에서의 Props 통신

Svelte에서는 이런 상황을 대비해서 다양한 통신방법을 제공합니다. 지금부터 이 통신방법에 대해서 알아보겠습니다.

5-1 context API

5-1-1 context API 기본 사용방법

컴포넌트끼리 거리가 있을 때 상태값 또는 이벤트 메소드를 전달하는 효율적인 방법으로 context API라는 것이 있습니다. context API는 다음 ①번과 ⑩번 컴포넌트처럼 컴포넌트 간의 거리가 멀 때 아주 유용합니다.

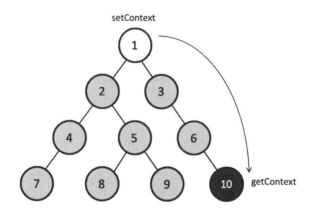

[그림 5-2] 트리 구조에서의 context API 통신

기본적인 사용방법은 [그림 5-2]와 같습니다. 데이터를 보내려는 컴포넌트는 setContext로 데이터를 담고, 데이터를 받으려는 컴포넌트에서는 getContext로 값을 받아올 수 있습니다. 이처럼 컴포넌트 통신에 context API를 이용하면, 데이터를 전달하기 위해 계속해서 컴포넌트로 Props를 전달할 필요가 없다는 것입니다.

setContext: 전달

⟨script⟩
import {setContext} from 'svelte'

```
const setValues = {
  a: 1,
  b: 2
}

setContext('키값', setValue)
...
```

---

getContext: 받기

```
〈script〉
import { getContext } from 'svelte'

const getValue = getContext('키값')

〈/script〉

a: { getValue.a }
b: { getValue.b }
```

5-1-2 context API 활용 예제

[코드 5-1~3]을 통해 context API를 사용해 보겠습니다. App.svelte, panel.svelte, button.svelte 의 세 가지 컴포넌트를 만들겠습니다. App.svelte에서 만들어진 상태값과 그 상태값을 변경하는 메소드는 setContext를 이용해서 값을 담아 두겠습니다. 그리고 panel 컴포넌트 아래의 button에 getContext로 메소드를 받아 값을 변경하겠습니다.

```
<script>
import { setContext } from 'svelte';
import Panel from './panel.svelte';

let count = 10;

function incrementCount(event) {
  count ++;
}
```

```
setContext('incrementCount', incrementCount);
setContext('count', count);

</script>

<Panel {count} />
```

[코드 5-1] App.svelte

```
<script>
  import Button from './button.svelte';
  export let count;
</script>

<div class="panel">
  <h1>{count}</h1>
  <Button />
</div>

<style>
  .panel {
    padding: 20px;
    display:flex;
    flex-direction: column;
    justify-items: center;
    justify-content: space-around;
    align-items: center;
    height: 100px;
    width:200px;
    background: #e2e2e2;
    border: 1px solid #777777;
  }
</style>
```

[코드 5-2] panel.svelte

```
<script>
import { getContext } from 'svelte';

let handleIncrementCount = getContext('incrementCount');
let count = getContext('count');
</script>
```

```
<button on:click={handleIncrementCount} >
  count 초기값: [{count}]
</button>
```

[코드 5-3] button.svelte

웹앱을 실행하고 버튼을 클릭하면 count가 정상적으로 증가하는 것을 볼 수 있습니다.

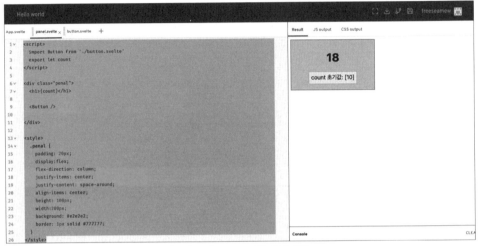

[그림 5-3] context API 예제 실행

context API를 사용하면 거리가 떨어져 있는 컴포넌트끼리 통신을 하기에 Props보다 유용한 점이 많습니다. 하지만 한계도 있습니다. 우선 가장 큰 한계점은 반응성적으로 작동하지 않는다는 것입니다. [코드 5-3]에서 button 컴포넌트의 count 상태값은 getContext로 받아 와서 설정했습니다. 그래서 처음 로드될 때 값인 10은 정상적으로 나타납니다. 하지만 버튼을 클릭해 값을 증가시키더라도 버튼의 count 값은 변경이 일어나지 않습니다. 그래서 보통 context API는 첫 로드때 받은 값을 변경할 필요가 없거나, 이벤트 메소드를 전달할 때 유용합니다.

5-2 dispatch

dispatch는 이벤트 전달을 위한 통신방법입니다. UI 화면을 만들다 보면 보통 이벤트가 발생하는 곳과 발생된 이벤트를 바탕으로 어떤 현상을 일으키는 곳이 다른 경우가 많습니다. 《챕터 3-5. Props를 이용한 컴포넌트 통신방법》에서 Props를 이용해 이벤트를 전달하는 방법을 소개한 적이 있습니다. 하지만 Props를 이용할 경우 계속해서 Props 전달 후 export let으로 이벤트 메소드를 전달받아야 하는 번거로움이 있습니다.

Svelte에서는 기본적으로 컴포넌트 간 이벤트 버블링이 발생하지 않습니다. 그래서 이벤트를 전달(event forwarding)하기 위한 기능으로 dispatch라는 것을 제공합니다. 이 dispatch를 이용하면 조금 더 편리하게 이벤트를 전달할 수 있습니다. 기본적인 사용방법은 이벤트가 발생하는 곳에서 createEventDispatcher라는 메소드를 이용해 이벤트를 만들고, 이것을 상위 컴포넌트로 전달하는 방식으로 이루어집니다. 이 dispatch는 전달방향을 '상위 컴포넌트→하위 컴포넌트'가 아닌 '하위 컴포넌트(이벤트 발생 컴포넌트)→상위 컴포넌트'로 이해해야 합니다. 참고로 이벤트가 발생한 곳에서 이벤트가 필요한 곳으로 전달하는 것을 이벤트 버블링(Event Bubbling)이라고 합니다.

▶ **이벤트 버블링(Event Bubbling):** 하위 요소에서 이벤트가 발생해 상위 요소로 전달되는 것

▶ **이벤트 캡처(Event Capture):** 상위 요소에서 이벤트가 발생한 하위 요소로 찾아가는 것

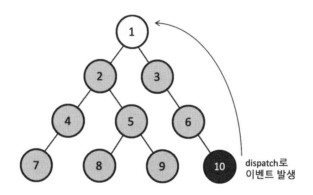

[그림 5-4] dispatch로 이벤트 전달

dispatch의 기본 사용방법은 다음과 같습니다. dispatch('dispatch 이름', {객체형태의 전달값}) 첫 번째 인자로 dispatch 이름, 두 번째 인자로 객체형태의 전달값입니다.

```
import { createEventDispatcher } from 'svelte'

const dispatch = createEventDispatcher()

// dispatch 생성방법
```

```
dispatch('add', {
  value : 전달할 값,
  message: '전달할 메시지'
});

// 전달방법
<컴포넌트 이름 on:dispatch 이름 />
```

[코드 5-4~7]을 통해서 dispatch를 만들어 보겠습니다. 이번 예제는 이벤트 전달이 이루어지는 것을 보여드리기 위해 조금 과장해서 컴포넌트 여러 개를 만들었습니다.

우선 [코드 5-4] startEvent.svelte 파일에 발생할 이벤트를 만들어 주겠습니다. dispatch는 Svelte의 createEventDispather라는 메소드를 사용합니다. 임포트한 createEventDispather는 dispatch라는 상수로 만들어 사용하겠습니다. 다음으로 addAction이라는 이벤트를 실행할 메소드를 만들어 주겠습니다. 이 메소드는 param이라는 인자를 받아 사용합니다. 전달받은 인자를 dispatch('add'), 즉 add라는 이름을 가진 dispatch를 만들어 상위 컴포넌트로 전달하겠습니다. 전달된 value와 message의 객체는 나중에 상위 컴포넌트에서 event.detail.value, evente.detail.message로 사용할 수 있습니다. 참고로 여기에 value, message는 정해진 이름이 아니라, 개발자가 원하는 형태의 객체를 만들어 넣어주면 됩니다. 이렇게 생성된 메소드 addAction()을 button에 연결해 주겠습니다.

```
<script>
import { createEventDispatcher } from 'svelte'

const dispatch = createEventDispatcher()

function addAction(param) {
  console.log(param)

  dispatch('add', {
    value : param,
    message: param + ' 값 추가'
  })
}

</script>
```

```
<button on:click={() => addAction(10)} >Add 10</button>
<button on:click={() => addAction(20)} >Add 20</button>
```

[코드 5-4] startEvent.svelte

[코드 5-5~6]은 상위 컴포넌트로 전달하는 과정입니다. <컴포넌트명 on:'dispatch 이름' />으로 전달하면 됩니다.

```
<script>
  import StartEvent from './startEvent.svelte'

</script>

<StartEvent on:add />
```

[코드 5-5] second.svelte

```
<script>
  import Second from './second.svelte'

</script>

<Second on:add />
```

[코드 5-6] first.svelte

전달받은 add라는 dispatch를 App.svelte에서 사용해 보겠습니다. App.svelte에는 상태값을 변경하는 메소드 handleValueAdd를 만들어 줍니다. 그리고 이 메소드는 event라는 인자를 전달받게 됩니다. 전달받은 event에는 add dispatch에서 만든 value와 message를 event.detail.value, event.detail.message와 같이 불러와 사용 가능합니다.

그리고 <First on:add={handleValueAdd} />로 add dispatch에 handleValueAdd를 연결해 주면 됩니다.

```
<script>
import First from './first.svelte'

let value = 0

function handleValueAdd(event) {
```

```
    console.log(event.detail.message);
    value = value + event.detail.value
}
</script>

<p>value : {value}</p>

<First on:add={handleValueAdd}  />
```

[코드 5-7] App.svelte

결과를 실행시켜 보겠습니다. [그림 5-5]의 결과처럼 startEvent.svelte에서 생성된 이벤트가 App. svelte로 잘 전달된 것을 볼 수 있습니다.

dispatch를 이용해 하위 컴포넌트에서 발생한 이벤트를 전달하면 Props보다 확실히 좀 더 깔끔한 결과를 얻을 수 있습니다.

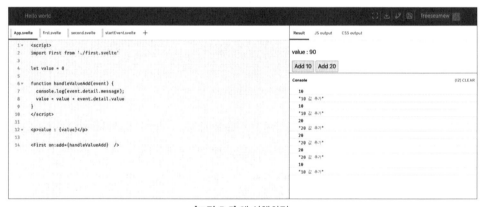

[그림 5-5] 앱 실행화면

5-3 store

Svelte에서의 컴포넌트 간 통신방법으로는 Props, context API, dispatch가 있었습니다. 가장 기본이 되는 통신방법인 Props, 거리가 있는 컴포넌트와도 쉽게 값을 전달할 수 있는 context API 그리고 이벤트 전용 통신방법인 dispatch입니다. 하지만 이 통신방법 모두 한계점은 있습니다. 개발하는 서비스가 점점 더 복잡해질 경우 컴포넌트의 구조도 함께 복잡해집니다. 이럴 경우 전송할 컴포넌트의 위치를 찾기가 점점 더 어려워집니다. 위치에 상관없이 전달이 쉬운 context API의 경우에도 반응성적인 작동을 하지 않는 단점이 존재합니다. 그래서 준비된 것이 store(이하 스토어)입니다.

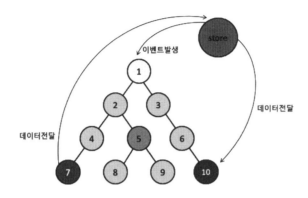

[그림 5-6] 스토어를 이용한 데이터 전달 및 이벤트 발생

스토어는 전역으로 사용 가능하면서 또 반응성적으로 작동되는 컴포넌트 간 통신방법입니다. 스토어의 원리는 스토어라는 저장소를 두고, 컴포넌트가 저장소에서 필요한 데이터나 이벤트를 사용하는 방식입니다. 전역으로 사용하는 저장소를 두기 때문에 조금 복잡해 보였던 컴포넌트 간의 상하관계를 전혀 신경 쓸 필요가 없습니다.

이 스토어는 특성에 따라서 writable, derived, readable 세 가지로 구분됩니다.

5-3-1 writable store

writable 스토어부터 알아보겠습니다. 가장 기본이 되고 또 가장 많이 사용되는 스토어입니다. 이름에서 알 수 있듯, 이 writable로 만들어진 스토어를 바라보고 있는 컴포넌트는 스토어의 데이터를 수정하거나 새로 정의할 수 있습니다. 물론 기본적으로 읽기도 됩니다. 즉, 읽고 쓰기가 모두 가능한 기본 스토어입니다.

기본적인 사용방법은 'svelte/store'에서 writable을 가져와서 스토어를 선언하는 것입니다.

```
import { writable } from 'svelte/store';

export const 스토어이름 = writable(스토어기본값)
```

값을 초기화하는 set과 수정하는 update를 이용해서 변경할 수 있습니다. 그리고 스토어의 값은 subscribe, 즉 구독을 통해서 받아볼 수 있습니다. 마크업 영역에서는 '$스토어이름'과 같은 방법으로 스토어값을 조회할 수 있습니다. 이때 변경을 자동으로 감지하게 되는데 이를 'auto-subscriptions'이라고 합니다.

```
<script>
import { 스토어이름 } from './store';

스토어이름.set(data)
스토어이름.update(data => data)

</script>

// 마크업에서의 사용
{$스토어이름}
```

writable이 가지고 있는 기본 메소드는 다음 4가지입니다.

- ▶ **subscribe:** 값을 반응성 형태로 조회
- ▶ **update:** 값 수정
- ▶ **set:** 값 초기화
- ▶ **get:** 값 가져오기

[코드 5-8~11]을 통해서 스토어 사용법을 익혀 보겠습니다.

우선 store.js라는 파일을 만들겠습니다. 이 파일은 스토어 파일입니다. writable(초기값)로 초기값을 선언하고 export시켜 줍니다. 이제 store.js 파일을 사용하는 컴포넌트는 count라는 스토어값을 사용할 수 있게 됩니다.

```
import { writable } from 'svelte/store';

export const count = writable(0);
```

[코드 5-8] store.js

예제에서는 increment(증가), decrement(감소), reset(초기화)의 역할을 가진 컴포넌트를 만들어 count store를 조작해 보겠습니다.

[코드 5-9]의 reset.svelte 파일을 만들겠습니다. 스토어의 값은 .set(초기값)을 이용해 초기화할 수 있습니다. 만들어진 count 스토어를 import를 이용해 가져온 후 함수형태의 reset 메소드를 만들어 줍니다. reset에 count.set(0)을 적용하고 button에 이벤트를 만들어 reset을 연동하겠습니다. 이 컴포넌트는 count 값을 무조건 0으로 만들어 주는 역할을 합니다.

```
<script>
  import { count } from './store.js';

  function reset() {
    count.set(0);
  }

</script>

<button on:click={reset}>
reset
</button>
```

[코드 5-9] reset.svelte

다음으로 [코드 5-10]의 increment.svelte를 만들겠습니다. 여기서도 count 스토어를 가져온 후 Increment 함수를 만들고 버튼의 on:click 이벤트에 연결해 줍니다.

```
<script>
  import { count } from './store.js';

  function increment() {
    count.update(count => {
      count = count + 1;
      return count;
    })
  }

</script>

<button on:click={increment}>
  +
</button>
```

[코드 5-10] increment.svelte

스토어값을 수정할 때는 update를 이용합니다. 이 update에 인자로 현재 스토어의 데이터가 기본으로 제공됩니다. 인자로 전달된 스토어 데이터를 변경한 후에 다시 변형된 그 값을 return하는 패턴으로 사용하면 됩니다. 마찬가지로 button에 Increment를 이벤트로 만들어 줍니다.

```
현재store 값.update(현재store 값 => {
  현재store 값 = 현재store 값 + 1
  return 현재store 값
})
```

decrement.svelte는 increment.svelte와 코드가 거의 같습니다. 이번에는 단지 update 안에 내용을 한 줄로 좀 더 간결하게 만들었습니다. 화살표함수의 경우 별도의 괄호를 사용하지 않고 표현식을 넣으면 해당 표현식이 return(반환)됩니다. 이는 코드양을 줄이는 데에 도움이 됩니다.

```
<script>
  import { count } from './store.js';

  const decrement = () => count.update(count => count - 1);

  // 위의 한 줄 코드와 아래 코드는 같은 내용의 코드임
  // function decrement() {
  //   count.update(count => {
  //     count = count -1;
  //     return count
  //   }
  // }

</script>

<button on:click={decrement}>
  -
</button>
```

[코드 5-11] decrement.svelte

만들어진 컴포넌트를 App.svelte에 모아 보겠습니다. count 스토어와 함께 reset, increment, decrement 컴포넌트를 모두 import하여 사용하겠습니다.

subscribe에 대해 알아봅시다. subscribe는 구독이라는 의미답게 스토어 데이터의 변경이 일어나

면 그 변경된 값을 스토어를 바라보는 모든 컴포넌트에 적용하는 것을 말합니다. 즉, 스토어의 데이터를 반응성 상태로 가져와 보여주는 역할을 합니다.

```
<script>
  import { count } from './store.js';
  import Increment from './increment.svelte';
  import Decrement from './decrement.svelte';
  import Reset from './reset.svelte';

  let count_value;

  const unsubscribe = count.subscribe(value => {
    count_value = value;
  });
</script>

<h1>현재 count는 {count_value}</h1>

<Increment />
<Decrement />
<Reset />
```

[코드 5-12] App.svelte

여기서 subscribe를 좀 더 쉽게 사용하는 방법이 있습니다. 바로 $store이름처럼 $ 키워드를 이용하는 것입니다. App.svelte를 [코드 5-13]처럼 수정하고, 실행하면 정상적으로 작동하는 것을 볼 수 있습니다. 보통 subscribe는 $ 키워드를 주로 사용합니다. $ 키워드를 이용해 subscribe를 구현하면 [코드 5-13]과 같이 코드가 훨씬 간결해집니다.

```
<script>
  import { count } from './store.js';
  import Increment from './increment.svelte';
  import Decrement from './decrement.svelte';
  import Reset from './reset.svelte';
</script>

<h1>현재 count는 {$count} 입니다.</h1>

<Increment/>
```

```
<Decrement/>
<Reset/>
```

[코드 5-13] App.svelte

앱을 실행하면 [그림 5-7]처럼 각각의 컴포넌트에 의해 스토어 데이터가 변경되는 것을 확인할 수 있습니다.

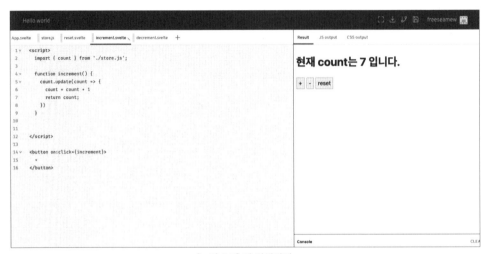

[그림 5-7] 앱 실행화면

writable을 더 효율적으로 사용하는 방법을 알아보겠습니다. 지금까지는 update, set을 이용해 스토어에 저장된 값을 컴포넌트에서 조작했습니다. 하지만 스토어 데이터의 형태가 복잡해진다면 이렇게 조작하는 것은 효율적이지 않습니다. 그래서 Svelte의 스토어에서는 update, set 이외에 사용자정의 메소드(custom method)를 만들어 사용할 수 있습니다. 즉, 사용자가 원하는 기능을 함수형태로 만들어서 호출해 사용할 수 있는 것입니다. 이 경우 함수형태의 메소드만 호출하면 되기 때문에 사용의 편의성을 높이고 오류를 일으킬 위험을 크게 줄일 수 있습니다.

writable 스토어의 일반적인 사용 패턴에 대해 알아보겠습니다. 사용할 스토어를 함수로 만들고, writable 스토어의 기본 메소드인 subscribe, set, update를 불러옵니다.

```
function  setName() {

  const { subscribe, set, update } = writable(값정의);
```

```
  // 사용자정의 메소드들
  const customMethod_1 = () => update(x => x) ;
  const customMethod_2 = () => update(x => x) ;
  const customMethod_3 = () => update(x => x) ;

  return { // 기본메소드(subscribe, set 등) 사용자정의 메소드들을 리턴
    subscribe,
    customMethod_1,
    customMethod_2
    customMethod_3
  }
}

export name = setName();
```

사용자정의 메소드(custom method) 만드는 방법

const { subscribe, set, update } = writable(값정의);

위 문법은 writable 안에 있는 subscribe, set, update를 가져오는 구조 분해 할당(destructuring assignment)이라는 문법입니다. ES6부터는 다음과 같이 한 번에 객체나 배열의 값을 불러와 사용할 수 있습니다.

const obj = {
 a: 1,
 b: 2,
};

const {a, b} = obj;

그리고 함수형태의 스토어 안에서 사용할 사용자정의 메소드(custom method)를 만들어 return합니다. 이렇게 만들어진 스토어들은 최종적으로 다시 코드 모음 하단에서 export하여 내보내 주는 패턴으로 사용됩니다. 참고로 스토어를 정의하는 함수를 화살표함수로 사용해도 상관없습니다. 또 내부의 사용자정의 메소드 역시 일반함수(const name = function() {}) 사용법처럼 해도 상관없습니다. 필자는 약간의 패턴을 두기 위해 스토어 정의는 일반적인 자바스크립트 함수선언방식을 사용하고, 사용자정의 메소드의 경우 화살표함수를 사용했습니다. 참고로 이런 패턴을 사용하면 코드양이 많아졌을 때 어떤 메소드들이 있는지 확인하는 데 유리합니다. return{} 부분을 보면

만들어진 메소드 종류를 한 번에 알 수 있고, 마지막의 export를 통해서 어떤 스토어가 사용되었는지 바로 알 수 있기 때문입니다.

```
...
function  setName3() {

  const { subscribe, set, update } = writable(값정의);

  // 사용자정의 메소드들
  const customMethod_1 = () => update(x => x) ;
  const customMethod_2 = () => update(x => x) ;
  const customMethod_3 = () => update(x => x) ;

  return {
    subscribe,
    customMethod_1, // 해당 스토어의 기능에 해당하는 메소드를 한눈에 알 수 있음
    customMethod_2
    customMethod_3
  }
}

// 사용되는 스토어를 한눈에 알 수 있음
export name1 = setName1();
export name2 = setName2();
export name3 = setName3();
```

이 패턴을 이용해 store.js를 수정해 보겠습니다.

createCount라는 함수로 스토어를 정의하고 writable()에서 subscribe, set, update를 불러옵니다. 그리고 3가지 사용자정의 메소드(increment, decrement, reset)를 만들어 줍니다. 사용자정의 메소드와 subscribe를 함께 리턴해 주겠습니다. 참고로 이처럼 스토어값을 수정하고, 초기화하는 것을 사용자정의 메소드로 하기 때문에 set과 update는 리턴할 필요가 없습니다. 즉, set, update를 리턴하지 않으므로 외부에서는 set, update를 사용할 수 없습니다. 그리고 createCount를 count에 담아 export해 주어야 합니다.

```
import { writable } from 'svelte/store';
```

```
function createCount() {
  const { subscribe, set, update } = writable(0);

  // 사용자정의 메소드
  const increment = () => update(count => count + 1);
  const decrement = () => update(count => count - 1);
  const reset = () => set(0);

  return {
    subscribe,
    increment,
    decrement,
    reset
  };
}

export const count = createCount();
```

[코드 5-14] store.js

[코드 5-15]를 통해 App.svelte를 수정해 보겠습니다. count 스토어를 import를 통해 가져옵니다. 만들어진 사용자정의 메소드는 'store이름.메소드이름'처럼 사용할 수 있습니다. App.svelte에 버튼 3개를 만들고 우리가 만든 메소드 count.increment, count.decrement, count.reset을 이벤트에 연결해 사용해 보겠습니다.

```
<script>
  import { count } from './store.js';
</script>

<h1>현재 count는 {$count} 입니다.</h1>

<button on:click={count.increment}>+</button>
<button on:click={count.decrement}>-</button>
<button on:click={count.reset}>reset</button>
```

[코드 5-15] App.svelte

앱을 실행하면 [그림 5-8]처럼 스토어값이 정상적으로 변경되는 것을 볼 수 있습니다.

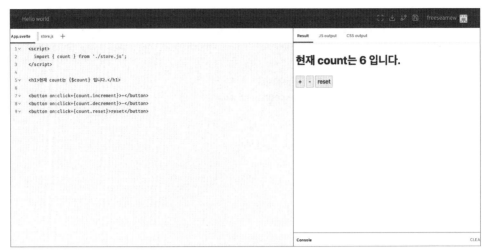

[그림 5-8] 앱 실행화면

그리고 예제에서 사용하지 않은 get의 경우 컴포넌트에서는 사용되지 않습니다. 컴포넌트에서는 subscribe를 통해서 값을 반응성 형태로 받아 사용할 수 있지만 컴포넌트 이외의 일반적인 js 파일에서는 subscribe로 값을 받아올 수 없습니다. 그래서 컴포넌트 이외의 곳에서 스토어값을 참조하거나, 다른 스토어에서 값을 조회할 경우는 get을 통해서 값을 받아올 수 있습니다. 이 기능은 《챕터 11. 실전 프로젝트(2) - SNS 서비스 만들기》에서 사용하겠습니다.

writable 스토어는 사용자정의 메소드를 이용한 패턴으로 굉장히 많이 사용됩니다. 이후에 다룰 《챕터 8. 실전 프로젝트(1) - Todo 서비스 만들기》에서 이 패턴을 깊이 있게 다루도록 하겠습니다.

5-3-2 derived store

derived라는 스토어에 대해서 알아보겠습니다. derived는 이미 만들어진 writable 스토어를 참조하여 새로운 스토어를 만드는 역할을 합니다. 앱을 개발하다 보면 어떤 스토어를 참조해서 새로운 값을 만들어야 하는 경우가 발생할 수 있습니다. 물론 컴포넌트에서 스토어값을 받아서 바로 수정해 사용할 수도 있지만, 그럴 경우 컴포넌트를 벗어나면 또 다른 통신방법을 통해서 값을 전달해야 하므로 효율적인 방법은 아닙니다. 이때 사용할 수 있는 방법이 바로 derived입니다. derived는 대상이 되는 어떤 스토어의 값을 참조하여 새로운 값을 만들어 사용하는 스토어입니다. derived로 만들어진 값은 원본 스토어의 변화에 반응하지만 이를 바탕으로 다른 값을 만들더라도 원본 스토어에 영향을 주지는 않습니다.

사용방법은 다음과 같습니다. 인수로 참조할 스토어를 받고, '$store이름'으로 조작할 스토어를 넘겨서 조작한 후에 리턴해 줍니다.

```
import {writable, derived }  from 'svelte/store';

export const derived이름 = derived(store이름, $store이름 => $store이름(조작 후 리턴))
```

이전 [코드 5-14]의 count 값에 *2를 해 주는 doubled라는 derived를 만들어 보겠습니다. [코드 5-15] store.js처럼 우선 derived를 import시켜 주겠습니다. 그리고 doubled라는 derived를 만들어 주고 인자로는 count 스토어를 받아줍니다. count 스토어를 $count ⇒ $count ** 2로 count 값을 *2해서 리턴하는 형태로 만들어 줍니다. 여기서 주의해야 할 점은 **count로 받은 스토어값을 조작할 때에는 $count처럼 꼭 $ 기호를 붙여야 한다**는 것입니다.

```
import { writable, derived } from 'svelte/store';

function createCount() {
  const { subscribe, set, update } = writable(0);

  // 사용자정의 메소드
  const increment = () => update(count => count + 1);
  const decrement = () => update(count => count - 1);
  const reset = () => set(0);

  return {
    subscribe,
    increment,
    decrement,
    reset
  };
}

export const count = createCount();

export const doubled = derived( // 추가
  count, $count => $count * 2
)
```

[코드 5-16] store.js

그리고 [코드 5-17] App.svelte의 doubled 값을 마크업 영역에서 사용해 보겠습니다. 마크업에서는 writable스토어에서처럼 '$store이름'과 같이 $를 붙여 사용하면 됩니다.

```
<script>
  import { count, doubled } from './store.js';
</script>

<h1>현재 count는 {$count} 입니다.</h1>
<h1>현재 doubled는 {$doubled} 입니다.</h1>

<button on:click={count.increment}>+</button>
<button on:click={count.decrement}>-</button>
<button on:click={count.reset}>reset</button>
```

[코드 5-17] App.svelte

[그림 5-9]에서 count가 증가하면 doubled도 값이 변화하는 것을 볼 수 있습니다. doubled 값이 변경되긴 하지만 count의 값을 수정하지는 않습니다.

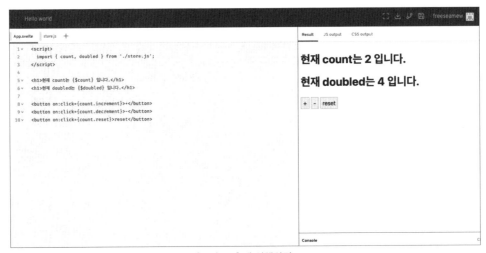

[그림 5-9] 앱 실행화면

이처럼 derived는 원본 스토어를 손상시키지 않고, 필요한 값들을 만들어 사용할 수 있습니다. 이후에 Todo 서비스 리팩토링 챕터에서 보다 실용적인 예제를 이용하여 좀 더 설명하겠습니다.

5-3-3 readable store

마지막으로 알아볼 스토어는 readable입니다. readabled은 말 그대로 읽기 전용 스토어입니다. 한번 설정된 값을 외부에서는 변경하지 못합니다. 하지만 내부에서 set 함수를 통해 값을 초기화 할 수 있습니다.

```
export const time = readable(초기값, (set) => {});
```

그리고 초기에 할당받은 값을 변경할 수 없지만, 내부에서 setTime과 함께 사용해 초기화하는 형 태로 변경할 수 있습니다. set을 통해서 내부적으로 값을 변경할 수 있으므로 내부에서 setTime으 로 정한 시간이 지나면 변경된 값으로 다시 초기화하는 것이 가능합니다.

```
export const time = readable(초기값, function start(set) {

  const interval = setInterval(() => {
    set(변경된 값);
  }, 1000);

  return function stop() {
    clearInterval(interval);
  };
});
```

[코드 5-18]을 통해서 알아보겠습니다. 우선 store.js부터 만들어 보겠습니다. import로 readable 을 가져오고, time에 readable을 설정하겠습니다. 여기서 초기값으로 new Date()를 넣어주겠습 니다. new Date()는 현재 날짜와 시간을 받아 오는 자바스크립트 API입니다. setTime을 상수로 만들고 1초마다 작동하게 하기 위해서 setTimeout을 사용합니다. setTimeout은 1000(1초)으로 설 정하고 1초마다 set(new Date())가 실행되도록 해 주겠습니다. 그리고 return되는 reset()의 경우 는 해당 스토어의 마지막 구독이 사라지면 호출되게 됩니다. 이를 통해서 모든 구독이 중지되었 을 때 해당 스토어를 초기화하게 됩니다.

```
import { readable } from 'svelte/store';

export const time = readable(new Date(), function start(set) {
```

```
  const setTime = setTimeout(() => {
    set(new Date());
  }, 1000);

  return function reset() {
    clearTime(setTime);
  };
});
```

[코드 5-18] store.js

[코드 5-19]의 App.svelte를 열어 만든 store.js를 import하겠습니다. time을 마크업 영역에 사용해 보겠습니다.

```
<script>
  import { time } from './store';

</script>

<h1>현재 시간은 {$time} 입니다.</h1>
```

[코드 5-19] App.svelte

실행시켜 보면 [그림 5-10]처럼 1초마다 시간이 변경되는 것을 볼 수 있습니다.

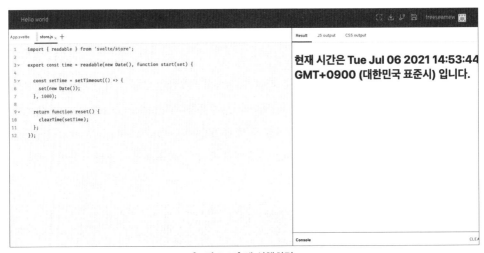

[그림 5-10] 앱 실행화면

원격 또는 로컬에서 설정파일을 가져와 readable에 넣어 사용하는 방법도 있습니다. 이런 설정파일은 수정할 일이 잘 발생하지 않습니다. 그렇기 때문에 readable을 이용하면 좋습니다.

```
import {readable} from 'svelte/store';

export const siteConfig = readable(
  [],
  set => {
    const res = await fetch('https://원격주소');
    const conf = await res.json();
    set(conf);
  }
);
```

이렇게 Svelte에서 제공하는 3가지 스토어를 모두 사용해 봤습니다. 스토어는 서비스 전체에 영향을 주는 상태값입니다. 진행하는 프로젝트가 조금만 커져도 컴포넌트 간의 관계가 복잡해지고 복잡한 관계의 컴포넌트 간 통신은 당연히 스트레스로 다가올 수밖에 없습니다. 이럴 때 스토어를 사용하면 답답할 때 마시는 사이다와 같은 시원한 느낌을 받을 수 있을 것입니다.

스토어 중에서도 특히 writable은 꼭 기억하면 좋겠습니다. 반응성으로 읽기, 쓰기는 물론 사용자 정의 메소드를 만들어 활용할 수 있는 점은 정말 편리합니다. 물론 나머지 derived, readable 스토어도 적절히 사용하면 좋습니다.

스토어를 좀 더 실용적으로 사용하는 방법은 《챕터 8. 실전 프로젝트(1) - Todo 서비스 만들기》에서 다루겠습니다.

Chapter 06

스타일 및 효과

Chapter 06
스타일 및 효과

집을 새로 지을 때 기본적으로 터를 잡고 튼튼한 기둥을 세우고 벽을 만들며, 공간을 효율적으로 배치하여 구조를 만들어 갑니다. 우리가 지금까지 학습한 내용을 건축에 비유한다면 이렇게 '건물을 올리는 것'에 해당합니다. 하지만 건축이 잘된 집이라고 하더라도 마지막으로 한 가지 더 해야 하는 일이 있습니다. 바로 '인테리어'입니다. 지금부터 웹앱을 좀 더 보기 좋게 만드는 스타일 및 효과를 주는 방법에 대해서 알아보겠습니다.

6-1 CSS 제어

웹앱에서 가장 기본이 되는 디자인 요소는 바로 CSS입니다. CSS는 HTML로 이루어진 돔에 색상이나 모양 같은 다양한 디자인 요소를 입력하는 코드입니다. 보통 CSS는 HTML 태그에 class 이름으로 정의 내립니다.

```
<style>
.class-name {...}
</style>

<p class="class-name">내용</p>
```

그래서 가장 기본이 되는 스타일 제어 방법은 class 이름을 상태값과 연동해 제어하는 것입니다. Svelte에서는 HTML 태그에 'class:' 디렉티브(directive)를 사용하면 됩니다.

```
class:class이름={상태값}
```

directive

directive는 HTML에 삽입해서 사용하는 키워드를 말합니다. 이 값들은 HTML에서 기본으로 제공되는 값은 아니고 특정한 기능들을 위해 Svelte에서 제공하는 키워드입니다.

[코드 6-1]을 통해서 실제 어떻게 사용 가능한지 알아보겠습니다. 예제를 보면 active라는 상태 값이 정의되어 있습니다. 이 active는 checkbox와 바인딩되어 있습니다. 그래서 checkbox에 체크가 되면 true가 되고 체크가 풀리면 false가 됩니다. 그리고 active 상태값은 〈p〉 태그에 class:checkBorder=[active]에서 사용하게 되는 것을 볼 수 있습니다.

```
<script>
  let active
</script>

<style>
  .box {
    padding:10px;
    border: 1px solid #FF003A;
  }

  .checkBorder {
    border: 5px solid #FF003A;
  }
</style>

<input type="checkbox" bind:checked={active} /> boarder size

<p class="box" class:checkBorder={active}>
  Style Box
</p>
```

[코드 6-1] App.svelte

실행시켜 보면 [그림 6-1]처럼 active가 true일 때만 checkBorder라는 스타일이 적용되는 것을 볼 수 있습니다.

예제를 하나 더 보겠습니다. [코드 6-1]처럼 상태값에 직접적으로 bool 형태를 줘서 true일 때 반응하게도 할 수 있지만, 비교연산을 이용할 수도 있습니다.

[코드 6-2]를 보면, current라는 상태값을 정의해 놓고 각각의 버튼을 클릭했을 때 이 current 상태값을 버튼에 맞는 값으로 변경해 주는 코드입니다. 상태값은 이벤트로 변경한 값과 비교해 같은 true를 반환하도록 만들었습니다.

```
class:active="{current === '비교값'}"
```

```
<script>
  let current = 'one';
</script>


<button
  class:active="{current === 'one'}"
  on:click="{() => current = 'one'}"
>첫 번째</button>


<button
  class:active="{current === 'two'}"
  on:click="{() => current = 'two'}"
>두 번째</button>


<button
  class:active="{current === 'three'}"
  on:click="{() => current = 'three'}"
>세 번째</button>

<style>
  button {
    display: block;
  }

  .active {
    background-color: #ff3e00;
    color: white;
  }
</style>
```

[코드 6-2] App.svelte

[코드 6-2]를 실행하면 선택된 버튼만 색상이 변경되는 것을 볼 수 있습니다.

[그림 6-1] 상태값에 따른 CSS 적용

이처럼 CSS를 제어하는 것으로 다양한 정적 효과를 줄 수 있습니다. [코드 6-1~2]와 같이 특정 영역의 색을 변경할 수도 있고, 화면의 특정 영역을 나타나게 또는 사라지게 할 수도 있습니다. 이렇듯 CSS를 제어하는 것은 효과를 주는 가장 기본적인 방법입니다.

6-2 transition: 화면전환

transition(이하 트랜지션)은 말 그대로 화면전환 효과입니다. 기본적으로는 효과를 원하는 HTML 영역이 화면에 나타날 때 혹은 사라질 때 페이드 효과(점점 선명해지는 효과)나 회전 등의 효과를 주는 기능입니다.

효과를 주고 싶은 HTML 돔이나 컴포넌트에 transition directive를 입력하면 그 돔이나 컴포넌트가 나타나거나 사라질 때 선택한 효과가 나타나게 됩니다.

```
<div transition:트랜지션이름 >
   ...
</div>
```

Svelte에서는 이 전환 효과를 쉽게 구현할 수 있도록 다음과 같은 트랜지션 효과들을 지원합니다. 이름을 보면 대략적으로 이 효과가 어떤 것인지 알 수 있을 것입니다.

   ▶ **fade:** 투명한 상태에서 점점 진해지는 효과
   ▶ **blur:** 초점이 맞지 않는 상태에서 선명한 상태로 변하는 효과
   ▶ **fly:** 특정 위치로 날아가는 효과

- ▶ **slide:** 접힌 상태에서 펼쳐지는 효과
- ▶ **scale:** 가운데를 중심으로 작은 상태에서 큰 상태로 변하는 효과
- ▶ **draw:** svg를 이용하는 전환 효과

지금부터 트랜지션이 어떤 효과를 나타내고 또 어떻게 사용되는지 알아보겠습니다.

6-2-1 fade

fade는 효과를 받은 대상이 투명한 상태에서 점점 진해지는 전환 효과입니다. 전환 효과를 위한
예제를 만들어 보겠습니다. [코드 6-3]처럼 필요한 모듈들을 가져오고 visible이라는 상태값을 주
겠습니다. 우리가 만들 예제는 이 visible 상태값이 true일 때 모습이 나타나고, false일 때 사라지
게 됩니다. 그리고 상태값을 제어하기 위한 체크박스를 만들고 visible과 바인딩시키겠습니다.

다음으로 조건블록 안에 전환 효과를 줄 div 영역을 만들겠습니다. 그리고 이 div 영역에 transition
: fade라는 디렉티브를 주고 실행해 보겠습니다.

```
<script>
  import { fade, blur, fly, slide, scale, draw } from 'svelte/transition';

  let visible = false

</script>

<label>
  <input type="checkbox" bind:checked={visible} />
  효과 보기
</label>

{#if visible}
  <div transition:fade class="wrap" >
    <h1>transition 예제</h1>
  </div>
{/if}

<style>
  .wrap {
    padding: 20px;
```

```
      background-color: #288EDD;
      text-align: center;
   }
</style>
```

[코드 6-3] App.svelte

체크박스를 이용해 화면이 어떻게 변하는지 보겠습니다. 결과를 보면 [그림 6-2]와 같이 투명했던 영역이 점점 나타나는 효과, 즉 fade 효과와 함께 나타나는 것을 볼 수 있습니다.

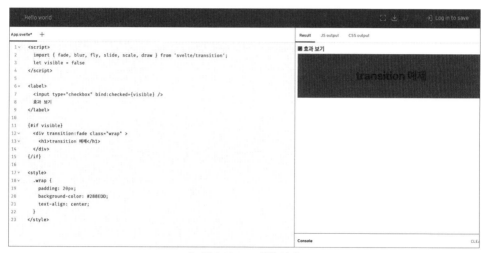

[그림 6-2] fade 실행 결과

fade는 delay와 duration이라는 속성을 가지고, 이 두 가지 속성으로 효과를 제어합니다.

- ▶ **delay:** 지정된 시간(밀리초) 후에 전환 효과가 실행됨
- ▶ **duration:** 효과가 지정된 시간 동안 실행됨
- ▶ **easing:** 샘플링된 전환 효과의 속도 함수

[코드 6-3]에 delay와 duration을 적용해 보겠습니다.

```
<div transition:fade="{{delay: 1000, duration: 1000}}" class="wrap">
```

실행해 보면 1초 후에 동작이 시작되고, 적용되는 효과도 duration 때문에 좀 더 천천히 발생하는 것을 볼 수 있습니다.

```
<script>
  import { fade, blur, fly, slide, scale, draw } from 'svelte/transition';
  import { quintIn, backOut } from 'svelte/easing';
  let visible = false
</script>

<label>
  <input type="checkbox" bind:checked={visible} />
  효과 보기
</label>

{#if visible}
  <div transition:fade={{easing: quintIn}} class="wrap" >
    <h1>transition 예제</h1>
  </div>
{/if}

<style>
  .wrap {
    padding: 20px;
    background-color: #288EDD;
    text-align: center;
  }
</style>
```

[코드 6-4] App.svelte

easing은 사용자가 수동으로 duration을 주는 것이 아닌 몇몇 샘플로 제공되는 형태입니다. 이를 가지고 효과가 느리게 나오다 갑자기 속도가 빨라지는 것과 같은 효과를 쉽게 줄 수 있습니다. 제공되는 easing 함수의 종류는 다음과 같습니다.

▶ back   ▶ expo   ▶ cubic   ▶ quint

▶ bounce   ▶ quad   ▶ elastic   ▶ sine

▶ circ   ▶ quart

그리고 다음 링크를 통해 easing 관련 효과를 확인할 수 있습니다.

```
https://svelte.dev/examples#easing
```

6-2-2 blur

blur는 초점이 맞지 않는 것과 같은 흐린 상태에서 점점 선명해지는 효과입니다. 트랜지션에 fade 대신 blur를 넣어서 [코드 6-5]를 실행해 보겠습니다.

```
<script>
  import { fade, blur, fly, slide, scale, draw } from 'svelte/transition';

  let visible = false

</script>

<label>
  <input type="checkbox" bind:checked={visible} />
  효과 보기
</label>

{#if visible}
  <div transition:blur class="wrap">
    <h1>transition 예제</h1>
  </div>
{/if}

<style>
  .wrap {
    padding: 20px;
    background-color: #288EDD;
    text-align: center;
  }
</style>
```

[코드 6-5] App.svelte

앱을 실행시키고 체크박스를 조작해 보면 fade와 다른 blur 효과가 들어가 있는 것을 볼 수 있습니다. blur를 제어하는 속성에는 delay, duration, easing 말고도 opacity, amount가 있습니다.

opactity는 불투명도를 나타내고, amount는 흐릿한 효과의 크기를 나타냅니다.

▶ delay

▶ duration

- ▶ **easing**
- ▶ **opacity:** 애니메이션 불투명도 값(기본값: 0~100)
- ▶ **amount:** px 단위로 흐릿해지는 애니메이션 크기(기본값: 5)

[코드 6-5]에서 트랜지션 부분을 조절해서 확인하면 도움될 것입니다.

```
<div transition:blur="{{delay: 200, duration: 300, opacity: 1, amount:
5}}" class="wrap">
```

6-2-3 fly

fly는 말 그대로 설정 좌표(x, y)에서부터 날아오는 효과입니다. 기본적으로 시작할 좌표를 설정해야
합니다. 그래서 x, y라는 속성을 필수로 적용해야 합니다(x, y 중 하나만 입력해도 됩니다). 그리고 날아올
때 기본적으로는 투명했다 선명해지는 효과도 같이 적용되므로 opacity도 적용할 수 있습니다.

- ▶ **delay**
- ▶ **duration**
- ▶ **easing**
- ▶ **x:** 화면 효과가 시작되거나 끝나는 x축 좌표
- ▶ **y:** 화면 효과가 시작되거나 끝나는 y축 좌표
- ▶ **opacity**

[코드 6-6]을 실행시켜 보면 설정한 위치에서 날아오는 것을 확인할 수 있습니다.

```
<script>
  import { fade, blur, fly, slide, scale, draw } from 'svelte/transition';

  let visible = false

</script>

<label>
  <input type="checkbox" bind:checked={visible} />
  효과 보기
</label>
```

```
{#if visible}
  <div transition:fly="{{x:200, y:100}}" class="wrap">
    <h1> transition 예제 </h1>
  </div>
{/if}

<style>
  .wrap {
    padding: 20px;
    background-color: #288EDD;
    text-align: center;
  }
</style>
```

[코드 6-6] App.svelte

6-2-4 slide

slide는 말그대로 슬라이드 효과, 즉 접었다 퍼지는 효과를 나타냅니다. 속성은 fade와 같은 delay, duration, easing만을 가집니다. [코드 6-7]을 실행시켜 slide 효과를 확인해 보겠습니다.

```
<script>
  import { fade, blur, fly, slide, scale, draw } from 'svelte/transition';

  let visible = false

</script>

<label>
  <input type="checkbox" bind:checked={visible} />
  효과 보기
</label>

{#if visible}
  <div transition:slide class="wrap">
    transition 예제
  </div>
{/if}

<style>
```

```
  .wrap {
    padding: 20px;
    background-color: #288EDD;
    text-align: center;
  }
</style>
```

[코드 6-7] App.svelte

6-2-5 scale

scale은 아주 작은 사이즈에서 원래의 설정된 사이즈로 커지거나 작아지는 효과입니다. 설정값으로는 start가 추가되는데 이 값은 효과의 시작 시 스케일 사이즈를 나타냅니다.

- ▶ delay
- ▶ duration
- ▶ easing
- ▶ **start**: 설정한 크기만큼 커지거나 작아지면서 사라지거나 나타남(기본값: 0)
- ▶ opacity

[코드 6-8]을 실행시켜 scale 효과를 확인해 보겠습니다.

```
<script>
  import { fade, blur, fly, slide, scale, draw } from 'svelte/transition';

  let visible = false

</script>

<label>
  <input type="checkbox" bind:checked={visible} />
  효과 보기
</label>

{#if visible}
  <div transition:scale="{{start:10}}" class="wrap">
    transition 예제
  </div>
```

```
  {/if}

<style>
  .wrap {
    padding: 20px;
    background-color: #288EDD;
    text-align: center;
  }
</style>
```

[코드 6-8] App.svelte

6-2-6 draw

draw는 지금까지와는 조금 다른 전환 효과입니다. 일반적인 돔 영역에 효과를 주는 것이 아니고, svg라는 일종의 벡터 형식의 이미지에 효과를 주는 것입니다. 참고로 벡터 이미지는 [코드 6-9]에서 〈path d='..'〉의 정보와 같이 좌표 하나하나를 기록해서 이미지로 만드는 방식입니다. 즉, svg는 좌표값으로 이루어진 이미지입니다. 그래서 이 svg 이미지에 draw 효과를 주면 마치 실제로 이 이미지를 그리는 것과 같은 효과를 볼 수 있습니다. draw의 추가 속성으로는 speed가 있습니다. speed는 말 그대로 그림을 그리는 속도입니다.

- ▶ delay
- ▶ duration
- ▶ easing
- ▶ **speed**: svg가 그려지는 속도

[코드 6-9]를 실행시켜 draw가 어떤 효과인지 확인해 보겠습니다.

```
<script>
  import { draw } from 'svelte/transition';
  let visible = true;
</script>

{#if visible}
  <svg xmlns="http://www.w3.org/2000/svg" viewBox="0 0 103 124">
    <g>
      <path
```

```
        in:draw="{{duration: 1000, speed: 1}}"
        style="stroke:#ff3e00; stroke-width: 1.5"
        d='M45.41,108.86A21.81,21.81,0,0,1,22,100.18,20.2,20.2,0,0,1,18.53,84
.9a19,19,0,0,1,.65-2.57l.52-1.58,1.41,1a35.32,35.32,0,0,0,10.75,5.37l1,.31-.
1,1a6.2,6.2,0,0,0,1.11,4.08A6.57,6.57,0,0,0,41,95.19a6,6,0,0,0,1.68-.74L70.
11,76.94a5.76,5.76,0,0,0,2.59-3.83,6.09,6.09,0,0,0-1-4.6,6.58,6.58,0,0,0-7.
06-2.62,6.21,6.21,0,0,0-1.69.74L52.43,73.31a19.88,19.88,0,0,1-
5.58,2.45,21.82,21.82,0,0,1-23.43-8.68A20.2,20.2,0,0,1,20,51.8a19,19,0,0,1,8.56-
12.7L56,21.59a19.88,19.88,0,0,1,5.58-
2.45A21.81,21.81,0,0,1,85,27.82,20.2,20.2,0,0,1,88.47,43.1a19,19,0,0,1-
.65,2.57l-.52,1.58-1.41-1a35.32,35.32,0,0,0-10.75-5.37l-1-.31.1-
1a6.2,6.2,0,0,0-1.11-4.08,6.57,6.57,0,0,0-7.06-2.62,6,6,0,0,0-1.68.74L3
6.89,51.06a5.71,5.71,0,0,0-2.58,3.83,6,6,0,0,0,1,4.6,6.58,6.58,0,-
0,0,7.06,2.62,6.21,6.21,0,0,0,1.69-.74l10.48-6.68a19.88,19.88,0,0,1,5.58-
2.45,21.82,21.82,0,0,1,23.43,8.68A20.2,20.2,0,0,1,87,76.2a19,19,0,0,1-8.56,12.7L51
,106.41a19.88,19.88,0,0,1-5.58,2.45'
      />
    </g>
  </svg>
{/if}

<label>
  <input type="checkbox" bind:checked={visible}>
  toggle me
</label>

<link href="https://fonts.googleapis.com/css?family=Overpass:100,400"
rel="stylesheet">

<style>
  svg {
    width: 100%;
    height: 100%;
  }

  path {
    fill: white;
    opacity: 1;
  }
```

```
  label {
    position: absolute;
    top: 1em;
    left: 1em;
  }
</style>
```

[코드 6-9] App.svelte

[그림 6-3]처럼 그림이 그려지는 것을 볼 수 있습니다. speed 속성을 0.1~1로 설정하면 그려지는 속도가 달라지는 것도 확인할 수 있습니다.

[그림 6-3] draw 효과

6-2-7 in · out

기본적인 트랜지션 사용방법인 'transition:fade'처럼 적용하면 화면에 나타날 때와 사라질 때 모두 같은 효과가 적용됩니다. 여기에 in과 out이라는 옵션을 이용하면 나타날 때, 사라질 때 서로 다른 효과를 줄 수 있습니다.

▶ in: 트랜지션 이름　　　　　　▶ out: 트랜지션 이름

```
<script>
  import { fade, blur, fly, slide, scale, draw } from 'svelte/transition';

  let visible = false
```

```
  </script>

<label>
  <input type="checkbox" bind:checked={visible} />
  효과 보기
</label>

{#if visible}
  <div in:fade out:fly="{{y: 200,}}" class="wrap" >
    <h1>transition 예제</h1>
  </div>
{/if}

<style>
  .wrap {
    padding: 20px;
    background-color: #288EDD;
    text-align: center;
  }
</style>
```

[코드 6-10] App.svelte

[코드 6-10]을 실행시켜 보면 화면에 나타날 때는 fade 효과가, 사라질 때는 fly 효과가 나타나는 것을 볼 수 있습니다. 이처럼 in, out을 이용해 트랜지션을 사용하면 조금 더 다양한 효과를 만들 수 있습니다.

6-2-8 crossfade

지금까지의 예제는 하나의 돔 또는 컴포넌트가 사라지거나 나타날 때 트랜지션 효과를 주는 것이었다면, crossfade는 특정 돔이 a 영역에서 b 영역으로 이동하는 효과를 줄 때 사용됩니다. 이 작업을 위해서 crossfade의 send(송신), receive(수신)라는 것을 쌍으로 만들고 고유의 키값을 주면 단순히 사라졌다 나타나는 것이 아니라, 대상이 되는 위치로 이동하는 효과가 발생하면서 위치를 옮깁니다.

---

crossfade의 send, receive

[a영역]
〈태그
　in:receive={{key: item}}　// b영역으로부터 받을 때의 효과
　out:send={{key: item}}　// b영역으로 보내질 때의 효과
〉

[b영역]
〈태그
　in:receive={{key: item}}　// a영역으로부터 받을 때의 효과
　out:send={{key: item}}　// a영역으로 보내질 때의 효과
〉

[코드 6-11]을 통해서 자세히 알아보겠습니다. crossfade는 send와 receive라는 2가지 속성을 가지고 있습니다. crossfade에서 send와 receive를 준비합니다. 다음으로 left와 right라는 배열을 만들겠습니다. 우리의 예제는 left에 있는 요소를 right로, right에 있는 요소를 다시 left로 옮겨 가는 내용으로 진행하게 됩니다.

moveLeft, moveRight는 각각 right⇒ left로, left⇒right로 선택된 요소를 옮기는 역할을 하는 이벤트함수입니다. 그리고 실제로 배열이 이동하는 기능을 하는 것은 move라는 함수입니다. move는 item(선택된 요소), from(요소의 현재 배열), to(이동할 배열)를 인자로 받아서 to에 스프레드 API를 이용해 item을 추가하고, from에서는 filter를 이용해서 item을 제거한 새로운 배열을 만들어 [from, to] 형태로 리턴하는 역할을 합니다.

그리고 함수들을 left, right 영역의 button에 on:click으로 바인딩시키고, 'in:receive', 'out:send' 디렉티브를 선언하면 됩니다. **이때 꼭 receive와 send에 속성으로 key를 지정해 주어야만 정상 작동합니다. key의 경우에는 중복되지 않는 고유한 내용의 값을 사용해야만 합니다.**

```
<script>
  import {crossfade} from 'svelte/transition';
  const [send, receive] = crossfade({}); // 비구조화 할당 문법을 이용해 crossfade 내부의
  send, receive를 선언

  let left = ['사과', '바나나', '복숭아', '포도'];
  let right = ['레몬', '참외'];
```

```
  function move(item, from, to) {
    to = [...to, item];
    from = from.filter(i => i !== item);
    return [from, to];
  }

  function moveLeft(item) {
    [right, left] = move(item, right, left);
  }

  function moveRight(item) {
    [left, right] = move(item, left, right);
  }
</script>

<main>
  <p>버튼을 클릭해 위치를 이동해 보세요.</p>
  <!-- left 영역 -->
  <div class="list">
    {#each left as item (item)}
      <button
        in:receive={{key: item}}
        out:send={{key: item}}
        on:click={() => moveRight(item)}
      >
        {item}
      </button>
    {/each}
  </div>
  <!-- right 영역 -->
  <div class="list">
    {#each right as item (item)}
      <button
        in:receive={{key: item}}
        out:send={{key: item}}
        on:click={() => moveLeft(item)}
      >
        {item}
      </button>
    {/each}
  </div>
```

```
</main>

<style>
  button {
    width: 100%;
    padding: 10px;
    margin-bottom: 10px;
    background-color: orange;
    border: none;
    color: white;
  }

  .list {
    width: 70px;
    margin-right: 100px;
    display: inline-block;
    vertical-align: top;
  }
</style>
```

[코드 6-11] App.svelte

실행시키면 [그림 6-5]와 같이 선택된 아이템이 이동하는 것을 볼 수 있습니다.

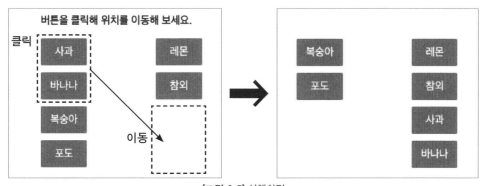

[그림 6-5] 실행화면

6-2-9 flip을 이용한 애니메이션

트랜지션의 마지막 기능인 flip에 대해서 알아보겠습니다. 앞에서 crossfade를 통해서 이동 효과를 만들어 봤습니다. 그런데 이동하는 효과는 매우 부드럽게 이루어지는 반면, 이동한 후에 자리를 채우는 부분이 어색합니다. flip을 이용해 이 부분을 부드럽게 옮겨지도록 만들어 보겠습니다.

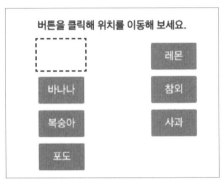

[그림 6-6] 이동한 후에 딱딱 끊기는 현상

우선 flip 모듈을 불러옵니다. 그리고 animate:flip이라는 디렉티브를 〈button〉 태그에 넣어줍니다. 참고로 flip 역시 속성을 지정할 수 있습니다. 지정할 수 있는 속성은 다음 세 가지입니다.

▶ delay   ▶ duration   ▶ easing

```
<script>
  import { flip } from 'svelte/animate'; // 추가
  import {crossfade} from 'svelte/transition';
  const [send, receive] = crossfade({});

  let left = ['사과', '바나나', '복숭아', '포도'];
  let right = ['레몬', '참외'];

  function move(item, from, to) {
    to = [...to, item];
    from = from.filter(i => i !== item);
    return [from, to];
  }

  function moveLeft(item) {
    [right, left] = move(item, right, left);
```

```
  }

  function moveRight(item) {
    [left, right] = move(item, left, right);
  }
</script>

<main>
  <p>버튼을 클릭해 위치를 이동해 보세요.</p>
  <!-- left 영역 -->
  <div class="list">
    {#each left as item (item)}
      <button
        in:receive={{key: item}}
        out:send={{key: item}}
        on:click={() => moveRight(item)}
        animate:flip
      > <!-- animate 추가 -->
        {item}
      </button>
    {/each}
  </div>
  <!-- right 영역 -->
  <div class="list">
    {#each right as item (item)}
      <button
        in:receive={{key: item}}
        out:send={{key: item}}
        on:click={() => moveLeft(item)}
        animate:flip={{duration: 2000}}
      > <!-- animate 추가 -->
        {item}
      </button>
    {/each}
  </div>
</main>

<style>
......
</style>
```

[코드 6-12] App.svelte

실행시키면 이동 후에 채워지는 부분이 부드럽게 애니메이션 처리되어 있는 것을 볼 수 있습니다.

지금까지 트랜지션에 대해서 알아봤습니다. 트랜지션은 간단하게 태그에 디렉티브를 넣어주는 것으로 다양한 효과를 줄 수 있습니다. 이를 적절하게 사용한다면, 앱의 완성도가 높아질 것입니다.

6-3 motion

이번에 알아볼 효과는 motion입니다. motion은 말 그대로 행동과 관련된 효과입니다. 어떤 요소의 사이즈를 변화시킬 때 사이즈가 한 번에 커지거나 작아지는 것보다 점점 크게 혹은 점점 작게 변화하는 것이 보기 좋습니다. 또 어떤 움직임이 단순히 한 방향으로 나타나기보다 관성과 같은 효과가 필요한 경우도 있습니다. Svelte에서는 tweened와 spring으로 이런 기능을 쉽게 구현할 수 있습니다. **참고로 tweened와 spring은 writable 스토어 형태로 제공됩니다.**

6-3-1 tweened

tweened는 돔의 사이즈나 위치 같은 숫자 형태의 값에 변화를 줄 때 한번에 원하는 값으로 변경하는 것이 아니라 순차적으로 변경 가능하도록 하는 것입니다. 예를 들어 사이즈를 10px에서 100px로 변경해야 하는 경우 일반적인 방법으로 사이즈를 변경하면 10에서 100으로 바로 변경되지만, tweened를 이용하면 10에서 100까지 점진적으로 변경되게 됩니다. 그래서 점점 커지는 것과 같은 효과를 얻을 수 있습니다.

기본적인 사용법은 'svelte/motion'에서 tweened 모듈을 가져오고 스토어를 만드는 것처럼 사용하면 됩니다.

```
<script>
  import { tweened } from 'svelte/motion';

  const 스토어이름 = tweened(초기값);
</script>
```

[코드 6-13] 예제를 통해 좀 더 알아보겠습니다. 예제는 size라는 tweend를 만들고, div 영역의 padding을 이 $size와 연동해 보겠습니다. 그리고 handleSizeUp이라는 함수를 통해서 size를 증가시켜 보겠습니다.

```
<script>
  import { tweened } from 'svelte/motion';

  const size = tweened(10);

  function handleSizeUp() {
    $size += 50;
  }
</script>

<div on:click={handleSizeUp} style="padding:{$size}px;" class="wrap">
  점점 크게
</div>

<style>
  .wrap {
    float: left;
    background-color: #eeeeee;
    border: 1px solid #333333;
  }
</style>
```

[코드 6-13] App.svelte

실행해 보면 [그림 6-7]과 같이 div의 padding이 점점 커집니다. 이때 사이즈가 점점 커져서 마치 애니메이션 효과가 들어간 것처럼 작동하는 것을 볼 수 있습니다.

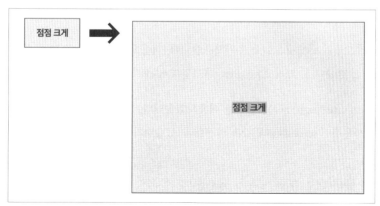

[그림 6-7] 실행 결과

그리고 transition에서 사용했던 몇 가지 옵션들도 제공합니다.

- ▶ delay
- ▶ duration
- ▶ easing
- ▶ interpolate

이 중에서 interpolate는 기존 transition에 없던 새로운 옵션입니다. 숫자 이외의 값(예를 들어 날짜나 색상 같은 값)들에 사용자정의 함수를 이용해 효과를 줄 때 사용합니다. 이 함수는 (from, to) => t => value의 형태로 만들어져야 합니다.

그럼 [코드 6-13]에 옵션을 추가해 보겠습니다.

```
<script>
  import { tweened } from 'svelte/motion';
  import { cubicOut } from 'svelte/easing';

  const size = tweened(10,{ // 수정
    duration: 500,
    easing: cubicOut
  });

  ...
```

코드의 옵션을 변경해 가면서 실행해 보면 옵션값이 적용된 것을 확인할 수 있습니다.

이번에는 조금 더 실용적인 예제를 만들어 보겠습니다. 프로그레스바 형태의 UI를 만들고 해당 버튼을 클릭하면 각 버튼의 내용만큼 프로그레스바가 증가하도록 만들겠습니다.

우선 tweened 모듈과 easing 모듈을 추가하겠습니다. 다음으로 progress라는 tweened를 만들고 기본값은 0을 주겠습니다. 그리고 progress 마크업의 value에 $progress를 연동해 보겠습니다.

값의 변경은 changeProgress라는 함수를 이용하겠습니다. tweened도 스토어이기 때문에 값을 초기화할 때 사용했던 set을 이용해 값을 변경할 수 있습니다.

```
<script>
  import { tweened } from 'svelte/motion';
  import { cubicOut } from 'svelte/easing';

  const progress = tweened(0, {
```

```
    duration: 400,
    easing: cubicOut
  });

  function changeProgress(value) {
    progress.set(value)
  }
</script>

<progress value={$progress}></progress>
<button on:click="{() => changeProgress(0)}">0%</button>
<button on:click="{() => changeProgress(0.25)}">25%</button>
<button on:click="{() => changeProgress(0.5)}">50%</button>
<button on:click="{() => changeProgress(0.75)}">75%</button>
<button on:click="{() => changeProgress(1)}">100%</button>

<style>
  progress {
    display: block;
    width: 100%;
  }
</style>
```

[코드 6-14] App.svelte

실행시키면 [그림 6-8]과 같이 해당 값만큼 progress가 점진적으로 증가 또는 감소합니다.

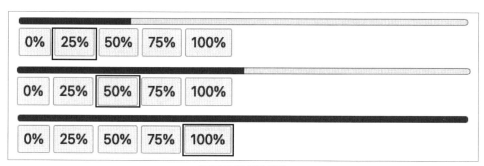

[그림 6-8] 실행 결과

145

6-3-2 spring

spring은 단순히 일정한 속도와 시간으로 반복되는 것이 아닌 관성 표현과 같이 사용자의 행동에 따라 속도나 반복이 달라지는 motion 효과를 말합니다. Svelte에서는 spring 효과를 주기 위한 기능을 기본적으로 제공하고 있습니다. spring 역시도 writable 스토어로 구성되어 있습니다.

'svelte/motion'에서 spring을 가져와 스토어를 정의하여 사용하면 됩니다.

```
<script>
  import { spring } from 'svelte/motion';

  const 스토어이름 = spring(초기값);
</script>
```

[코드 6-15]를 참고하여 spring이 어떤 것인지 알아보겠습니다. spring 모듈을 가져오고, coords라는 스토어를 만들겠습니다. 그리고 기본값으로 x, y, 즉 화면에 나타날 기본 좌표를 넣어두고 동그라미 형태의 svg를 이용해 어떻게 동작하는지 확인해 보겠습니다. svg에는 on:mouseover 이벤트에 좌표값을 set으로 설정하고 실행하겠습니다.

```
<script>
  import { spring } from 'svelte/motion';

  let coords = spring({ x: 50, y: 50 }, {
  });
</script>

<svg on:mousemove="{e => coords.set({ x: e.clientX, y: e.clientY })}">
  <circle cx={$coords.x} cy={$coords.y} r=20/>
</svg>

<style>
  svg {
    width: 100%;
    height: 100%;
  }
  circle {
    fill: #ff3e00;
  }
```

```
</style>
```

실행하여 마우스를 움직여 보면, [그림 6-9]와 같이 마우스를 따라 움직이는 원을 볼 수 있습니다. 이 원은 마우스가 움직이면 작은 시간차를 두고 따라옵니다. 실제 사물처럼 점점 속도가 줄어드는 것을 볼 수 있습니다.

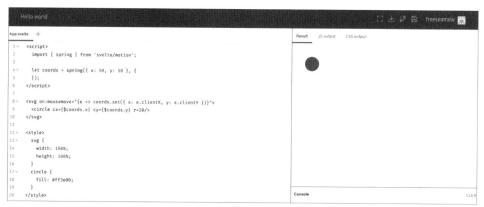

[그림 6-9] spring 결과

spring도 옵션을 제공합니다.

▶ **stiffness:** 0~1 사이의 값

▶ **damping:** 0~1 사이의 값

▶ **precision:** 정밀도를 나타내고 기본값은 0.001

[코드 6-15]에 옵션을 넣어서 실행해 보겠습니다. 계속 옵션 값을 변경해서 확인해 보면 옵션에 따라 효과가 달라지는 것을 확인할 수 있습니다.

```
<script>
  import { spring } from 'svelte/motion';

  let coords = spring({ x: 50, y: 50 }, {
    stiffness: 0.2,
    damping: 0.5
  });
</script>
```

spring 옵션은 일반적인 옵션들과 조금 달라서 이 값을 조금 더 보기 편하게 변경해 보겠습니다. stiffness, damping을 변경하고 바로 확인할 수 있게끔 input 타입 중 range를 이용하겠습니다.

```
<script>
  import { spring } from 'svelte/motion';

  let coords = spring({ x: 50, y: 50 }, {
    stiffness: 0.2,
    damping: 0.5
  });
</script>

<!-- range 추가 -->
<div style="position: absolute; right: 1em;">
  <label>
    <h3>stiffness ({coords.stiffness})</h3>
    <input bind:value={coords.stiffness} type="range" min="0" max="1" step="0.01">
  </label>

  <label>
    <h3>damping ({coords.damping})</h3>
    <input bind:value={coords.damping} type="range" min="0" max="1" step="0.01">
  </label>
</div>
<!-- range 추가 -->

<svg on:mousemove="{e => coords.set({ x: e.clientX, y: e.clientY })}">
  <circle cx={$coords.x} cy={$coords.y} r=20/>
</svg>

<style>
  svg {
    width: 100%;
    height: 100%;
  }
  circle {
    fill: #ff3e00;
  }
</style>
```

[코드 6-16] App.svelte

이제 range를 수정하며 어떻게 영향을 주는지 확인하면 됩니다.

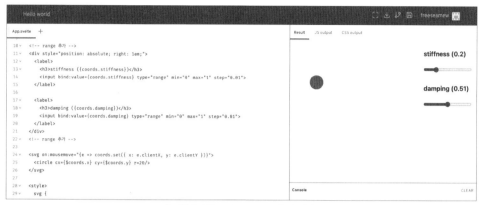

[그림 6-10] spring range 추가 결과

tweened나 spring과 같은 motion 기능은 CSS나 JavaScript를 이용해서도 구현이 가능합니다. 하지만 Svelte에서 제공하는 기능으로 인터랙티브한 효과를 만든다면, 개발 자체도 좀 더 쉽고, 소스의 통일성을 유지할 수 있다는 장점을 가집니다.

6-4 actions

Svelte에서 제공하는 기능들로도 충분히 다양한 효과를 줄 수 있지만, 돔을 직접적으로 제어해야 하는 경우도 있습니다. 복잡한 UI를 만들거나 Svelte로 작성되지 않은 외부 라이브러리를 이용할 때가 그 경우입니다.

Svelte에서는 이 경우에 actions(이하 액션)라는 것을 제공합니다. Svelte 공식 문서에서는 액션에 대해서 'element-level lifecycle functions'라고 소개하고 있습니다. 컴포넌트가 생성되면 각종 HTML 요소들이 돔에 추가됩니다. 액션은 이 컴포넌트가 생성되고 요소가 추가될 때 함께 호출되는 함수입니다. 매개변수로 각종 요소들의 돔정보를 가지고 있어 직접적으로 HTML 요소를 제어할 수 있습니다.

6-4-1 액션 기본 사용방법

자바스크립트 파일에 모듈을 만들고, 이를 불러와 태그에 use 디렉티브를 사용하여 'use:함수명'과 같이 사용하면 됩니다.

```
export fuction 함수명(node) {}
......
<태그 use:함수명 />
```

예제를 통해서 좀 더 자세히 알아보겠습니다. [코드 6-17] writer.js는 태그에 기록된 문자들을 받아와 타이핑 효과를 주는 소스코드입니다. 액션으로 만들 파일의 경우 기본 인자로 node라는 것을 받을 수 있습니다. **node는 현재 선택된 태그의 돔 정보라고 생각하면 됩니다.** 이 node 객체를 가지고 node.style.css효과, node.innerHTML과 같이 돔에 직접적으로 내용이나 효과를 주입할 수도 있고, node.parentNode, node.childNodes 등과 같은 돔 탐색도 가능합니다. 즉, HTML 돔을 제어하는 자바스크립트 API는 모두 사용할 수 있습니다.

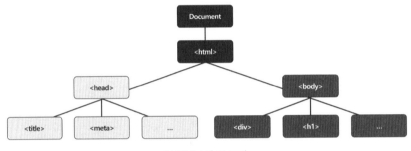

[그림 6-11] 돔 트리

이를 바탕으로 코드를 설명하겠습니다. node.innerHTML에는 문자로 입력된 내용이 들어가 있습니다. 예를 들어 <h1 use:writer>입력된 내용</h1>이라고 액션을 사용했다면 '입력된 내용'에 해당하는 값을 받아올 수 있습니다. 그리고 이 내용을 다시금 타이핑으로 나타내기 위해서 node.innerHTML = ""으로 내용을 초기화시켜 줍니다. count는 글자수이고 speed는 타이핑되어 나오는 글자의 속도가 될 것입니다.

이제 실제로 작동하게 하는 write라는 함수를 만들겠습니다. 이 함수는 0부터 문자의 단어 개수만큼 반복하게 됩니다. 그리고 node.innerHTML에 한 글자씩 문자를 추가하는 역할을 하게 됩니다. setTimeout을 통해서 얼마의 시간 뒤에 다음 문자가 입력될지 또한 설정해 주었습니다.

그리고 writer를 필요한 곳에서 불러와 사용 가능하도록 export시킵니다.

```
function writer(node) {
  let txt = node.innerHTML;
```

```
  node.innerHTML = "";
  let count = 0;
  let speed = 100;

  const write = function() {
    if(count < txt.length) { // txt 글자 수만큼 실행
      node.innerHTML += txt.charAt(count);
      count++;
      setTimeout(() => write(node, speed), speed);
    }
  }

  write();
}

export default writer;
```

[코드 6-17] writer.js

[코드 6-18]을 참고로 App.svelte에 writer 모듈을 가져옵니다. 그리고 원하는 태그에 use:writer 와 같이 사용하면 됩니다. 예제에서는 〈h1 use:writer〉에 writer 모듈을 사용했습니다.

```
<script>
  import writer from "./writer.js";
</script>

<h1 use:writer>타이핑하는 효과입니다.</h1>
```

[코드 6-18] App.svelte

실행하면 [그림 6-12]처럼 한 글자씩 문자가 나타나는 것을 볼 수 있습니다.

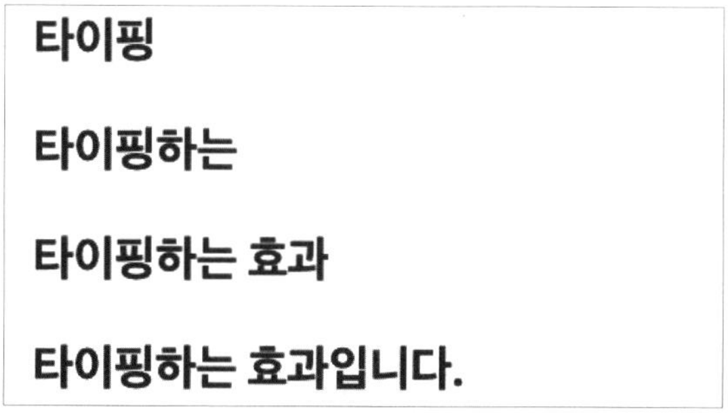

타이핑

타이핑하는

타이핑하는 효과

타이핑하는 효과입니다.

[그림 6-12] 실행 결과

6-4-2 액션에 인자 전달

액션에 대한 기본적인 사용법을 익혔으니, 액션에 인자를 전달하는 방법을 알아보겠습니다. 만들어진 상태값은 use:writer={상태값}과 같은 방법으로 전달할 수 있습니다.

```
......
function foo(node, param) {
  // 해당 돔이 mount될 때의 정보가 node
}

export foo
......

<태그 use:foo={param} />
```

Speed 옵션을 인자로 전달해 보겠습니다.

```
<script>
  import writer from "./writer.js";
  let setSpeed = 100;
</script>

<h1 use:writer={setSpeed}>타이핑하는 효과입니다.</h1>

<button on:click={() => setSpeed = 100} >속도 100</button>
<button on:click={() => setSpeed = 1000}>속도 1000</button>
```

[코드 6-19] App.svelte

전달된 값은 node 다음에 받아 올 수 있습니다. 이렇게 받아 온 값을 speed = setSpeed로 사용하겠습니다. 그리고 전달된 인자가 변경될 경우를 대비해 코드를 수정하겠습니다. 인자 업데이트에 사용되는 기능이 바로 update 메소드입니다. update는 인자로 넘어오는 값이 변경되는 것을 감지합니다. [코드 6-20]의 경우도 setSpeed의 변경을 감지하고 변경되면 각종 상태값을 다시 설정한 다음 write()를 재실행시켜주게 됩니다.

```
function writer(node, setSpeed) { // setSpeed를 인자로 받아옴
  let txt = node.innerHTML;
  node.innerHTML = ""
  let count = 0;
```

```
  let speed = setSpeed

  const write = function() {
    if(count < txt.length) {
      node.innerHTML += txt.charAt(count);
      count++;
      setTimeout(() => write(node, speed), speed);
    }
  }

  write()

  return {
    update(setSpeed) { // setSpeed의 변화 감지
      node.innerHTML = "";
      count = 0;
      speed = setSpeed
      write();
    }
  }
}

export default writer;
```

[코드 6-20] writer.js

실행시켜 보면 App.svelte에서 적용한 내용에 따라 속도가 달라지는 것을 볼 수 있습니다.

6-4-3 update · destroy

액션은 기본적으로 생명주기와 관련된 update와 destroy라는 메소드를 갖습니다. update는 [코드 6-20]에서 설명한 것처럼 전달인자의 값이 변경될 때 작동합니다. 그리고 destroy는 해당 돔이 사라질 때 작동을 합니다. update는 해당 액션을 사용하는 곳에서 값을 계속해서 변경할 때 값의 변경을 감지해 액션 내부의 함수를 재실행하는 방법으로 주로 사용됩니다. 그리고 destroy는 액션을 담은 돔이 사라질 때 사용했던 이벤트 등을 초기화시켜주는 데에 사용하면 좋습니다.

```
function foo(node, param) {
  // 해당 돔이 mount될 때의 정보가 node
```

```
  return {
    update(param) {
      인자로 받은 값(param)이 업데이트될 때 작동
    },

    destroy() {
      돔에서 해당 노드가 삭제될 때 작동
    }
  };
}

export default foo

......

<태그 use:foo={param} />
```

6-4-4 액션을 통한 이벤트 제어

액션을 통해서 이벤트를 제어하는 방법에 대해 알아보겠습니다. 이를 위해 우리는 특정 돔을 마우스로 드래그할 수 있도록 만들어 보겠습니다. 돔에 대한 드래그는 CSS의 position:absolute로 설정된 돔의 움직임을 감지하여 돔의 위치정보를 CSS의 left, top의 정보로 갱신하는 것으로 진행됩니다.

ⓐ 움직이려는 돔에 마우스가 다운되면 드래그하려는 돔이 활성화된다. (handleMouseDown 활성)
ⓑ 드래그 영역(예제에서는 window 영역)에 돔의 움직임을 감지하는 mousemove 이벤트와 이벤트의 끝을 알리는 moveup 이벤트를 배치하고 각각에 핸들러 메소드를 등록한다.
ⓒ 움직임이 감지되면 moving 상태값을 true로 설정하여 mousemove 이벤트에 handleMouseMove 메소드가 작동되고 위치정보인 node.style.left, node.style.top을 갱신하도록 한다.
ⓓ 드래그 이벤트가 완료되면 mouseup 이벤트에 연결한 handleMouseUp 메소드에 의해 마우스가 움직이더라도 돔은 움직이지 않도록 moving 상태값을 false로 만든다.

돔을 드래그하기 위해 필요한 메소드는 크게 3가지입니다.

▶ **handleMouseDown:** 마우스 왼쪽 버튼이 클릭다운되었을 때 작동하는 메소드
▶ **handleMouseUp:** 마우스 왼쪽 버튼이 클릭업되었을 때 작동하는 메소드
▶ **handleMouseMove:** 마우스가 돔을 잡고 움직일 때 작동하는 메소드

left, top, moving 상태값과 핸들러 메소드들을 만들겠습니다. 초기에 돔의 배치를 위해 node.style. left, node.style.top을 left, top 상태값으로 설정합니다. 그리고 node.addEventListener('mousedown', handleMouseDown);를 이용해 mousedown 이벤트가 발생하면, handleMouseDown 메소드가 작동하도록 연동시켜 주겠습니다.

참고로 addEventListener는 Svelte의 API가 아니라 돔에 이벤트 리스너를 등록하기 위한 자바스크립트 API입니다. 이미 말한 것처럼 node에는 선택된 돔 정보가 들어 있습니다. 그래서 node 정보를 기반으로 자바스크립트 돔 조작 API들을 사용할 수 있습니다. node.style.left, node.style.top도 역시 같은 맥락의 코드입니다.

자바스크립트 돔 조작 관련 API 정보 https://ko.javascript.info/document

```
function draggable(node) {

  let left = 50;
  let top = 50;
  let moving = false;

  node.style.left = `${left}px`;
  node.style.top = `${top}px`;


  const handleMouseDown = function(event) {

  }

  const handleMouseUp = function(event) {

  }

  const handleMouseMove = function(e) {

  }

  node.addEventListener('mousedown', handleMouseDown);
}
```

```
export default draggable;
```

[코드 6-21] draggable.js

다음으로 handleMouseDown 메소드를 만들어 보겠습니다. handleMouseDown이 호출되면 마우스의 움직임에 돔에 해당하는 HTML 엘리먼트를 이동시킬 수 있도록 moving 상태값을 true로 만들어 줍니다. 그리고 addEventListener를 이용해 마우스 움직임을 감지하는 mousemove에 handleMouseMove메소드를, 마우스 클릭업을 감지하는 mouseup에 handleMouseUp 메소드를 등록시켜 줍니다.

```
function draggable(node) {

  ......
  const handleMouseDown = function() {
    moving = true;
    window.addEventListener('mousemove', handleMouseMove);
    window.addEventListener('mouseup', handleMouseUp);
  }

  ......
}
```

[코드 6-22] draggable.js

다음으로 handleMouseUp 메소드를 작성하겠습니다. handleMouseUp은 조작하는 돔에서 마우스 클릭이 업되었을 때 일어나는 메소드입니다. 이를 위해서는 moving 상태값을 false로 설정해 주겠습니다. moving 상태값이 fasle가 되면 돔에 해당하는 선택했던 HTML 엘리먼트에 대한 위치를 갱신하지 않으므로 더는 마우스를 따라 돔이 움직이지 않게 됩니다.

```
function draggable(node) {

  ......

  const handleMouseUp = function() {
    moving = false;
  }

  ......
```

```
  }
```

[코드 6-23] draggable.js

마우스의 움직임에 따라 선택된 돔에 해당하는 HTML 엘리먼트를 이동시켜 주는 handleMous
eMove도 작성해 보겠습니다. 이 메소드는 moving 상태값이 true일 때에만 작동합니다. 즉, 돔
이 마우스 오른쪽 버튼으로 선택되었을 때 작동하는 메소드입니다. addEventListener로 이벤트
가 등록되면 기본 인자로 event를 받게 됩니다. event에는 여러 가지 동작에 대한 정보가 담겨 있
습니다. 이 중 마우스 위치정보는 event.movementX, event.movementY에 들어 있습니다. 즉,
선택된 돔의 위치정보에 마우스 위치정보를 더해서 마우스를 따라 돔도 같이 움직이도록 만들어
주는 역할을 합니다. left, top 상태값은 CSS 위치정보인 node.style.left, node.style.top에 설정해
주는 것으로 돔에 해당하는 HTML 엘리먼트가 움직이게 되는 것입니다.

```javascript
function draggable(node) {

  ......

  const handleMouseMove = function(event) {
    if(moving) {

      left += event.movementX;
      top += event.movementY;

      node.style.left = `${left}px`;
      node.style.top = `${top}px`;
    }
  }

  ......
}
```

[코드 6-24] draggable.js

마지막으로 돔이 삭제되었을 경우에 대한 설정을 하겠습니다. action 함수는 마지막 객체로
destroy라는 함수를 리턴할 수 있습니다. 이 함수가 있으면 돔이 unmount될 때 해당 함수가 호
출됩니다. removeEventListener는 addEventListener와는 반대되는 역할입니다. 즉, 이벤트에
핸들러 메소드를 해제해 주는 역할을 합니다. draggable.js의 결과는 [코드 6-25]와 같습니다.

```
function draggable(node) {

  let left = 50;
  let top = 50;
  let moving = false;

  node.style.left = `${left}px`;
  node.style.top = `${top}px`;


  const handleMouseDown = function() {
    moving = true;
    window.addEventListener('mousemove', handleMouseMove);
    window.addEventListener('mouseup', handleMouseUp);
  }

  const handleMouseUp = function() {
    moving = false;
  }

  const handleMouseMove = function(event) {
    if(moving) {

      left += event.movementX;
      top += event.movementY;

      node.style.left = `${left}px`;
      node.style.top = `${top}px`;
    }
  }

  node.addEventListener('mousedown', handleMouseDown);

  return { // 추가

    destroy() {
      node.removeEventListener('mousedown', handleMouseDown);
      node.removeEventListener('mousemove', handleMouseMove);
      node.removeEventListener('mouseup', handleMouseUp);
    }
  }
```

```
}
export default draggable;
```

[코드 6-25] draggable.js

이 draggable.js를 액션으로 사용하겠습니다. App.svelte에 draggable 액션을 가져옵니다. 그리고 〈div use:draggable〉처럼 use:를 사용해 draggable 액션을 사용해 보겠습니다.

```
<script>
  import draggable from './draggable';
</script>

<div use:draggable class="draggable">
  <b>박스</b>
</div>

<style>
  .draggable {
    position: absolute;
    border: solid 1px gray;
    padding: 20px;
    cursor: move;
  }
</style>
```

[코드 6-26] App.svelte

실행 결과 [그림 6-13]처럼 마우스를 이용해 박스를 드래그하면 박스의 위치가 이동하는 것을 확인할 수 있습니다.

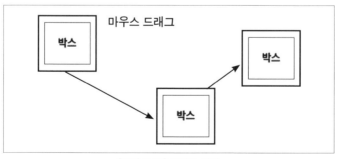

[그림 6-13] 드래그 결과

초기 위치값을 인자로 넘기는 기능도 추가해 보겠습니다. positions라는 전달인자를 받도록 만들고 left, top에 positions.x, positions.y의 값을 사용하게 만들어 줍니다.

```
function draggable(node, positions) {

  let left = 50;
  let top = 50;

  left = positions.x; // 추가
  top = positions.y;  // 추가

  let moving = false;
  ...
}
export default draggable;
```

[코드 6-27] draggable.js

그리고 App.js에 postions1, postions2 상태값에 각각의 x, y값을 넣은 객체를 만들고 use:draggable={positions1}과 같이 만들어진 상태값을 넘겨주겠습니다.

```
<script>
  import draggable from './draggable';
  let positions1 = {
    x: 100,
    y: 200
  }

  let positions2 = {
    x: 300,
    y: 300
  }
</script>

<div use:draggable={positions1} class="draggable">
  <b>박스1</b>
</div>

<div use:draggable={positions2} class="draggable">
  <b>박스2</b>
```

```
  </div>

<style>
  .draggable {
    position: absolute;
    border: solid 1px gray;
    padding: 20px;
    cursor: move;
  }
</style>
```

[코드 6-28] App.js

다시 한번 실행시켜 보면 [그림 6-14]와 같이 각각 초기 위치가 다른 돔이 생성되고 움직이는 것을 확인할 수 있습니다.

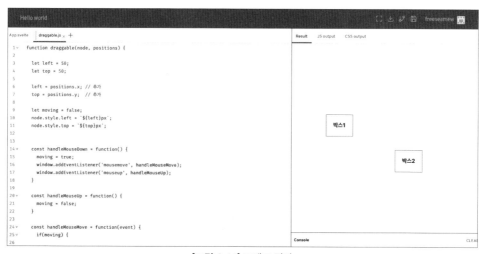

[그림 6-14] 드래그 결과

참고로 최종적으로 완성된 draggable.js 코드는 [코드 6-29]를 참조하기 바랍니다.

```
function draggable(node, positions) {

  let left = 50;
  let top = 50;
  let moving = false;
```

```
    left = positions.x;
    top = positions.y;

    node.style.left = `${left}px`;
    node.style.top = `${top}px`;

    const handleMouseDown = function() {
      moving = true;
      window.addEventListener('mousemove', handleMouseMove);
      window.addEventListener('mouseup', handleMouseUp);
    }

    const handleMouseUp = function() {
      moving = false;
    }

    const handleMouseMove = function(event) {
      if(moving) {

        left += event.movementX;
        top += event.movementY;

        node.style.left = `${left}px`;
        node.style.top = `${top}px`;
      }
    }

    node.addEventListener('mousedown', handleMouseDown);

    return {

      destroy() {
        node.removeEventListener('mousedown', handleMouseDown);
        node.removeEventListener('mousemove', handleMouseMove);
        node.removeEventListener('mouseup', handleMouseUp);
      }
    }
}
export default draggable;
```

[코드 6-29] draggable.js

6-4-5 액션을 이용한 외부 라이브러리 활용

자바스크립트 세계에는 다양한 기능을 가진 멋진 라이브러리가 많습니다. 액션에는 라이브러리를 불러와 사용하는 것을 도와주는 기능이 있습니다. 《챕터 6-4-1. 액션 기본 사용방법》에서 만들어 사용한 타이포 효과를 TypewriterJS라는 라이브러리를 이용해 더욱 멋지게 만들어 보겠습니다. TypewriterJS 라이브러리는 타이핑 효과를 만들어주는 라이브러리로 이를 이용하면 아주 멋진 타이핑 효과를 만들어 사용할 수 있습니다.

만약 REPL에서 예제를 작성한다면 [코드 6-30]과 같이 입력하면 되고, 로컬에서 비주얼 스튜디오로 코드를 작성 중이라면 다음과 같이 라이브러리를 설치해야 합니다.

```
npm i typewriter-effect
```

라이브러리 주소 https://github.com/tameemsafi/typewriterjs#readme

writer.js 파일에 TypewriterJS 라이브러리를 가져옵니다. 그리고 node를 통해서 해당 돔에 입력된 문자를 가져옵니다. 그리고 new Typewriter(node, {옵션들})를 통해서 각종 옵션을 설정해 줍니다. 참고로 이 설정값들은 draggable.js에서의 positions처럼 전달인자로 만들어 사용해도 됩니다.

```javascript
import Typewriter from 'typewriter-effect/dist/core';

function writer(node) {

  let txt = node.innerHTML;

  const typewriter = new Typewriter(node, {
    strings: txt,
    autoStart: true,
    loop: true,
    delay: 100,
  });
}

export default writer;
```

[코드 6-30] writer.js

이 액션을 가져와 App.svelte에서 사용해 보겠습니다.

```
<script>
  import writer from "./writer.js";
</script>

<h1 use:writer>타이핑 효과입니다.</h1>
```

[코드 6-31] App.svelte

실행시켜 보면 라이브러리를 통해서 훨씬 유려한 효과가 나타나는 것을 볼 수 있습니다. Svelte 용으로 만들어지지 않은 수많은 자바스크립트 라이브러리들도 액션을 이용하면 이처럼 간단하게 사용할 수 있습니다.

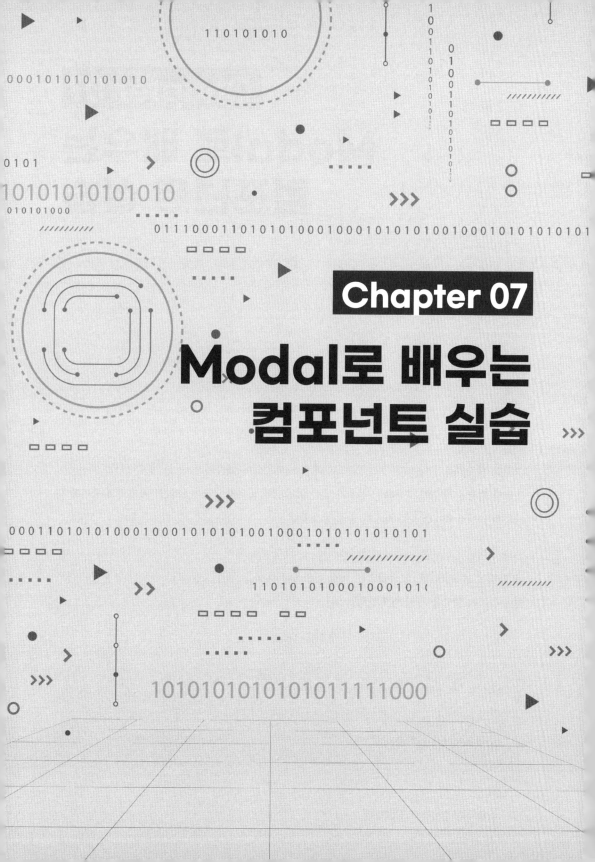

Chapter 07

Modal로 배우는
컴포넌트 실습

Modal로 배우는 컴포넌트 실습

《챕터 3~6》에 걸쳐 Svelte의 컴포넌트 사용법에 대해 학습했습니다. 컴포넌트는 프런트엔드 개발에서 기본이 되는 개념입니다. 이 컴포넌트의 일반적인 기능에 대해 다시 설명하자면 구성요소를 분리하여 개발 및 관리를 용이하게 하기 위해 사용됩니다. 대표적인 예로 화면을 구성하는 header, footer, body, list 등을 각각의 컴포넌트로 만들어 배치하여 사용합니다.

그리고 컴포넌트의 또 다른 큰 기능으로 바로 재사용성이 있습니다. 기본 예제에서는 재사용이 가능한 기능을 만들어 사용하는 경우가 별로 없었지만, app의 규모가 조금만 커져도 컴포넌트 재사용성을 생각해야만 하는 경우가 종종 발생합니다.

그래서 이번 챕터에는 지금까지 학습한 내용을 바탕으로 재사용될 수 있는 모달팝업(Modal Popup)을 만들어 보겠습니다. 모달팝업은 특정 버튼이나 액션을 주면 그에 맞는 내용의 팝업창이 화면에 나타나는 기능을 가진 컴포넌트입니다.

우선 modal.svelte라는 파일을 만들어 주겠습니다.

```
<script>
  export let modalActive = false

  function close() {
    modalActive = false
  }
```

```
</script>

{#if modalActive}
  <div class="modal-background" on:click={close} ></div>

  <div class="modal" role="dialog" aria-modal="true" >
    <slot name="header"></slot>
    <hr>
    <slot name="content"></slot>
    <hr>

    <!-- svelte-ignore a11y-autofocus -->
    <button autofocus on:click={close}>close modal</button>
  </div>
{/if}

<style>
  .modal-background {
    position: fixed;
    top: 0;
    left: 0;
    width: 100%;
    height: 100%;
    background: rgba(0,0,0,0.3);
  }

  .modal {
    position: absolute;
    left: 50%;
    top: 50%;
    width: calc(100vw - 4em);
    max-width: 32em;
    max-height: calc(100vh - 4em);
    overflow: auto;
    transform: translate(-50%,-50%);
    padding: 1em;
    border-radius: 0.2em;
    background: white;
  }
```

```
  button {
    display: block;
  }

</style>
```

[코드 7-1] modal.svelte

이 컴포넌트에서 가장 핵심이 되는 요소는 modalActive라는 Props입니다. modal 창은 이 modalActive가 true일 때만 나타나고 그렇지 않을 경우는 화면에 나타나지 않는 구조를 가집니다. 재사용 컴포넌트를 만들 때 가장 핵심이 되는 부분은 필요한 Props를 적절하게 정의하는 것입니다. 그리고 Props의 경우 컴포넌트를 사용할 때 값을 지정하지 않을 경우를 대비해서 기본값을 설정하는 것을 추천합니다. 이때 modalActive는 false를 기본값으로 합니다.

```
export let modalActive = false
......
{#if modalActive}
......
```

그리고 이 해당 팝업창의 내용은 Props가 아닌 slot을 사용하여 표시되도록 했습니다. 물론 내용도 Props로 넘길 수 있지만, 계속 반복적으로 사용되는 마크업 영역의 경우 slot을 사용하는 것이 훨씬 효율적일 때가 많습니다. 이번 예제도 내용이 들어가는 부분은 단순히 txt 형식의 데이터일 수 있지만 다양한 HTML 태그를 이용해 내용을 채울 수도 있도록 이 부분을 slot을 이용해 구현했습니다.

```
<slot name="header"></slot>
<hr>
<slot name="content"></slot>
<hr>
```

만들어진 modal.svelte를 다른 컴포넌트에서 어떻게 사용할 수 있는지 보겠습니다.

App.svelte에서 사용할 modal.svelte를 가져옵니다. 그리고 예제에서는 2개의 다른 modal 창을 사용해 볼 것입니다. 그러기 위해서 준비한 2개의 modal 창은 별개로 작동해야 하므로 각각 다른 modalActive 상태값을 만들어 주겠습니다.

그리고 Modal 컴포넌트를 이용해 2개의 다른 팝업창을 만들어 주겠습니다. 이때 중요한 것은 컴포넌트로 modalActive를 넘겨주는 것입니다. 각각의 모달팝업 컴포넌트로 데이터를 넘겨주는 방식은 바인드를 이용해 'bind:modalActive={modalActive1}'과 같은 식으로 양방향 바인딩이 되도록 만들겠습니다. 바인딩으로 상태값을 넘기면 부모와 자식컴포넌트 어딘가의 값이 변경되면 양쪽 모두 변경된 값으로 동기화됩니다.

그리고 컴포넌트 안에 준비된 slot인 header, content를 각각 채우겠습니다. 첫 번째 모달팝업 컴포넌트의 경우 content에 '＜b＞ CONTENT 1 ＜/b＞'와 같은 식으로 추가적인 태그를 사용했습니다. 이 부분을 Props를 이용해 전달하면 이처럼 원하는 태그를 넘겨주는 것이 부자연스러울 수 있습니다. 하지만 slot으로 설정하고 내용을 채우면 자연스럽게 추가적인 태그를 사용할 수 있습니다.

```
<script>
  import Modal from './modal.svelte'
  let modalActive1 = false
  let modalActive2 = false
</script>

<Modal  bind:modalActive={modalActive1}>
  <h2 slot="header">
    MODAL POPUP TITLE 1
  </h2>
  <p slot="content">
    MODAL POPUP <b> CONTENT 1 </b>
  </p>
</Modal>

<Modal  bind:modalActive={modalActive2}>
  <h2 slot="header">
    MODAL POPUP TITLE 2
  </h2>
  <p slot="content">
    MODAL POPUP CONTENT 2
  </p>
</Modal>
```

[코드 7-2] App.svelte

버튼 두 개를 만들어 상태값인 modalActive1, modalActive2를 변경시킬 수 있도록 만들어 보겠습니다. 이제 각 버튼을 클릭하면 해당하는 상태값이 변경되고 그에 맞게 모달팝업이 나타나고 사라지는 것을 볼 수 있습니다. 그리고 각각의 상태값이 현재 어떻게 되었는지 보기 위해서 마크업 영역에 modalActive1, modalActive2를 배치하겠습니다.

```
<script>
  import Modal from './modal.svelte'
  let modalActive1 = false
  let modalActive2 = false
</script>

<!-- 추가 -->
<button on:click={() => modalActive1 = true}>
  Modal PopUp 1
</button>

<button on:click={() => modalActive2 = true}>
  Modal PopUp 2
</button>

<div>
  <p>modalActive1: {modalActive1}</p>
  <p>modalActive2: {modalActive2}</p>
</div>

<Modal  bind:modalActive={modalActive1}>
  <h2 slot="header">
    MODAL POPUP TITLE 1
  </h2>
  <p slot="content">
    MODAL POPUP <b> CONTENT 1 </b>
  </p>
</Modal>

<Modal  bind:modalActive={modalActive2}>
  <h2 slot="header">
    MODAL POPUP TITLE 2
  </h2>
  <p slot="content">
```

```
    MODAL POPUP CONTENT 2
  </p>
</Modal>
```

[코드 7-3] App.svelte

[그림 7-1] 모달팝업 작동 화면

실행해 보면 각각의 modal이 잘 작동되는 것을 확인할 수 있습니다.

자, 그럼 여기에 화면전환(transition) 효과를 추가해 보겠습니다. 사용할 효과는 fade와 fly입니다. 배경이 어두워지고 팝업창이 위에서 아래로 나타나는 효과를 적용한 모달팝업을 많이 보았을 겁니다. 우리도 이와 비슷한 효과를 만들겠습니다. 모달팝업이 나타날 때에는 배경이 먼저 어두워지고 모달팝업이 나타나야 합니다. 그래서 배경에 해당하는 div에 in:fade에 deley:0, duration:300을 주고 div.modal은 delay를 200을 주겠습니다. 즉, 모달창은 200ms 이후에 효과가 나타나게 되는 것입니다. 그리고 out은 반대로 배경에 delay를 300을 주겠습니다.

```
<script>
  import { fade, fly } from 'svelte/transition'; // 추가
  export let modalActive = false
  ......
</script>

{#if modalActive}
  <div
    class:modal-background={modalActive === true}
    in:fade="{{delay: 0, duration: 300}}"
    out:fade="{{delay: 300, duration: 300}}" on:click={close} > <!-- 화면전환 효과 추가 -->
  </div>
```

```
  <div
    class="modal"
    role="dialog"
    aria-modal="true"
    transition:fly="{{delay:200 , duration: 300, x: 0, y: -50, opacity: 0.5}}"
><!-- 화면전환 효과 추가 -->
    <slot name="header"></slot>
    <hr>
    <slot name="content"></slot>
    <hr>

    <button on:click={close}>close modal</button>
  </div>
{/if}
```

[코드 7-4] modal.svelte

실행하면 배경이 먼저 페이드로 나타나고 이후 모달창이 날아옵니다. 적절한 화면전환 효과는 앱의 완성도를 높이는 데 도움을 준다는 것을 알 수 있었을 것입니다.

이처럼 반복되는 부분들을 분리해 컴포넌트로 만들어 사용하면 코드를 재사용할 수 있다는 점에서 매우 편리합니다. 그리고 **컴포넌트를 효과적으로 재사용하기 위해서는 컴포넌트를 설계하고 만들 때 어떤 옵션들을 Props를 이용해 전달할 것인지, 어떻게 디자인적인 HTML 영역을 슬롯으로 만들 것인지 충분히 고민하고 만드는 것이 중요합니다.** 이 부분을 꼭 기억하기 바랍니다.

Chapter 08

실전 프로젝트(1)
- Todo 서비스 만들기

Chapter 08

실전 프로젝트(1) - Todo 서비스 만들기

8-1 Todo 프로젝트 설명

지금까지 배운 Svelte의 다양한 기능을 Todo 서비스를 만드는 실제 프로젝트에 적용해 보겠습니다. Todo 서비스는 새로운 할 일을 등록할 수 있고 할 일을 마치면 완료를 표시하는 기능을 가집니다. 이 간단한 Todo 서비스를 만들면서 사용되는 패턴들은 실제로 다른 서비스를 만들더라도 충분히 참고할 만한 내용이 됩니다. 프로젝트에 사용할 상태값을 정의하고, 이 상태값을 읽고, 쓰고, 수정, 삭제하는 과정으로 진행되는데 이 패턴은 프로젝트에서 매우 흔하게 사용되기 때문입니다. 즉, Todo 서비스를 한번 잘 만들어 보면 이를 바탕으로 실제 프로젝트를 진행할 때 많은 도움이 됩니다.

8-1-1 Todo 서비스 기능

우리가 만들 Todo 서비스는 다음과 같은 4개의 컴포넌트로 구성되어 있습니다.

▶ TodoHeader 컴포넌트
▶ TodoInfo 컴포넌트
▶ TodoList 컴포넌트
▶ TodoItem 컴포넌트

제일 상단 TodoHeader 컴포넌트에는 ❶Todo 내용, 즉 할 일을 입력하는 기능이 있습니다. 버튼을 따로 두지는 않았고 엔터키를 누르면 그것을 인식해서 작성한 내용을 입력하게 됩니다.

[그림 8-1] Todo - TodoHeader 컴포넌트

두 번째로 TodoInfo 컴포넌트입니다. TodoInfo 컴포넌트에는 ❷작성된 Todo 개수를 보여주는 기능과 ❸Todo의 상태를 선택하면 그에 맞는 상태의 Todo 목록을 나타내는 버튼이 있습니다.

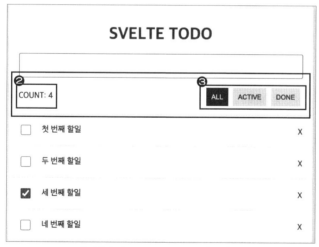

[그림 8-2] Todo - TodoInfo 컴포넌트

다음으로 TodoList 컴포넌트는 ❹입력된 Todo의 내용들을 보여주는 역할을 합니다.

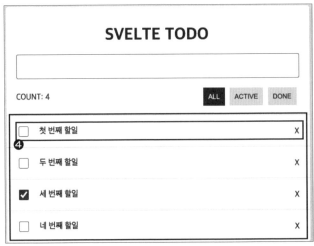

[그림 8-3] Todo - TodoList 컴포넌트

마지막으로 TodoItem 컴포넌트에는 ❺완료된 목록을 체크하는 기능과 ❻내용을 수정하는 기능, 그리고 ❼목록을 삭제하는 기능이 있습니다.

[그림 8-4] Todo - TodoItem 컴포넌트

8-1-2 기본 환경설정

서비스를 만들어 갈 기본 환경을 설정하겠습니다. 이번 프로젝트부터는 REPL을 사용하지 않고 로컬 환경에서 진행됩니다. 기본적인 Svelte 개발환경은 《챕터 2-2. 로컬 개발환경 구축》을 참고해 주세요.

프로젝트를 진행할 폴더를 새로 만들고, 만들어진 폴더를 비주얼 스튜디오를 이용해 열어 줍니다. 터미널에 다음과 같은 명령을 사용해서 Svelte 프로젝트를 준비합니다. 이 부분이 기억나지 않는다면 《챕터 2-2-3. Svelte 설치 및 실행》을 참고 바랍니다.

```
npx degit sveltejs/template ./

npm install
```

정상적으로 설치가 완료되었다면 다음과 같은 폴더와 파일들이 생성된 것을 볼 수 있습니다.

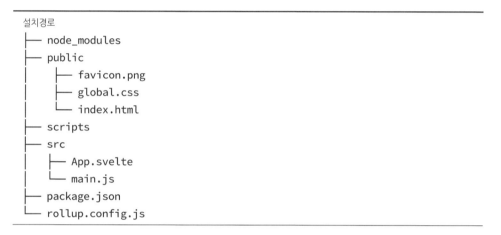

```
설치경로
├── node_modules
├── public
│   ├── favicon.png
│   ├── global.css
│   └── index.html
├── scripts
├── src
│   ├── App.svelte
│   └── main.js
├── package.json
└── rollup.config.js
```

다음으로 /public/global.css의 내용을 교체하겠습니다. 여기서 잠깐 CSS, 즉 디자인 요소를 어떻게 적용하는 것이 좋을까에 대해 생각해 보겠습니다. CSS를 적용하는 방법은 크게 두 가지가 있습니다. 첫 번째는 global.css에 만들어진 CSS 요소를 입력해 사용하는 방법입니다. 두 번째는 컴포넌트별로 〈style〉〈/style〉 영역을 만들어 사용하는 방법입니다.

현재는 두 번째인 컴포넌트별로 CSS를 입력해 사용하는 방법이 유행하고 있습니다. 이렇게 사용하는 이유는 거대한 CSS 파일의 경우 관리가 힘들어 작은 컴포넌트 단위로 만들기 때문입니다.

하지만 실제 프로젝트에서는 컴포넌트별로 CSS를 나누어 사용하는 것이 효과적이지 않은 경우가 많이 발생합니다. 보통 디자인된 내용은 퍼블리싱이라는 과정을 거쳐서 HTML과 CSS로 만들어지게 됩니다. 그리고 이 퍼블리싱 과정에서는 화면을 이루는 컴포넌트가 어떻게 구성되는지를 참고하지 않고 작업하는 경우가 일반적입니다. 그래서 컴포넌트별로 CSS 요소를 나누어 사용하기 위해서는 퍼블리싱된 내용을 다시 컴포넌트별로 만들어야 하는 번거로움이 발생합니다. 그리고 이 작업은 생각보다 큰 시간과 노력이 들어갑니다.

이 때문에 필자 개인적으로는 global.css를 메인으로 사용하고, 꼭 필요한 경우에만 컴포넌트에 CSS를 넣는 방법을 선호합니다. 그리고 만약에 단일로 만들어진 CSS 관리가 힘들다면 SCSS와 같은 CSS Preprocessor(CSS 전처리기)를 사용하는 것을 적극 추천합니다. SCSS를 이용하면 CSS에 변수를 지정하거나 지역화를 시키는 등 프로그램적인 접근 방식이 가능하므로 관리와 개발이 훨씬 쉬워집니다. Svelte 프로젝트에 바로 SCSS를 적용하는 방법에 대해서는 《챕터 12-4. SCSS 설정》에서 따로 다루겠습니다.

이번 프로젝트 역시 메인으로 global.css에서 디자인 요소인 CSS를 관리하는 방식으로 진행하겠습니다.

먼저 /public/global.css를 다음 코드로 교체하겠습니다. 참고로 코드는 《챕터 2-3. Svelte 설치 폴더 설명》을 참고하여 다운할 수 있습니다. 다운한 global.css 파일을 /public/global.css로 교체해 주면 됩니다.

```
html, body, div, span, applet, object, iframe,
h1, h2, h3, h4, h5, h6, p, blockquote, pre,
a, abbr, acronym, address, big, cite, code,
del, dfn, em, img, ins, kbd, q, s, samp,
small, strike, strong, sub, sup, tt, var,
b, u, i, center,
dl, dt, dd, ol, ul, li,
fieldset, form, label, legend,
table, caption, tbody, tfoot, thead, tr, th, td,
article, aside, canvas, details, embed,
figure, figcaption, footer, header, hgroup,
menu, nav, output, ruby, section, summary,
time, mark, audio, video {
    margin: 0;
    padding: 0;
    border: 0;
    vertical-align: baseline;
}

body {
    line-height: 1;
```

```
}
ol, ul {
    list-style: none;
}
blockquote, q {
    quotes: none;
}
blockquote:before, blockquote:after,
q:before, q:after {
    content: '';
    content: none;
}
table {
    border-collapse: collapse;
    border-spacing: 0;
}

* { box-sizing: border-box; }

@import url('https://fonts.googleapis.com/css2?family=Noto+Sans+KR&display=swap');

/********** 초기화 끝 *****************************************************/

body {
  font-family: 'Noto Sans KR', sans-serif;
  position: relative;
  background-color: #EDEDED;
  width: 100%;
  display: flex;
  justify-content: center;
  color: #717171;
}

.app {
  width: 600px;
  display: flex;
  flex-direction: column;
  align-items: center;
  justify-content: center;
  padding: 0;
```

```
  margin-top: 50px;
}

.wrap {
  display: flex;
  flex-direction: column;
  align-items: center;
  width: 100%;
}

header {
  width: 100%;
  height: 140px;
  display: flex;
  flex-direction: column;
  align-items: center;
  padding: 40px 20px 0px 20px;
  background-color: #ffffff;
  box-shadow: 10px 5px 5px #e7e7e7;

  border-top-left-radius: 5px;
  border-top-right-radius: 5px;
}

header h1 {
  color: #343233;
  margin-bottom: 20px;
}

header p {
  font-size: 1rem;
  color: #ffffff;
}

header input {
  width: 100%;
  padding: 15px;
  border: none;
  border-radius: 3px;
  border: 1px solid #717171;
```

```
}

.info {
  width: 100%;
  height: 70px;
  display: flex;
  justify-content: space-between;
  align-items: center;
  padding: 0 20px;
  background-color: #ffffff;
  box-shadow: 10px 5px 5px #e7e7e7;
  border-bottom: 1px solid #EAE9EA;
}

.info span {
  color: #444444;
}

.main {
  width: 100%;
  /* 최상단 메뉴 있을 경우 - 50*/
  max-height: calc(100vh - 310px);
  display: flex;
  flex-direction: column;
  align-items: center;
  box-shadow: 10px 5px 5px #e7e7e7;

  overflow-y: scroll;
  /* 스크롤바 숨기고 스크롤은 되게: IE, Edge, Firefox */
  -ms-overflow-style: none;
   scrollbar-width: none;
}

.main::-webkit-scrollbar  {
  display: none;
}

.main ul {
  width: 600px;
}
```

```css
.main ul li {
  position: relative;
  display: flex;
  align-items: center;
  width: 100%;
  padding: 15px 20px;
  background-color: #ffffff;
  font-size: 1rem;
  color: #444444;
  border-bottom: 1px solid #eaeaea;
}

.main ul li:last-child {

  border-bottom-left-radius: 5px;
  border-bottom-right-radius: 5px;
}

.main ul li span {
  padding: 7px;
}

.main ul li input[type="checkbox"] {
  width:20px;
  height: 20px;
  margin-right: 15px;
}

.main ul li input[type="text"] {
  padding: 10px;
  width: 600px;
  border: 1px solid #717171;
  z-index: 1000;
  font-size: 1rem;
}

.main ul li a {
  position: absolute;
  top: 25px;
```

```css
    right: 20px;
    text-decoration: none;
    color: #444444;

}

/********** utils **********************************************/

.btn {
    padding: 10px;
    color: #444444;
    font-size: 0.8em;
    border: none;
    margin-left: 0;
    margin-right: 5px;
    text-decoration: none;
    cursor: pointer;
    background-color: #eaeaea;
}

.btn:hover {
    background-color: #343434;
    color: #ffffff;
}

.selected {
    background-color: #343434;
    color: #ffffff;
}

.located {
    border-bottom: 2px solid #005EFF;
}
```

[코드 8-1] global.css

CSS에 대한 설명은 주제를 벗어나기 때문에 중요한 부분만 설명하겠습니다. CSS는 주제별로 상단 부분인 .header, 중간에 count와 선택 버튼이 있는 .info 그리고 Todo 리스트가 있는 .main으로 이루어져 있습니다. 조금 특별한 설정으로는 main의 길이를 전체 높이에서 .header + .info의 높이를 뺀 사이즈로 만든 부분입니다. 이렇게 한 이유는 .header와 .info의 경우 Todo 목록에 내용이 많아져서 스크롤이 발생해도 계속해서 상단에 보이게 하기 위함입니다. 그리고 스크롤의 경우는 스크롤바를 숨김 처리해서 더 깔끔하게 보이도록 만들었습니다.

```css
.main {
  ...
  max-height: calc(100vh - 310px); /* 높이 설정 */
  ...

  /* 스크롤바 숨기기 설정 */
  overflow-y: scroll;
  /* 스크롤바 숨기고 스크롤은 되게: IE, Edge, Firefox */
  -ms-overflow-style: none;
  scrollbar-width: none;
}
```

8-2 컴포넌트 배치

기본적인 컴포넌트를 배치해 보겠습니다. /compoents/ 폴더 아래에 TodoHeader.svelte, TodoInfo.svelte, TodoList.svelte, TodoItem.svelte 파일들을 만들겠습니다.

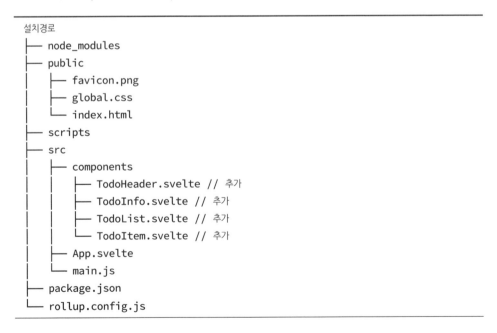

```
설치경로
├── node_modules
├── public
│   ├── favicon.png
│   ├── global.css
│   └── index.html
├── scripts
├── src
│   ├── components
│   │   ├── TodoHeader.svelte // 추가
│   │   ├── TodoInfo.svelte // 추가
│   │   ├── TodoList.svelte // 추가
│   │   └── TodoItem.svelte // 추가
│   ├── App.svelte
│   └── main.js
├── package.json
└── rollup.config.js
```

각각의 컴포넌트에 최소한의 디자인 요소를 입력하여 주겠습니다. TodoItem.svelte는 우선 파일만 만들어 두겠습니다.

```
<header>
  <div class="wrap">
    <h1>SVELTE TODO </h1>
    <input type="text"/>
  </div>
</header>
```

[코드 8-2] TodoHeader.svelte

```
<div class="info">
  <span>COUNT: 0</span>
  <div>
    <button class="btn" >ALL</button>
    <button class="btn" >ACTIVE</button>
    <button class="btn" >DONE</button>
  </div>
</div>
```

[코드 8-3] TodoInfo.svelte

```
<div class="main">
  <ul>
    <li>Todo 내용</li>
  </ul>
</div>
```

[코드 8-4] TodoList.svelte

이렇게 만들어진 컴포넌트를 App.svelte에 배치하겠습니다.

```
<script>
  import TodoHeader from './components/TodoHeader.svelte';
  import TodoInfo from './components/TodoInfo.svelte';
  import TodoList from './components/TodoList.svelte';
</script>

<div class="app">
  <TodoHeader />
  <TodoInfo />
```

```
    <TodoList />
  </div>
```

[코드 8-5] App.svelte

배치 후 다음 명령으로 프런트엔드 서버를 실행시켜 보겠습니다. 그리고 브라우저에 localhost :5000을 입력하여 실행하겠습니다.

```
npm run dev
```

이상 없이 정상적으로 내용이 입력되었으면 다음과 같은 화면을 볼 수 있습니다.

[그림 8-5] Todo 실행화면

8-3 Todo 리스트 출력

Todo 서비스에서 첫 번째로 만들 기능은 TodoList입니다. 우선 목록에 해당하는 상태값(state)인 Todos를 App.svelte에 만들겠습니다. 대부분의 상태값이 이 상태값을 조작하는 메소드 함수들은 이 App.svelte에 위치하게 될 것입니다. 그리고 이 상태값과 메소드들은 Props를 통해서 전달하는 구조를 가지게 됩니다.

```
<script>
  import TodoHeader from './components/TodoHeader.svelte';
  import TodoInfo from './components/TodoInfo.svelte';
  import TodoList from './components/TodoList.svelte';

  let todos = [
    {
      id: 1,
      content: '첫 번째 할일',
      done: false
```

```
    },
    {
      id: 2,
      content: '두 번째 할일',
      done: false
    },
    {
      id: 3,
      content: '세 번째 할일',
      done: true
    },
    {
      id: 4,
      content: '네 번째 할일',
      done: false
    }
  ]

</script>
```

[코드 8-6] App.svelte

Todos 상태값을 보면 객체별로 id, content, done이라는 값을 가집니다. id는 할 일에 대한 식별이 가능한 고유값이고, content는 할 일에 대한 내용, 그리고 done은 할 일에 대한 상태, 즉 완료되면 true, 그렇지 않으면 false를 가지는 값입니다. 여기에서 id의 경우 중복이 발생하면 안 됩니다. id 값을 바탕으로 수정, 삭제 등의 작업이 이루어지기 때문입니다. 그래서 id 값을 외부 패키지를 이용해 중복되지 않는 값으로 만들어 보겠습니다. 해당 프로젝트 폴더에 터미널을 열어 다음 명령어를 이용해 패키지를 설치해 주겠습니다(비주얼 스튜디오에서 터미널을 사용하는 방법은 《챕터 2-2-2. 비주얼 스튜디오 코드 설치》를 참고하기 바랍니다).

```
npm i uuid
```

이제 uuid를 사용하겠습니다. import를 사용해 패키지 모듈을 가져오고 현재 'id:1'이라고 된 부분을 'id: uuid()'로 수정하겠습니다.

```
<script>
  import TodoHeader from './components/TodoHeader.svelte';
  import TodoInfo from './components/TodoInfo.svelte';
```

187

```
    import TodoList from './components/TodoList.svelte';

    import { v4 as uuid } from 'uuid'; // 추가

    let todos = [
      {
        id: uuid(), // 수정
        content: '첫 번째 할일',
        done: false
      },
      {
        id: uuid(), // 수정
        content: '두 번째 할일',
        done: false
      },
      {
        id: uuid(), // 수정
        content: '세 번째 할일',
        done: true
      },
      {
        id: uuid(), // 수정
        content: '네 번째 할일',
        done: false
      }
    ]

</script>

<div class="app">
  <TodoHeader />
  <TodoInfo />
  <TodoList />
</div>
```

[코드 8-7] App.svelte

다음으로 Todos 상태값을 TodoList 컴포넌트에 Props를 이용하여 전달하겠습니다.

```
<script>
  import TodoHeader from './components/TodoHeader.svelte';
```

```
import TodoInfo from './components/TodoInfo.svelte';
import TodoList from './components/TodoList.svelte';

import { v4 as uuid } from 'uuid';

let todos = [
  ......
]

</script>

<div class="app">
  <TodoHeader />
  <TodoInfo />
  <TodoList {todos} /> <!-- 수정 -->
</div>
```

[코드 8-8] App.svelte

넘겨진 Todos를 TodoList에서 export let으로 받고, 이 값을 마크업 영역에서 #each를 이용해 배열 개수만큼 반복되는 리스트를 만들어 주겠습니다. 그리고 #each에 의해 만들어진 개별 할 일 Todo를 TodoItem에 전달해 내용을 출력하겠습니다.

```
<script>
  import TodoItem from './TodoItem.svelte'

  export let todos; // 추가
</script>

<div class="main">
  <ul>
    {#each todos as todo, index(todo)} <!-- 추가 -->
      <li>
        <TodoItem {todo} />
      </li>
    {/each}
  </ul>
</div>
```

[코드 8-9] TodoList.svelte

이번에는 TodoItem에서 전달된 값을 받아 실제적으로 리스트에 값을 표현하겠습니다.

```
<script>
  export let todo;
</script>

<input type="checkbox">
<span>{todo.content}</span>
<a href="#">X</a>
```

[코드 8-10] TodoItem.svelte

[그림 8-6]과 같이 Todos 상태값 내용이 화면에 정상적으로 나타난 것을 볼 수 있습니다.

[그림 8-6] Todo 실행화면

다음으로 할 일 목록의 체크를 선택하면 선택된 상태값의 done이 true가 되고 해제되면 false가 되도록 만들어 보겠습니다. todo.done 상태값을 조작할 메소드인 handleCheckTodo를 App. svelte에 만들겠습니다. 이 함수는 map을 이용해 Todos 목록을 받고 이 Todos 배열 중에서 인자로 받은 id와 목록의 id를 비교해 선택된 Todo를 찾습니다. 그리고 선택된 Todo의 done 값을 현재 값과 반대되도록, 즉 현재 값이 true이면 false로, false이면 true로 변경한 후 리턴해 주게 됩니다. 참고로 map은 자바스크립트 배열조작 API입니다(map의 사용방법은 《챕터 14. 유용한 자바스크립트 문법》에서 익힐 수 있습니다).

작성된 handleCheckTodo는 Todos 상태값과 마찬가지로 Props를 이용해 TodoList 컴포넌트로 전달하겠습니다. 참고로 마크업 영역에서 이벤트와 연동되는 메소드들은 이름 앞에 handle을 붙여주는 것으로 구분하겠습니다.

필수 사항은 아니지만 쉽게 작성된 함수의 역할을 구분하기 위해 이렇게 하겠습니다.

```
<script>
......

let todos = [
  ......
]

function handleCheckTodo(id) {
  todos = todos.map(todo => {
    if(todo.id === id) { // 선택된 todo 값 찾기
      todo.done = !todo.done; // 선택된 todo의 done 상태 변경
    }
    return todo;
  })
}

<script>

<div class="app">
  <TodoHeader />
  <TodoInfo />
  <TodoList {todos} {handleCheckTodo} /> <!-- handleCheckTodo Props로 넘김 -->
</div>
```

[코드 8-11] App.svelte

TodoItem 컴포넌트에서 handleCheckTodo를 받아 TodoItem으로 넘겨주겠습니다.

```
<script>
  import TodoItem from './TodoItem.svelte'

  export let todos;
  export let handleCheckTodo;
</script>
```

```
<div class="main">
  <ul>
    {#each todos as todo, index(todo)}
      <li>
        <TodoItem {todo} {handleCheckTodo} /> <!-- handleCheckTodo 전달 -->
      </li>
    {/each}
  </ul>
</div>
```

[코드 8-12] TodoList.svelte

그리고 TodoItem에서 export let으로 handleCheckTodo를 전달받겠습니다. checkbox는 bind:check에 todo.done을 바인딩해 줍니다. 이제 todo.done의 상태가 true일 때는 체크가 되는 상태로 나타나지만 여기서의 바인딩은 양방향으로 이루어지지 않습니다. 이처럼 바인딩되었지만 상위 컴포넌트에 영향을 주지 못하는 이유는 Props를 통해서 전달받은 값이기 때문입니다. 그래서 체크박스에 체크를 한다고 해도 단순히 선택된 TodoItem 컴포넌트의 값만 변경되고, 실제로 변경해야 할 App.svelte의 Todos 상태값이 변경되는 것은 아닙니다. 이처럼 **단방향 바인딩의 경우 꼭 원본 데이터, 즉 부모의 데이터를 변경해야 한다**는 것을 기억하기 바랍니다.

실제 todo.done을 변경해 주는 기능은 전달받은 handleCheckTodo 메소드를 통해서 이루어집니다. on:click 이벤트에 handleCheckTodo를 연결해 주겠습니다. **마크업 영역에서 이벤트에 인자를 전달할 경우에는 꼭 화살표함수 형태로 입력을 해야 정상 작동한다**는 것을 다시 한번 기억해 주셨으면 좋겠습니다.

```
<script>
  export let todo;
  export let handleCheckTodo; // 추가
</script>

<input
  type="checkbox"
  bind:checked={todo.done}
  on:click={() => handleCheckTodo(todo.id)}
  > <!-- 추가 -->
<span>{todo.content}</span>
```

```
<a href="#">X</a>
```

[코드 8-13] TodoItem.svelte

실행시켜 보면 todo.done이 true로 설정된 값은 체크되어 나타나는 것을 볼 수 있습니다.

[그림 8-7] Todo 실행화면

8-4 Todo 입력

할 일 추가 기능을 만들겠습니다. 우선 새로운 상태값인 todoValue와 addTodoItem(), han
dleTodoInputkeyup() 메소드를 App.svelte에 추가하겠습니다.

Todo, 즉 할 일이 추가되는 과정은 다음과 같습니다.

① input 텍스트와 todoValue를 바인딩

② input 텍스트박스에 값을 입력하고 엔터를 치면 handleTodoInputkeyup(e)에서 엔터키를 감지

③ handleTodoInputkeyup(e)에 엔터키가 감지되면 addTodoItem()을 호출

④ addTodoItem()은 Todos에 todoValue를 포함한 새로운 객체를 만들어 배열에 추가

새로 만든 todoValue 상태값은 Props로 값을 넘기지 않고 TodoHeader 컴포넌트에 바인딩을 이
용해서 상태값은 양방향으로 연동하겠습니다. 이제 TodoHeader에서 todoValue를 변경하면
App.svelte에서도 값이 변경됩니다.

새 할 일을 추가하는 이벤트를 발생시키는 handleTodoInputKeyup(e) 메소드를 만들어서 Props 로 TodoHeader 컴포넌트에 넘겨주겠습니다. 《챕터 3-4. Event》에서 설명했듯 이벤트로 실행되는 함수는 기본적으로 event라는 인자를 받을 수 있습니다. 이 event 전달인자 안에는 keyCode라는 값이 있는데 이 값에는 입력한 키보드의 정보가 들어 있습니다. 그래서 엔터에 해당하는 값 13을 감지해 엔터가 감지되면 addTodoitem()을 호출합니다.

그리고 실제 입력을 진행하는 addTodoItem()도 작성하겠습니다. addTodoItem()은 todoValue 에 값이 들어가 있을 때만 작동하도록 만들기 위해 if(todoValue)로 todoValue의 상태를 체크해 주겠습니다. 그리고 값이 있을 경우 newTodo라는 새로운 객체를 만들고 값을 넣어줍니다. 이 를 Todos에 스프레드 연산자(...)를 이용하여 추가해 줍니다. 그리고 마지막에 todoValue = ''로 입력이 완료된 todoValue를 초기화시켜 주겠습니다.

```
<script>
  import TodoHeader from './components/TodoHeader.svelte';
  import TodoInfo from './components/TodoInfo.svelte';
  import TodoList from './components/TodoList.svelte';

  import { v4 as uuid } from 'uuid';

  let todos = [
    ......
  ]

  let todoValue = ''; // 추가

  function handleCheckTodo(id) {
    ......
  }

  function addTodoItem() { // 추가
    if(todoValue) {
      const newTodo = {
        id: uuid(),
        content: todoValue,
        doen: false,
      }
```

```
      todos = [...todos, newTodo];
      todoValue = '';
    }
  }

  function handleTodoInputKeyup(e) { // 추가
    if(e.keyCode === 13) {
      console.log(`todoValue: ${e.target.value}` )

      addTodoItem();
    }
  }

</script>

<div class="app">
  <TodoHeader bind:todoValue={todoValue} {handleTodoInputKeyup} /> <!-- 추가 -->
  <TodoInfo />
  <TodoList {todos} {handleCheckTodo} />
</div>
```

[코드 8-14] App.svelte

다음으로 TodoHeader 컴포넌트를 작성하겠습니다. Props와 바인딩으로 넘겨진 값들을 export let으로 받아줍니다. 그리고 input 텍스트박스에 todoValue는 bind:value로, handleInputKeyup 은 on:keyup으로 연결해 줍니다. 여기서 on:keyup은 키보드의 키가 눌려졌다 올라갈 때 작동하는 이벤트입니다.

```
<script>
  export let todoValue;
  export let handleTodoInputKeyup
</script>

<header>
  <div class="wrap">
    <h1>SVELTE TODO </h1>
    <input
      type="text"
      bind:value={todoValue}
      on:keyup={handleTodoInputKeyup}
```

```
        />
    </div>
</header>
```

[코드 8-15] TodoHeader.svelte

todoHeader 컴포넌트에 값을 입력하고 엔터키를 누르면 목록에 추가되는 것을 볼 수 있습니다.

[그림 8-8] Todo 입력화면

현재 App.svelte의 todoValue 상태값과 todoHeader 컴포넌트의 input 텍스트박스는 컴포넌트 바인딩을 통해서 양방향 바인딩으로 설정되어 있습니다. 만약 컴포넌트 간 바인딩이 아닌 Props 를 이용한 단방향 바인딩 방법을 원한다면 [코드 8-16]과 같은 방법을 이용할 수 있습니다.

event로 넘겨오는 인자의 target.value에는 이벤트를 발생시킨 요소의 value 값이 들어 있습니다. 그래서 todoValue = e.target.value와 같은 방법으로 값을 얻어 올 수 있습니다. 그리고 ⟨TodoHeader {todoValue} ... ⟩와 같이 todoValue는 Props로 전달하면 됩니다. 여기서 e.target. value로 값을 받아오는데 왜 todoValue를 Props로 넘겨야 하는지 의문을 가질 수 있습니다. 이렇 게 보내는 이유는 초기화 때문입니다. 입력이 완료되면 todoValue = ''를 이용해 todoValue 값을 초기화시킵니다. 이렇게 공백으로 초기화된 값을 TodoHeader 컴포넌트의 텍스트박스로도 전달해야 하기 때문에 todoValue를 Props로 전달하는 것입니다.

```
<script>

......

function handleTodoInputKeyup(e) {
    if(e.keyCode === 13) {
        todoValue = e.target.value; // 추가
        addTodoItem();
    }
}

</script>
<div class="app">
    <TodoHeader {todoValue} {handleTodoInputKeyup} /> <!-- 수정 -->
    <TodoInfo />
    <TodoList {todos} {handleCheckTodo} />
</div>
```

[코드 8-16] App.svelte

8-5 Todo 삭제

할 일 삭제를 작성해 보겠습니다. 할 일 삭제는 App.svelte에서 handleRemoveTodo()라는 메소드를 만들고 Props로 TodoList 컴포넌트를 거쳐 TodoItem에 전달해 실행되는 방식으로 구현됩니다.

handleRemoveTodo의 작동은 id 값을 전달받고 Todos 배열 중에서 전달받은 id와 같지 않은 값들만 리턴해 새로운 배열을 만들어 Todos에 대입하는 방식으로 이루어집니다. 여기에 사용된 filter라는 자바스크립트 API는 전달받은 배열 중에서 조건에 해당하는 값들만으로 새로운 배열을 만드는 역할을 합니다. [코드 8-17]의 경우 인자로 받은 id와 Todos 배열의 id를 비교하여 두 id 값이 다른 경우의 값들만 리턴하게 되는 것입니다(filter에 대해 알고 싶은 분은 《챕터 14. 유용한 자바스크립트 문법》을 참고해 주세요).

만들어진 handleRemoveTodo 메소드는 TodoList 컴포넌트에 Props로 넘겨줍니다.

```
<script>
......

  function handleRemoveTodo(id) { // 추가
    todos = todos.filter(todo => todo.id !== id);
  }
</script>

<div class="app">
  ......
  <TodoList {todos} {handleCheckTodo} {handleRemoveTodo} /> <!-- 추가 -->
</div>
```

[코드 8-17] App.svelte

TodoList 컴포넌트에서는 handleRemoveTodo를 전달받아 다시 TodoItem으로 넘겨주겠습니다.

```
<script>
  import TodoItem from './TodoItem.svelte'

  export let todos;
  export let handleCheckTodo;
  export let handleRemoveTodo; // 추가
</script>

<div class="main">
  <ul>
    {#each todos as todo, index(todo)}
      <li>
        <TodoItem {todo} {handleCheckTodo} {handleRemoveTodo} /> <!-- 추가 -->
      </li>
    {/each}
  </ul>
</div>
```

[코드 8-18] TodoList.svelte

TodoItem 컴포넌트에서는 마크업 영역의 'X'로 표시된 삭제 링크에 전달받은 handleRemoveTodo 메소드를 on:click 이벤트로 연결해 주겠습니다. 이때 인자로 todo.id를 사용해 주겠습니다.

```
<script>
```

```
  export let todo;
  export let handleCheckTodo;
  export let handleRemoveTodo; // 추가
</script>

<input type="checkbox">
<span>{todo.content}</span>
<a href="#null" on:click={() => handleRemoveTodo(todo.id)} >X</a> <!-- 추가 -->
```

[코드 8-19] TodoItem.svelte

삭제 링크를 클릭하면 할 일이 삭제되는 것을 확인할 수 있습니다.

[그림 8-9] Todo 삭제

8-6 Todo 수정

입력된 할 일의 수정은 인라인 에디터 형태로 만들어 보겠습니다. 내용을 더블클릭하면 텍스트 박스로 변경되고 이곳에 변경된 내용을 입력하고 커서를 다른 곳으로 옮기면 저장되는 구조가 됩니다. 모드가 변경되는 원리는 editMode 상태값에 수정할 할 일의 id 값을 저장해 저장된 id 값과 일치하는 목록이 있다면 해당 목록을 텍스트박스 형태로 보여주게 되는 것입니다.

[그림 8-10] Todo 인라인 에디터 모드

할 일에 대한 수정 과정은 다음과 같습니다.

① 할 일에 대한 더블클릭이 일어나면 handleChangeEditMode에 의해 상태값 editMode에 해당하는
일의 id가 입력됨

② Todo 목록의 id와 editMode가 같은 텍스트박스로 변경돼서 나타남

③ 입력이 완료된 후 커서를 밖으로 옮기면 handleEditTodoItem에 의해서 수정이 일어남

④ closeEditMode에 의해 editMode가 초기화되고 수정모드 해제

App.svelte에 수정모드를 체크하는 editMode라는 상태값을 추가하고 handleChangeEditMode,
closeEditMode라는 메소드를 만들어 주겠습니다. handleChangeEditMode는 editMode 상태값에
수정모드로 변경할 할 일의 id값을 넣어주는 기능을 합니다. 그리고 closeEditMode는 editMode
상태값에 입력된 값을 초기화하는 역할을 하게 됩니다.

```
<script>
  ......

  let todos = [
    ......
  ]

  let todoValue = '';
```

```
  let editMode = ''; // 추가

  ......

  function handleChangeEditMode(id) { // 추가
    editMode = id;
  }

  function closeEditMode() { // 추가
    editMode = '';
  }
</script>
......
```

[코드 8-20] App.svelte

다음으로 handleEditTodoItem을 작성하겠습니다. handleEditTodoItem은 전달인자로 editTodo
라는 객체를 받게 됩니다. editTodo에는 수정된 할 일의 id, content, done 정보가 객체로 들어가
있습니다. hadleEditTodoItem은 체크박스를 수정할 때 사용한 handleCheckTodo와 같이 map을
이용해 기능을 수정합니다. Todos 배열을 map으로 보내면서 Todo, 즉 할 일의 id 값과 editTodo
의 id 값이 같은 때가 오면 todo.content를 editTodo.content로 변경하고 리턴해서 배열을 고치는
것입니다. 그리고 완료되면 closeEditMode를 호출해서 수정모드 상태를 해제하게 됩니다.

수정을 위해 만들어진 상태값과 메소드들은 Props를 이용해 TodoList 컴포넌트로 전달합니다.

```
<script>
......

  function handleEditTodoItem(editTodo) { // 추가
    todos = todos.map(todo => {
      if(todo.id === editTodo.id) {
        todo.content = editTodo.content;
      }
      return todo;
    });

    closeEditMode();
  }
```

```
</script>
<div class="app">
  ......
  <TodoList {todos} {handleCheckTodo}  {handleRemoveTodo} {editMode}
{handleChangeEditMode} {handleEditTodoItem} />
</div>
```

[코드 8-21] App.svelte

TodoList 컴포넌트에서는 editMode, handleEditTodoItem, handleChangeEditMode를 받아 다시
TodoItem 컴포넌트로 전달해줍니다.

```
<script>
  ......
  export let editMode; // 추가
  export let handleEditTodoItem; // 추가
  export let handleChangeEditMode; // 추가

</script>

<div class="main">
  <ul>
    {#each todos as todo, index(todo)}
      <li>
        <TodoItem
          {todo}
          {handleCheckTodo}
          {handleRemoveTodo}
          {editMode}
          {handleEditTodoItem}
          {handleChangeEditMode} /> <!-- 추가 -->
      </li>
    {/each}
  </ul>
</div>
```

[코드 8-22] TodoList.svelte

TodoItem 컴포넌트에서 전달받은 상태값과 메소드를 사용해 보겠습니다. 마크업 영역에서 #if를
이용해 editMode에 들어있는 id값과 todo.id가 같을 때에 텍스트박스를 나타내고 아닐 때에는 기

존처럼 〈span〉으로 내용, 즉 todo.content를 나타내게 만들겠습니다.

그리고 editMode를 활성화하기 위해서 내용이 담긴 〈span〉에 on:dblclick 이벤트로 handleChangeEditMode를 연결해 주고 인자로 todo.id를 넣어 주겠습니다. 이제 내용이 담긴 〈span〉을 더블클릭하면 텍스트박스로 변경됩니다.

텍스트박스에는 on:focusout이라는 이벤트를 사용하겠습니다. 이 이벤트의 경우 텍스트박스에서 커서가 옮겨지면 실행되는 이벤트입니다. on:focuseout 이벤트와 handleEditTodoItem을 연동하고 인자로 Todo를 넘겨주겠습니다.

```
<script>
  export let todo;
  export let handleCheckTodo;
  export let handleRemoveTodo;
  export let editMode; // 추가
  export let handleEditTodoItem; // 추가
  export let handleChangeEditMode; // 추가
</script>

<input
  type="checkbox"
  bind:checked={todo.done}
  on:click={() => handleCheckTodo(todo.id)}
  >
{#if editMode === todo.id} <!-- 수정 및 추가 -->
  <input
    type="text"
    bind:value={todo.content}
    on:focusout={() => {handleEditTodoItem(todo)}} />
{:else}
  <span on:dblclick={() => handleChangeEditMode(todo.id)} >{todo.content}</span>
{/if}
<a href="#null" on:click={() => handleRemoveTodo(todo.id)}>X</a>
```

[코드 8-23] TodoItem.svelte

변경하고 싶은 할 일을 더블클릭하여 내용을 변경한 후 커서를 다른 곳으로 옮겨 텍스트박스에서 커서를 벗어나게 하면 [그림 8-11]처럼 내용이 변경되는 것을 볼 수 있습니다.

[그림 8-11] 할 일 수정

만약 할 일 수정의 텍스트박스에서 입력 때처럼 엔터로 내용을 저장하고 싶다면 다음과 같은 수정이 필요합니다. TodoItem 컴포넌트에서 handleEditTodoItem과 연결된 이벤트를 on:key up으로 변경해 줍니다. 그리고 이때 전달인자로 Todo 객체를 넘겨주어야 하기 때문에 (e) => {handleEditTodoItem(e, todo)}와 같이 event와 Todo가 함께 전달될 수 있도록 수정해 주어야 합니다. **Todo와 같은 개발자가 만든 전달인자를 넘겨 버리면 기본 전달인자인 e가 전달되지 않기 때문에 event가 들어 있는 인자는 이렇게 명시적으로 전달해야 합니다.** 이 부분을 기억하기 바랍니다.

```
<script>
......
</script>


......
{#if editMode === todo.id} <!-- 수정 및 추가 -->
  <input
    type="text"
    bind:value={todo.content}
    on:keyup={(e) => {handleEditTodoItem(e, todo)}} />
{:else}
  <span on:dblclick={() => handleChangeEditMode(todo.id)} >{todo.content}</span>
{/if}
......
```

[코드 8-24] TodoItem.svelte

그리고 handleEditTodoItem의 내용은 editTodoItem이라는 새로운 메소드에서 처리하고 handleEditTodoItem은 엔터를 인식하여 editTodoItem을 호출하는 방식으로 작성해 주면 됩니다.

```
<script>
  ......

  function handleEditTodoItem(e, editTodo) { // 수정
    if(e.keyCode === 13) { // 엔터 인식
      editTodoItem(editTodo);
    }
  }

  function editTodoItem(editTodo) { // 추가
    todos = todos.map(todo => {
      if(todo.id === editTodo.id) {
        todo = editTodo
      }
      return todo;
    })

    closeEditMode();
  }
</script>
......
```

[코드 8-25] App.svelte

8-7 count & Todo 보기모드

등록된 할 일의 개수와 할 일의 상태별 보기모드를 선택하는 기능에 대해서 작성해 보겠습니다.

8-7-1 count: 할 일 개수

할 일 개수의 구현은 간단합니다. Todos 상태값의 객체 사이즈만 체크해서 전달하면 되기 때문입니다. 이때 사용하는 자바스크립트 API는 length로 todos.length처럼 사용해서 Todos 안에 있는 할 일 객체의 개수를 구할 수 있습니다. 이를 위해 App.svelte에서 todoCount라는 상태값을 만들어 사용하겠습니다. todoCount는 반응성기호($:)로 만들어야 합니다. 이렇게 하는 이유는 Todos 상태값은 내용이 추가되기도 하고, 삭제되기도 해서 그 개수가 계속해서 변하기 때문입니다. todoCount는 TodoInfo 컴포넌트에 Props로 전달하겠습니다.

```
<script>
  ......

  let todoValue = '';
  let editMode = '';

  $: todoCount = todos.length; // 추가

</script>

<div class="app">
  ......
  <TodoInfo {todoCount} /> <!-- 추가 -->
  ......
</div>
```

[코드 8-26] App.svelte

TodoInfo 컴포넌트에서 todoCount를 받아 마크업 영역에 나타내 주겠습니다.

```
<script>
  export let todoCount; // 추가
</script>

<div class="info">
  <span>COUNT: {todoCount}</span> <!-- 수정 -->
  <div>
    <button class="btn" >ALL</button>
    <button class="btn" >ACTIVE</button>
    <button class="btn" >DONE</button>
  </div>
</div>
```

[코드 8-27] TodoInfo.svelte

실행화면을 보면 입력된 할 일 개수가 나오고 할 일을 추가하거나 삭제하면 todoCount가 그에 따라 변화하는 것을 볼 수 있습니다. Props의 특징인 단방향 바인딩이 일어나 상위 컴포넌트에서 변경이 일어나면 하위 컴포넌트에서는 자연스럽게 변경된 값이 전달되는 것을 확인할 수 있습니다.

[그림 8-12] 할 일 개수 count 구현

8-7-2 보기모드: 모두 보기 · 진행 · 완료

보기모드를 구현해 보겠습니다. 보기모드는 총 세 가지, 즉 ALL(모두 보기), ACTIVE(진행), DONE(완료)이 있습니다. 선택된 모드에 따라서 Todos에 filter API를 이용해 조건에 맞는 내용만 보여 주면 보기모드를 만들 수 있습니다.

그런데 여기서 한 가지 문제가 발생합니다. 바로 보기모드에 따라 'Todos = 조건에 맞는 Todos'처럼 Todos 상태값을 직접 조건에 맞는 값으로 재할당해 버리게 되면 Todos가 영구적으로 변경되는 것이 문제가 됩니다.

이 부분이 왜 문제가 되는지 설명하겠습니다. 만약 filter를 이용해 todo.done이 true인 것들만 모아서 Todos에 재할당하면 todo.done이 false인 값들은 삭제된 것처럼 사라져 버립니다. 이것은 우리가 원하는 보기모드에 따라 그에 맞는 목록이 표시되는 것과는 다른 결과입니다.

```
// filter를 이용해 todo.done이 true인 값으로 todos 재할당
todos = todos.filter(todo => todo.done === true)
```

이와 같이 원본 상태값을 직접적으로 수정하면 안 되는 경우에는 원본 상태값을 참고하는 복제 상태값을 만들어 사용하면 됩니다. 그리고 복제 상태값의 경우 원본의 변화를 감지해야 하므로 반응성기호($:)를 이용해 작성해 줄 필요가 있습니다.

그래서 [코드 8-28]과 같이 $: fetchTodos를 만들어 주고, TodoList 컴포넌트로 전달할 상태값도 Todos에서 fetchTodos로 변경해 주겠습니다.

```
<script>
  ......

  let todoValue = '';
  let editMode = '';

  $: todoCount = todos.length;

  $: fetchTodos = todos; // 추가

</script>

<div class="app">
  ......
  <TodoList {fetchTodos} ...... /> <!-- todo를 fetchTodos로 변경 -->
</div>
```

[코드 8-28] App.svelte

그리고 TodoList 컴포넌트에서도 전달받는 값과 마크업 영역의 #each로 반복하는 부분을
fetchTodos로 변경하겠습니다.

```
<script>
  import TodoItem from './TodoItem.svelte'

  export let fetchTodos; // todos를 fetchTodos로 변경
  ...

</script>

<div class="main">
  <ul>
    {#each fetchTodos as todo, index(todo)} <!-- todos를 fetchTodos로 변경 -->
      <li>
        <TodoItem
          {todo}
          {handleCheckTodo}
          {handleRemoveTodo}
          {editMode}
          {handleEditTodoItem}
```

```
            {handleChangeEditMode} />
        </li>
    {/each}
  </ul>
</div>
```

[코드 8-29] TodoList.svelte

이것으로 보기모드 변경을 위한 기본 작업을 완료했습니다. 지금부터 본격적으로 보기모드 변경과 관련된 기능을 추가해 보겠습니다.

보기모드의 경우, 상태값인 viewMode에 들어가는 값에 따라 fetchTodos가 필터링되도록 만들면됩니다. 여기서 viewMode가 가질 수 있는 경우는 본 챕터 초반에 언급한 것처럼 ALL, ACTIVE, DONE이 있습니다.

그리고 반응성기호를 블록으로 만든 후에 viewMode의 변경이 감지되면 그에 맞게 fetchTodos가 변경되도록 만들어 주겠습니다. 이때 《챕터 3-3. Reactivity(반응성)》에서 설명했듯 **$: {} 블록 안에 있는 값들은 특별한 호출이 없이도 상태값에 따라서 선언적으로 작동된다**는 것을 꼭 기억하기 바랍니다.

▶ **ALL(모두 보기):** fetchTodos = Todos

▶ **ACTIVE(todo.done이 false인 경우):**

  fetchTodos = todos.filter(todo => todo.done === false);

▶ **DONE(todo.done이 true인 경우):** fetchTodos = todos.filter(todo => todo.done === true);

```
<script>
  ......

  $: fetchTodos = todos;

  $: {
      if(viewMode === 'ALL') fetchTodos = todos;
      if(viewMode === 'ACTIVE') fetchTodos = todos.filter(todo => todo.done ===
false);
      if(viewMode === 'DONE') fetchTodos = todos.filter(todo => todo.done ===
true);
    }
```

```
      ......
    </script>

      ......
```

[코드 8-30] App.svelte

그리고 viewMode를 비교할 세 가지 값은 직접 입력하지 않고, 상수(변하지 않는 값)를 만들어 사용하겠습니다. [코드 8-30]과 같이 비교하는 값들을 직접 입력하는 방법은 잘못된 입력을 통해서 오류가 발생하기 쉽기 때문입니다.

App.svelte가 있는 위치에 constant.js라는 파일을 만들어 주겠습니다.

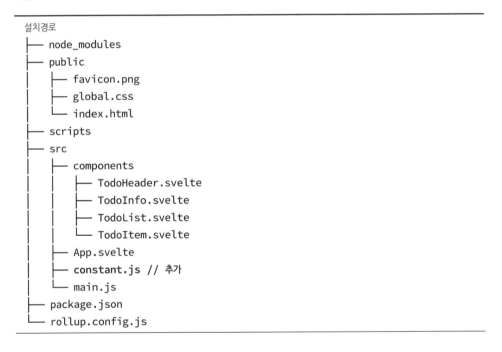

constant.js라는 파일에는 [코드 8-30]과 같이 세 가지 상태값을 만들고 export시켜 주겠습니다. 이 값들의 비교가 필요할 경우 constant.js에서 가져와 사용하면 됩니다.

```
export default {
  ALL: 'all',
  ACTIVE: 'active',
```

```
    DONE: 'done'
}
```

[코드 8-31] constant.js

constant.js의 상수들을 App.svelte에 불러와 사용해 보겠습니다. 직접 입력한 ALL, ACTIVE, DONE 값들을 Constant.ALL, Constant.ACITVE, Constant.DONE으로 변경하겠습니다.

```
<script>
  import Constant from './constant'; // 추가
  ......

  $: fetchTodos = todos;

  $: { // 아래 수정
    if(viewMode === Constant.ALL) fetchTodos = todos;
    if(viewMode === Constant.ACTIVE) fetchTodos = todos.filter(todo => todo.done
=== false);
    if(viewMode === Constant.DONE) fetchTodos = todos.filter(todo => todo.done ===
true);
  }

  ......
</script>

......
```

[코드 8-32] App.svelte

참고로 비주얼 스튜디오 코드에 Constant를 입력해 보면 인텔리전스 기능에 의해서 ALL, ACTIVE, DONE이 검색되는 것을 볼 수 있습니다. 이런 식으로 비교값이나 설정값 등은 직접 입력하기보다는 상수를 만들어 사용하는 것이 조금 더 효율적입니다.

```
37
38    $: fetchTodos = todos;
39
40    $: {
41      if(viewMode === Constant.) fetchTodos = todos;
42      if(viewMode === Constant.  ≡ App
43      if(viewMode === Constant.  ⊗ ACTIVE
44    }                             ⊗ ALL
45                                  ⊗ DONE
46    function handleCheckTodo(id  ⊗ ACTIVE
47      todos = todos.map(todo =>  ⊗ ALL
48        if(todo.id === id) {      ⊗ DONE
49          todo.done = !todo.don   ≡ $
50        }                         ≡ Constant
51        return todo;             ≡ TodoHeader
52      })                          ≡ TodoInfo
53    }                             ≡ TodoList
```

```
12        <div>
13          <button class="
14          <button class="
15          <button class="
16        </div>
17
```

PROBLEMS 4   OUTPUT   TERMINAL   DEBUG CONSOLE

```
[18:36:52] 404 — 0.18ms — /build/bundle.css
[18:36:52] 200 — 4.44ms — /build/bundle.js
[18:36:52] 200 — 1.23ms — /build/bundle.js.map
created public/build/bundle.js in 199ms

[2021-07-04 18:36:52] waiting for changes...
bundles src/main.js → public/build/bundle.js...
[18:36:52] 200 — 1.25ms — /favicon.png
```

[그림 8-13] constant.js를 통한 비교값 불러오기

다음으로 viewMode를 변경할 handleChangeViewMode 메소드를 만들어 주겠습니다. handleChangeViewMode는 전달인자로 mode를 받아 viewMode의 값을 변경해 주는 역할을 합니다. viewMode와 handleChangeViewMode를 Props로 TodoInfo 컴포넌트에 전달하겠습니다.

```
<script>
  ......

  function handleChangeViewMode(mode) { // 추가
    viewMode = mode;
  }
</script>
<div class="app">
  ......
  <TodoInfo {todoCount} {viewMode} {handleChangeViewMode}/> <!-- 변경 -->
  ......
</div>
```

[코드 8-33] App.svelte

Props로 전달된 todoCount, handleChangeViewMode를 TodoInfo 컴포넌트에서 export let으로

준비해 둡니다. 그리고 TodoInfo 컴포넌트에서는 viewMode를 선택해야 되기 때문에 constant. js도 불러와 줍니다.

각각의 버튼을 클릭하면 on:click 이벤트로 handleChangeViewMode를 호출해 그 버튼에 맞는 viewMode 상태를 전달합니다. 그리고 각각의 상태는 Constant에 만들어 둔 상수들을 이용하겠습니다.

그리고 선택된 버튼에는 .selected라는 CSS class를 추가하여 선택된 것을 알 수 있도록 만들겠습니다. 각각의 버튼에 'class:selected={viewMode === Constant.상태}'처럼 viewMode와 그에 맞는 상태를 비교해 true일 경우에는 selected class를 추가되도록 해 주면 됩니다.

```
<script>

  import Constant from '../constant'; // 추가

  export let todoCount;
  export let viewMode; // 추가
  export let handleChangeViewMode; // 추가
</script>

<div class="info">
  <span>COUNT: {todoCount}</span>
  <div> <!-- button 각종 디렉티브 추가 -->
    <button class="btn"
      class:selected={viewMode === Constant.ALL}
      on:click={() => handleChangeViewMode(Constant.ALL)}
    >ALL</button>
    <button class="btn"
      class:selected={viewMode === Constant.ACTIVE}
      on:click={() => handleChangeViewMode(Constant.ACTIVE)}
    >ACTIVE</button>
    <button class="btn"
      class:selected={viewMode === Constant.DONE}
      on:click={() => handleChangeViewMode(Constant.DONE)}
    >DONE</button>
  </div>
</div>
```

[코드 8-34] TodoInfo.svelte

213

이제 보기모드 버튼에 따라 목록은 정상적으로 출력될 것입니다. 하지만 count, 즉 할 일 개수가 전체 목록만을 나타내는 문제가 있습니다. 이 부분을 선택된 모드에 따른 할 일 개수가 나타나도록 변경해 보겠습니다. 현재 TodoCount는 todos.length로 되어 있는데, 이 부분을 fetchTodos.length로 변경하기만 하면 됩니다.

```
<script>
  ......

  $: todoCount = fetchTodos.length;


  ......
</script>
......
```

[코드 8-35] App.svelte

실행된 앱에서 버튼을 클릭해 보기모드를 변경해 보면 그 모드에 맞는 할 일 목록이 나타나는 것을 볼 수 있습니다. 또한 선택된 모드에 맞게 COUNT도 잘 변경되는 것을 볼 수 있습니다.

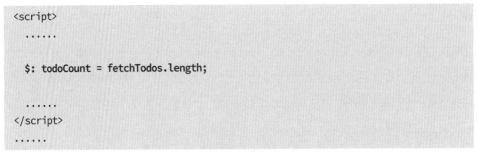

[그림 8-14] 보기모드 선택

8-8 화면전환 효과 적용

지금까지 앱의 기본적인 기능을 모두 만들었습니다. 이 기능들은 실행하는 데에는 문제없지만 너무 딱딱하다는 인상을 줄 수 있습니다. 그래서 여기에 《챕터 6. 스타일 및 효과》에서 학습한 transition 기능을 추가해 보겠습니다.

transition을 적용할 부분은 TodoList 컴포넌트가 되겠습니다. 먼저 필요한 모듈을 가져오겠습니다. fade, slide 그리고 flip을 가져오겠습니다.

그리고 〈li〉 태그에 transition:fade와 animate:flip={{duration:300}}을 적용해서 실행하겠습니다.

```
<script>
  import { fade, slide } from 'svelte/transition'; // 추가
  import { flip } from 'svelte/animate'; // 추가
  ......

</script>

<div class="main">
  <ul>
    {#each fetchTodos as todo, index(todo)}
      <li
        transition:fade
        animate:flip={{duration:300}}
      > <!-- 효과 추가 -->
        <TodoItem
          {todo}
          {handleCheckTodo}
          {handleRemoveTodo}
          {editMode}
          {handleEditTodoItem}
          {handleChangeEditMode}
        />
      </li>
    {/each}
  </ul>
</div>
```

[코드 8-36] TodoList.svelte

앱의 보기모드를 변경하거나 추가, 삭제 등을 해 보면 효과가 적용된 것을 볼 수 있습니다. 그리고 in과 out, 즉 나타날 때와 사라질 때의 효과를 다르게도 적용해 보겠습니다.

```
<script>
  import { fade, slide } from 'svelte/transition';
  import { flip } from 'svelte/animate';
  ......

</script>

<div class="main">
```

```
<ul>
  {#each fetchTodos as todo, index(todo)}
    <li
      in:fade
      out:slide={{duration: 100}}
      animate:flip={{duration:300}}
    > <!-- 효과 수정 -->
      <TodoItem
        {todo}
        {handleCheckTodo}
        {handleRemoveTodo}
        {editMode}
        {handleEditTodoItem}
        {handleChangeEditMode}
      />
    </li>
  {/each}
</ul>
</div>
```

[코드 8-37] TodoList.svelte

실행해 보면 조금 다른 효과가 적용된 것을 확인할 수 있을 것입니다. 이 효과들은 기능과는 상관 없지만 앱을 좀 더 완성도 있게 보이도록 합니다. 그러니 다른 화면전환 효과 및 옵션들을 적용해 보고 어떻게 달라지는지 테스트하는 것을 추천합니다.

8-9 스토어를 통한 Todo 리팩토링

Svelte를 이용해 Todo 서비스를 만들면서 컴포넌트는 어떻게 만들고 컴포넌트끼리 어떻게 상호 작용하는지에 대해 조금은 감을 잡으셨을 겁니다. 여기서 상태값을 전달하는 부분이 조금 비효율 적인 것은 아닌가 하는 의문을 가질 수도 있습니다. Props는 바로 아래 있는 컴포넌트에 상태값 을 전달하는 데에는 크게 무리가 없지만 전달할 데이터가 멀리 있을수록 그 효율성이 떨어질 수 밖에 없습니다. 또한 App.svelte의 메인 기능은 컴포넌트들을 모아주는 컴포넌트 시작점이지만 각종 상태값 및 메소드들이 여기에 집중되어 있어 더는 단순한 시작점이라고 보기 힘들게 되었습 니다. 이러한 형태는 앱이 커질수록 관리 및 확장이 힘들어집니다.

그래서 이번 챕터에서는《챕터 5-3. store》에서 학습한 스토어를 이용해 이 문제를 개선해 보겠습니다.

8-9-1 storeForm · storeTodo 작성

스토어를 이용한 리팩토링의 시작은 당연히 store.js를 만드는 것입니다. 스토어를 컴포넌트에서 바라보게 한다면 컴포넌트로 어떻게 상태값을 넘겨주면 되는지에 대한 부분은 더는 신경쓸 필요가 없습니다. store.js 파일만 제어하면 되기 때문입니다. App.js가 있는 위치에 store.js 파일을 만들어 주겠습니다.

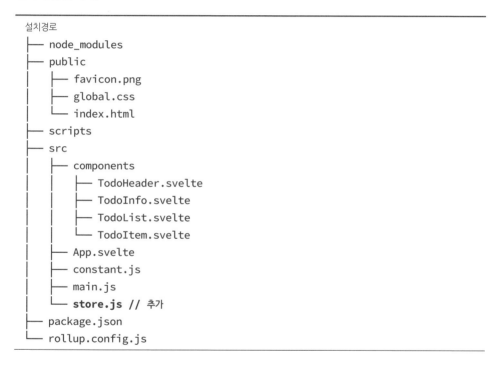

```
설치경로
├── node_modules
├── public
│   ├── favicon.png
│   ├── global.css
│   └── index.html
├── scripts
├── src
│   ├── components
│   │   ├── TodoHeader.svelte
│   │   ├── TodoInfo.svelte
│   │   ├── TodoList.svelte
│   │   └── TodoItem.svelte
│   ├── App.svelte
│   ├── constant.js
│   ├── main.js
│   └── store.js // 추가
├── package.json
└── rollup.config.js
```

그리고 store.js에서 필요한 모듈인 writable과 uuid를 불러와 주겠습니다. writable 스토어로는 기존의 todoValue 상태값에 해당하는 todoForm과 Todos, viewMode, editMode 등이 사용될 Todos라는 스토어를 만들겠습니다. 바로 export시키기보다 'set + 스토어명'의 형태인 함수로 만들고 이를 다시 파일 하단에서 export해 주는 방식을 사용하겠습니다. 이렇게 하는 이유는 하단에 모인 export들을 보면 어떤 스토어들이 있는지 한 번에 알 수 있어 관리가 편리하기 때문입니다.

```
import { writable } from 'svelte/store';
import { v4 as uuid } from 'uuid';

function setFormTodo() {

}

function setTodoData() {

}

export const todoForm = setFormTodo();
export const todos = setTodoData();
```

[코드 8-38] store.js

formTodo 스토어부터 내용을 채워 보겠습니다. 'writable(todoValue)'로 todoValue를 기본값으로 선언하여 적용하고 writable의 메소드 중에서 사용할 subscribe, update, set을 사용 가능하도록 불러와 줍니다. 다음으로 스토어가 가진 기본 메소드(subscribe, update, set) 이외에 resetForm이라는 사용자정의 메소드를 작성하겠습니다. 《챕터 5-3. store》에서 설명했듯이 컴포넌트에서 직접 스토어를 제어해도 되지만, 그보다는 사용자정의 메소드를 만들어서 사용하는 것이 훨씬 효율적입니다. 사용자정의 메소드를 활용하면 기능을 재사용하기 쉽고 컴포넌트가 단순해져서 관리가 편해집니다. 그리고 외부에서 직접 값을 제어하는 것이 아닌 메소드만 호출되기 때문에 오류도 줄일 수 있습니다.

기본 메소드인 subscribe, set과 함께 사용자정의 메소드인 resetForm을 메소드 하단에서 함께 return해 줍니다. 이런 식의 패턴도 역시 스토어의 return 부분만 보면 대략 어떤 기능이 준비되어 있는지 알 수 있기 때문에 코드를 유지보수하는 데에 유용한 패턴입니다.

```
......

function setFormTodo() {
  const todoValue = ''

  const { subscribe, update, set } = writable(todoValue)

  const resetForm = () => {
```

```
    set('');
  }

  return {  // 필요한 기능들을 한 번에 리턴: 이 부분은 일종의 명세서 역할도 함.
    subscribe,
    set,
    resetForm
  }
}

......
```

[코드 8-39] store.js

가장 핵심이 되는 스토어인 Todos 스토어를 작성해 보겠습니다. Todos 스토어는 기존의 Todos, 즉 할 일 목록에 해당하는 todoLists와 editMode, viewMode를 todoData라는 객체에 넣어 기본값으로 사용하겠습니다. 이때 writable에 전달할 객체의 경우 기본 객체를 만들고 그것을 다시 복제하여 사용하는 것이 좋습니다. initTodoData라는 초기화된 객체를 재사용할 수 있기 때문입니다. 이 값을 바로 writable(initTodoData)와 같은 식으로 사용할 경우 initTodoData 객체에 값들이 직접적으로 쌓이거나 변경됩니다. 그래서 혹시라도 초기화할 일을 대비해 복잡한 객체는 복제해서 사용하길 권장합니다. 참고로 자바스크립트 복제의 경우 let todoData = initTodoData와 같이 한다면 복제가 아닌 참조됩니다. 즉, 두 가지 변수가 이름만 다를 뿐 함께 변경되는 현상이 발생합니다. 그래서 복제를 할 경우에는 소스에서처럼 스프레드 연산자(...) 등을 사용해야 합니다.

이제 다음과 같은 사용자정의 메소드들을 만들어 주겠습니다. 그리고 다시 또 기본 메소드와 사용자정의 메소드를 리턴해 주겠습니다.

▶ **addTodo:** 할 일 추가

▶ **editTodo:** 할 일 수정

▶ **removeTodo:** 할 일 삭제

▶ **checkTodo:** 할 일 체크

▶ **changeTodoEditMode:** 할 일 수정모드 변경

▶ **closeTodoEditMode:** 할 일 수정모드 닫기

▶ **changeTodoView:** 보기모드 선택

```
function setTodoData() {
  let initTodoData = {
    todoLists: [
      {
        id: uuid(),
        content: '첫 번째 할일',
        done: false
      },
      {
        id: uuid(),
        content: '두 번째 할일',
        done: false
      },
      {
        id: uuid(),
        content: '세 번째 할일',
        done: true
      },
      {
        id: uuid(),
        content: '네 번째 할일',
        done: false
      }
    ],
    editMode: '',
    viewMode: Constant.ALL
  }

  let todoData = {...initTodoData};

  const { subscribe, update } = writable(todoData);

  const addTodo = (content) => {}
  const editTodo = (editTodo) => {}
  const removeTodo = (id) => {}
  const checkTodo = (id) => {}
  const changeTodoEditMode = (id) => {}
  const closeTodoEditMode = () => {}
  const changeTodoView = (mode) => {}
```

```
  return {
    subscribe,
    addTodo,
    editTodo,
    removeTodo,
    checkTodo,
    changeTodoEditMode,
    changeTodoView,
    closeTodoEditMode
  }

}
```

[코드 8-40] store.js

addTodo 메소드부터 작성하겠습니다. addTodo는 전달 content, 즉 할 일에 대한 내용을 전달인 자로 받습니다. 그리고 newTodo라는 id, content, done으로 이루어진 객체를 준비합니다. 그리고 update를 이용해 새로 만들어진 newTodo를 추가한 새로운 배열을 datas.todoLists에 재할당한 후 리턴해 줍니다.

```
......
function setTodoData() {
  const initTodoData = {
    ......
}

  let todoData = {...initTodoData};

  const { subscribe, update } = writable(todoData);

  const addTodo = (content) => {

    if(content) {

      const newTodo = {
        id:uuid(),
        content: content,
        done: false
      }
```

```
    update(
      datas => { // datas에는 todoData 값이 들어 있음
        const setData = [...datas.todoLists, newTodo]
        datas.todoLists = setData
        return datas
      }
    )
  }
}
......
```

[코드 8-41] store.js

이 패턴을 좀 더 자세히 설명하겠습니다. update는 기본 전달인자로 현재 writable에 정의되어 있는 값을 전달해 줍니다. 이 값을 datas로 받아 수정 후 다시 리턴하는 과정을 통해서 내용이 업데이트됩니다. **전달받은 datas를 수정 후 다시 리턴해 줘야 한다**는 것을 꼭 기억하면 좋겠습니다.

```
update(
  datas => { // datas에는 현재 writable 데이터가 인자로 들어옴
    const setData = datas.filter(...) 데이터 가공
    datas = setData // datas를 가공한 setData로 재할당
    return datas // 재할당된 datas를 리턴
  }
)
```

같은 방법으로 나머지 메소드들도 만들어 주겠습니다. 각각의 메소드는 기본 Todo 서비스와 크게 다르진 않습니다. 단지 상태값을 조작하는 것이 아니라 datas로 넘겨져 온 writable 스토어값을 수정하고 다시 리턴해 주는 것만 변경됐다고 생각하면 됩니다.

```
......
  const editTodo = (editTodo) => {
    update(
      datas => {
        const setData = datas.todoLists.map(todo => {
          if(todo.id === editTodo.id) {
            todo = editTodo
          }
```

```
        return todo
      })
      datas.todoLists = setData
      return datas
    }
  )
}

const removeTodo = (id) => {
  update(
    datas => {
      const setData = datas.todoLists.filter(todo => todo.id !==id )
      datas.todoLists = setData
      return datas
    }
  )
}
const checkTodo = (id) => {
  update(
    datas => {
      const setData = datas.todoLists.map(todo => {
        if(todo.id === id) {
          todo.done = !todo.done
        }
        return todo
      })
      datas.todoLists = setData
      return datas
    }
  )
}
const changeTodoEditMode = (id) => {
  update(
    datas => {
      datas.editMode = id
      return datas
    }
  )
}
const changeTodoView = (mode) => {
```

```
    update(
      datas => {
        datas.viewMode = mode
        return datas
      }
    )
  }

  const closeTodoEditMode = () => {
    update(
      datas => {
        datas.editMode = ''
        return datas
      }
    )
  }

  return { // 기본 메소드와 사용자정의 메소드를 한 번에 리턴
    subscribe,
    addTodo,
    editTodo,
    removeTodo,
    checkTodo,
    changeTodoEditMode,
    changeTodoView,
    closeTodoEditMode
  }
}
```

[**코드 8-42**] store.js

기존에 만들었던 대부분의 조작 메소드들은 todoForm, Todos에 위치하게 되었습니다. 그리고 코드가 길어질 경우 이처럼 마지막에 리턴되는 부분을 통해서 해당 스토어에 어떤 기능이 있는지 좀 더 쉽게 확인할 수도 있습니다.

8-9-2 fetchTodos · countTodo 작성

derived 스토어를 이용해 보기모드에 따른 할 일 목록 출력을 하는 fetchTodos 스토어와 할 일 개수를 보여줄 countTodo 스토어를 작성해 보겠습니다.

derived는 이미 만든 스토어를 바탕으로 새로운 스토어를 만들 때 사용합니다. 일종의 스토어의 $: 함수입니다. 그래서 derived를 이용하면 원본을 손상시키지 않고 참조만 해서 데이터를 원하는 결과물로 만들어 사용이 가능합니다.

[코드 8-43]과 같이 setFetchTodos, setCountTodo라는 함수를 만들고 다시 코드 하단에서 export로 내보내 주겠습니다.

```
......
function setFetchTodos() {

}

function setCountTodo() {

}

export const todoForm = setFormTodo();
export const todos = setTodoData();
export const fetchTodos = setFetchTodos(); // 추가
export const countTodo = setCountTodo(); // 추가
```

[코드 8-43] store.js

setFetchTodos부터 작성하겠습니다. derived는 기본적으로 참조할 스토어가 필요합니다. 그래서 derived(todos,)처럼 Todos를 참조해 주고 참조된 스토어는 $todos와 같이 $ 기호를 사용할 수 있습니다. 그리고 이전 챕터에서 Todos 스토어에 viewMode를 만든 것을 기억하실 겁니다. $todos.viewMode를 참조해서 모드에 따라 $todos.todosList를 조작하고 리턴해 주면 됩니다.

countTodo 스토어는 fetchTodos를 참조해서 만들게 됩니다. 모드에 따라 변경된 목록의 length를 구하고 리턴해 주면 됩니다.

```
......
function setFetchTodos() { // 추가
```

```
  const fetch = derived(todos, $todos => {

    if($todos.viewMode === Constant.ACTIVE) {
      return $todos.todoLists.filter(todo => todo.done === false)
    }

    if($todos.viewMode === Constant.DONE) {
      return $todos.todoLists.filter(todo => todo.done === true)
    }

    if($todos.viewMode === Constant.ALL) {
      return $todos.todoLists;
    }
  });

  return fetch
}

function setCountTodo() { // 추가
  const count = derived(fetchTodos, $fetchTodos => { // fetchTodos를 참조
    return $fetchTodos.length
  })

  return count
}

export const todoForm = setFormTodo();
export const todos = setTodoData();
export const fetchTodos = setFetchTodos(); // 추가
export const countTodo = setCountTodo(); // 추가
```

[코드 8-44] store.js

스토어는 모두 준비되었습니다. 다음 챕터에서는 스토어를 사용해서 컴포넌트를 수정해 보겠습니다.

8-9-3 컴포넌트에 스토어 적용

이제 App.svelte에서 스크립트로 작성된 코드들은 삭제해도 됩니다. 대부분의 코드가 스토어에서 작성되었기 때문입니다. 그리고 마크업 영역에서 컴포넌트로 전달했던 Props들도 모두 삭제하겠습니다. [코드 8-45]를 보면 코드가 정말 깔끔해진 것을 확인할 수 있습니다.

```
<script>
  import TodoHeader from './components/TodoHeader.svelte'
  import TodoList from './components/TodoList.svelte'
  import TodoInfo from './components/TodoInfo.svelte'
</script>


<div class="app">
  <TodoHeader />
  <TodoInfo />
  <TodoList />
</div>
```

[코드 8-45] App.svelte

다음으로 TodoList 컴포넌트를 수정하겠습니다. export let을 이용해 Props를 받아 오던 부분들을 모두 삭제해 주겠습니다. 그리고 fetchTodos 스토어를 store.js에서 가져와 줍니다. 마크업 영역에서는 fetchTodos를 스토어인 $fetchTodos로 변경해 주겠습니다. 참고로 스토어의 내용을 반응성적으로 사용할 때에는 스토어 이름 앞에 '$'를 넣어야 합니다. 그리고 TodoItem 컴포넌트로 Todo 하나만 남겨두고 나머지 Props로 넘기는 메소드들은 삭제해 주겠습니다.

```
<script>
import TodoItem from './TodoItem.svelte'
import { fetchTodos } from '../store'
import { fade, fly } from 'svelte/transition'
import { flip } from 'svelte/animate'
</script>


<div class="main">
  <ul>
    {#each $fetchTodos as todo, index(todo.id)}
      <li
        in:fade
```

```
        out:fade="{{duration: 100}}"
        animate:flip="{{duration: 1000}}"
        >
        <TodoItem {todo} />
      </li>
    {/each}
  </ul>
</div>
```

[코드 8-46] TodoList.svelte

이어서 TodoItem 컴포넌트도 수정하겠습니다. Props로 Todo만 남겨두고 나머지는 지워 주겠
습니다. 그리고 Todos 스토어를 가져와 주겠습니다. 스토어의 사용자정의 메소드들은 'store이
름.메소드이름()'처럼 사용할 수 있습니다. 그리고 사용자정의 메소드를 바로 마크업 영역에 사용
하는 것보다 스크립트 영역에서 핸들러함수로 만들어 사용하는 것을 추천합니다. 사용자정의 메
소드의 경우 유지보수의 이점을 위해 보통 한 가지 함수에 한 가지 기능을 갖게 설계합니다. 하지
만 이벤트는 여러 가지 기능을 요구할 때가 종종 있습니다. 이러한 상황에 대응하기 위해서는 컴
포넌트의 스크립트 영역에서 핸들러함수를 만들고 이 핸들러함수에서 스토어의 메소드를 호출
하는 방식으로 사용하면 됩니다. 이번 예제에서도 handleEditTodo의 경우 editTodo와 함께 수정
모드를 닫아 주는 closeTodoEditMode가 함께 사용됩니다.

```
<script>
import { todos } from '../store';

export let todo;

const handleCheckTodo = () => todos.checkTodo(todo.id);
const handleChangeTodoEditMode = () => todos.changeTodoEditMode(todo.id);
const handleEditTodo = () => {
  todos.editTodo(todo);
  todos.closeTodoEditMode();
}
const handleRemoveTodo = () => todos.removeTodo(todo.id);

</script>

<input
  type="checkbox"
```

```
    bind:checked={todo.done}
    on:click={handleCheckTodo} />
  {#if $todos.editMode === todo.id }
    <input
      type="text"
      bind:value={todo.content}
      on:focusout={handleEditTodo} >
  {:else}
    <span on:dblclick={handleChangeTodoEditMode}>{todo.content}</span>
  {/if}
  <a href="#null" on:click={handleRemoveTodo} >X</a>
```

[코드 8-47] TodoItem.svelte

이번에는 할 일을 추가하는 TodoHeader 컴포넌트를 수정해 보겠습니다. 이번에도 역시 Props
로 받는 부분을 모두 지워주고, 필요한 스토어인 todoForm, Todos를 가져오겠습니다. todoForm
스토어는 텍스트박스와 바인딩을 통해 동기화해 주겠습니다. 스토어는 이벤트 바인딩을 이용
해 동기화할 수도 있습니다. 그리고 텍스트박스에서 keyup 이벤트가 감지되고 keyCode가 13일
때, 즉 엔터키가 감지되면 할 일을 추가하는 todos.addTodo()와 폼을 초기화해 주는 todoForm.
resetForm()을 실행해 주겠습니다.

```
<script>
  import { todoForm, todos } from '../store'

  const handleTodoAdd = (e) => {
    if(e.keyCode === 13) {
      todos.addTodo($todoForm)
      todoForm.resetForm()
    }
  }

</script>

<header>
  <div class="wrap">
    <h1>SVELTE TODO </h1>
    <input
      type="text"
      bind:value={$todoForm}
```

```
        on:keyup={handleTodoAdd}
      />
  </div>
</header>
```

TodoHeader.svelte

마지막으로 TodoInfo 컴포넌트도 스토어를 이용해 수정하겠습니다. 이번에도 기존의 Props로 받는 부분은 지워 주고, 필요한 스토어인 Todos, countTodo를 불러오겠습니다. 보기모드의 경우 사용자정의 함수 changeTodoView를 세 가지 handle 함수로 만들어 사용했습니다. 이렇게 하면 소스코드가 조금 길어지기는 하지만 핸들러함수를 최대한 단순하게 만들어 줄 수 있어서 가독성을 높이고 오류를 줄일 수 있는 이점이 있습니다. 이 부분은 다음처럼 단일 핸들러함수로 사용해도 상관없습니다. 그리고 개수를 표시할 $countTodo를 배치해 주면 완성입니다.

```
const handleFetchTodo = (mode) => todos.changeTodoView(mode)
```

```
<script>
import { todos, countTodo } from '../store'
import Constant from '../constant'

const handleFetchTodoALL = () => todos.changeTodoView(Constant.ALL)
const handleFetchTodoActive = () => todos.changeTodoView(Constant.ACTIVE)
const handleFetchTodoDone = () => todos.changeTodoView(Constant.DONE)

</script>

<div class="info">
  <span>COUNT: {$countTodo}</span>
  <div>
    <button
      class:selected={$todos.viewMode === Constant.ALL}
      class="btn"
      on:click={handleFetchTodoALL}
    >ALL</button>
    <button
      class:selected={$todos.viewMode === Constant.ACTIVE}
      class="btn"
      on:click={handleFetchTodoActive}
    >ACTIVE</button>
```

```
  <button
    class:selected={$todos.viewMode === Constant.DONE}
    class="btn"
    on:click={handleFetchTodoDone}
  >DONE</button>
  </div>
</div>
```

[코드 8-49] TodoInfo.svelte

실행시켜 보면 앱이 작동하는 데에 있어 기능적으로 달라진 부분은 없습니다. 하지만 스토어를 이용한 코드가 전체적으로 훨씬 정돈되었다는 것을 알 수 있습니다. 상태값을 어디에 배치할지 고민할 필요도 없고, 각종 메소드도 스토어를 통해서 불러와 사용되므로, 컴포넌트는 내용과 디자인적 요소에 집중할 수 있게 되었습니다. 예전에는 이러한 전역 상태 관리 툴이 선택적인 요소였지만, 개인적으로는 작은 프로젝트라고 하더라도 스토어를 이용한 전역 상태 관리 툴을 적극적으로 사용하는 것을 추천합니다. 작게 시작한 프로젝트도 시간이 지날수록 점점 사이즈가 커지는 일은 흔합니다. 스토어 없이 앱을 만든 후에 앱의 사이즈가 커지면 리팩토링하는 것보다 처음부터 스토어를 만들어 사용하고 이를 바탕으로 확장하는 것이 훨씬 비용과 시간을 절약하는 방법이라고 생각합니다.

다음은 Todo 서비스의 전체 소스코드입니다.

```
<script>
  import TodoHeader from './components/TodoHeader.svelte'
  import TodoList from './components/TodoList.svelte'
  import TodoInfo from './components/TodoInfo.svelte'
</script>

<div class="app">
  <TodoHeader />
  <TodoInfo />
  <TodoList />
</div>
```

[코드 8-50] App.svelte

```
import App from './App.svelte';

const app = new App({
```

```
  target: document.body,
});


export default app;
```

[코드 8-51] main.js

```
export default {
  ALL: 'all',
  ACTIVE: 'active',
  DONE: 'done'
}
```

[코드 8-52] constant.js

```
import { writable, derived } from 'svelte/store'
import { v4 as uuid } from 'uuid'
import Constant from './constant'

function setFormTodo() {

  const todoValue = '';

  const { subscribe, update, set } = writable(todoValue);

  const resetForm = () => {
    set('');
  }

  return {
    subscribe,
    set,
    resetForm,
  }

}

function setTodoData() {
  const initTodoData = {
    todoLists: [
      {
```

```
      id:uuid(),
      content: '첫 번째 할일',
      done: false
    },
    {
      id:uuid(),
      content: '두 번째 할일',
      done: false
    },
    {
      id:uuid(),
      content: '세 번째 할일',
      done: true
    },
    {
      id:uuid(),
      content: '네 번째 할일',
      done: false
    }
  ],
  editMode: '',
  viewMode: Constant.ALL
}

let todoData = {...initTodoData};

const { subscribe, update } = writable(todoData);

const addTodo = (content) => {

  if(content) {

    const newTodo = {
      id:uuid(),
      content: content,
      done: false
    }

    update(
      datas => {
```

```
        const setData = [...datas.todoLists, newTodo];
        datas.todoLists = setData;
        return datas;
      }
    )
    // todoForm.resetForm()
  }
}
const editTodo = (editMode) => {
  update(
    datas => {
      const setData = datas.todoLists.map(todo => {
        if(todo.id === editTodo.id) {
          todo = editTodo;
        }
        return todo;
      })
      datas.todoLists = setData;
      return datas;
    }
  )

}
const removeTodo = id => {
  update(
    datas => {
      const setData = datas.todoLists.filter(todo => todo.id !== id);
      datas.todoLists = setData;
      return datas;
    }
  )
}
const checkTodo = id => {
  update(
    datas => {
      const setData = datas.todoLists.map(todo => {
        if(todo.id === id) {
          todo.done = !todo.done;
        }
        return todo;
```

```
      })

        datas.todoLists = setData;
        return datas;
      }
    )
  }
  const changeTodoEditMode = id => {
    update(
      datas => {
        datas.editMode = id;
        return datas;
      }
    )
  }
  const closeTodoEditMode = () => {
    update(
      datas => {
        datas.editMode = '';
        return datas;
      }
    )
  }

  const changeTodoView = mode => {
    update(
      datas => {
        datas.viewMode = mode;
        return datas;
      }
    )
  }

  return {
    subscribe,
    addTodo,
    editTodo,
    removeTodo,
    checkTodo,
    changeTodoEditMode,
```

```
      closeTodoEditMode,
      changeTodoView
  }
}

function setFetchTodos() {
  const fetch = derived(todos, $todos => {

    if($todos.viewMode === Constant.ACTIVE) {
      return $todos.todoLists.filter(todo => todo.done === false);
    }

    if($todos.viewMode === Constant.DONE) {
      return $todos.todoLists.filter(todo => todo.done === true);
    }

    if($todos.viewMode === Constant.ALL) {
      return $todos.todoLists;
    }

  });

  return fetch;
}

function setCountTodo() {
  const count = derived(fetchTodos, $fetchTodos => {
    return $fetchTodos.length;
  })

  return count;
}

export const todoForm = setFormTodo();
export const todos = setTodoData();
export const fetchTodos = setFetchTodos();
export const countTodo = setCountTodo();
```

[코드 8-53] store.js

```
<script>
```

```
  import { todoForm, todos } from '../store'

  const handleTodoAdd = (e) => {
    if(e.keyCode === 13) {
      todos.addTodo($todoForm);
      todoForm.resetForm();
    }
  }

</script>

<header>
  <div class="wrap">
    <h1>SVELTE TODO </h1>
    <input
      type="text"
      bind:value={$todoForm}
      on:keyup={handleTodoAdd}
      />
  </div>
</header>
```

[코드 8-54] compoents/TodoHeader.svelte

```
<script>
import { todos, countTodo } from '../store'
import Constant from '../constant'

const handleFetchTodoALL = () => todos.changeTodoView(Constant.ALL);
const handleFetchTodoActive = () => todos.changeTodoView(Constant.ACTIVE);
const handleFetchTodoDone = () => todos.changeTodoView(Constant.DONE);

</script>

<div class="info">
  <span>COUNT: {$countTodo}</span>
  <div>
    <button
      class:selected={$todos.viewMode === Constant.ALL}
      class="btn" on:click={handleFetchTodoALL}
```

```
  >ALL</button>
  <button
    class:selected={$todos.viewMode === Constant.ACTIVE}
    class="btn" on:click={handleFetchTodoActive}
  >ACTIVE</button>
  <button
    class:selected={$todos.viewMode === Constant.DONE}
    class="btn"
    on:click={handleFetchTodoDone}
  >DONE</button>
  </div>
</div>
```

[코드 8-55] compoents/TodoInfo.svelte

```
<script>
import TodoItem from './TodoItem.svelte'
import { fetchTodos } from '../store'
import { fade, fly } from 'svelte/transition'
import { flip } from 'svelte/animate'
</script>

<div class="main">
  <ul>
    {#each $fetchTodos as todo, index(todo.id)}
      <li
        in:fade
        out:fade="{{duration: 100}}"
        animate:flip="{{duration: 1000}}"
        >
        <TodoItem {todo} />
      </li>
    {/each}
  </ul>
</div>
```

[코드 8-56] compoents/TodoList.svelte

```
<script>
import { todos } from '../store';
```

```
export let todo;

const handleCheckTodo = () => todos.checkTodo(todo.id);
const handleChangeTodoEditMode = () => todos.changeTodoEditMode(todo.id);
const handleEditTodo = () => {
  todos.editTodo(todo);
  todos.closeTodoEditMode();
}
const handleRemoveTodo = () => todos.removeTodo(todo.id);

</script>

<input type="checkbox" bind:checked={todo.done} on:click={handleCheckTodo} />
{#if $todos.editMode === todo.id }
  <input type="text" bind:value={todo.content} on:focusout={handleEditTodo} >
{:else}
  <span on:dblclick={handleChangeTodoEditMode}>{todo.content}</span>
{/if}
<a href="#null" on:click={handleRemoveTodo} >X</a>
```

[코드 8-57] compoents/TodoItem.svelte

Chapter 09

라우터(Router)

Chapter 09
라우터(Router)

<u>9-1</u> 라우터란?

Svelte는 기본적으로 SPA(Single Page Application), 즉 싱글 페이지 어플리케이션 형태를 가집니다. SPA는 기본적으로 하나의 페이지 위에 어떤 요청이 오면 그 요청에 맞는 컴포넌트가 배치됩니다. 이용자가 보기에는 다양한 페이지가 있는 것과 별다른 차이가 없겠지만, 구현적인 면에서 보면 페이지는 하나입니다. 단지 그 페이지 위의 컴포넌트가 호출에 따라 변경되는 것입니다. 필요한 컴포넌트들이 정해진 주제에 배치될 때 URL에 의존하는 경우가 많습니다. 즉, URL 주소에 따라 페이지가 배치되는 것입니다. 브라우저에서 'http://도메인/about'이라고 입력하면 소개 페이지가 나타나고, 'http://도메인/contact'라고 입력하면 그 주제에 맞는 페이지가 나타납니다.

이렇게 URL에 의해 페이지를 표시하는 기능을 Routing(이하 라우팅)이라고 하고 이 기능을 구현해 주는 장치를 Router(이하 라우터)라고 합니다. SPA로 구현된 서비스에 라우터가 없다면 URL 형태의 요청 시 무조건 백엔드 서버로부터 요청이 가고 화면이 새로 고침됩니다. 하지만 라우터를 이용하면 서버로부터 새로운 페이지가 바로 호출되는 것이 아니라 라우터에 의해 필요한 컴포넌트만 새로 배치됩니다. 이를 통해 사용자는 새로운 페이지로 이동한 것과 같은 경험을 하게 됩니다.

라우터는 SPA 서비스를 만드는 데에 있어서 필수 기능이라고 할 수 있습니다. Svelte에서는 기본적으로 라우터를 지원하지 않습니다. 대신 다음과 같이 다양한 서드파티 라우터가 있습니다.

- ▶ **svelte-routing:** https://github.com/EmilTholin/svelte-routing
- ▶ **svelte-spa-router:** https://github.com/ItalyPaleAle/svelte-spa-router
- ▶ **tinro:** https://github.com/AlexxNB/tinro#getting-started
- ▶ **routify:** https://routify.dev/
- ▶ **root-svelte-router:** https://github.com/PierBover/roots-svelte-router
- ▶ **svelte-stack-router:** https://github.com/cdellacqua/svelte-stack-router

각각의 라우터에는 특성이 있습니다. 가장 많이 사용하는 라우터가 가장 좋은 것이라고 생각할 수 있지만, Svelte 초기에 라우터가 적어서 선택권이 없던 시절에 등장한 제품의 경우 기능과 상관없이 많은 사용자를 가지고 있기도 합니다. 대표적인 예가 svelte-routing입니다. 가장 많은 사람이 사용하지만, 기능적으로 추천하기 힘든 라우터 중의 하나입니다. 그래서 라우터를 선택할 때에는 '자신이 필요한 기능이 어떤 것인지'를 생각하고 선택할 필요가 있습니다.

우리는 tinro라는 라우터를 사용하여 라우팅을 구현해 볼 예정입니다. tinro의 경우 기능이 뛰어나고 안정적이며 업데이트가 활발한 제품으로 밸런스가 좋은 라우터입니다.

9-2 tinro 설치

tinro를 이용해 라우팅을 구현하기 위해 우선 새로운 프로젝트를 만들어 보겠습니다. 폴더를 생성하고, 다음 명령어를 통해 Svelte 프로젝트를 설치하겠습니다.

```
npx degit sveltejs/template my-svelte-project
```

그리고 다음과 같이 npm을 통해서 tinro를 설치하겠습니다.

```
npm i -D tinro
```

추가로 package.json의 start에 —single이라는 코드를 추가해야 tinro를 이용한 라우팅이 오류 없이 작동합니다.

```
"scripts": {
  "build": "rollup -c",
  "dev": "rollup -c -w",
  "start": "sirv public --single --no-clear" // --single 추가
},
```

기본 설정이 끝났으니 본격적으로 라우팅을 구현합니다.

9-3 라우팅 기능

App.svelte를 열고 기본적으로 작성된 내용을 지워 주겠습니다. 그리고 스크립트 영역에 tinro의 Route를 import시키겠습니다.

```
<script>
  import {Route} from 'tinro';
</script>
```

Route는 마크업 영역에서 컴포넌트 형태로 사용됩니다. Route를 이용하여 주소와 해당 주소에 매칭할 컴포넌트를 매핑시킬 수 있습니다. path의 기본 주소 뒤에 올 URL 주소를 작성하고 하위 요소로 해당 주소에서 보여줄 마크업 또는 컴포넌트를 위치시키면 됩니다.

```
<Route path="/주소" ><!-- 컴포넌트 또는 마크업--> </Route>
```

App.svelte에 다음과 같이 입력해 보겠습니다. 〈Nav〉에 〈a〉 태그를 이용해 주소를 변경할 수 있도록 만들고 해당 주소에 해당하는 Route들을 배치하겠습니다.

```
<script>
    import { Route } from 'tinro';
</script>

<nav>
    <a href="/">Home</a>
    <a href="/about">About</a>
    <a href="/contacts">Contacts</a>
</nav>

<Route path="/"><h1>Home Page</h1></Route>
<Route path="/about"><h1>About Page</h1></Route>
<Route path="/contacts"><h1>Contacts Page</h1></Route>
```

[코드 9-1] App.svelte

[그림 9-1] 라우팅 결과

결과물을 실제 프로젝트처럼 만들어 보겠습니다. 마크업으로 간단하게 만든 영역을 컴포넌트로 만들고, App.svelte에서 라우터를 분리해 역시 컴포넌트 형태로 만들어 사용하겠습니다. Componets 폴더에 Nav.svelte를 만들고 pages 폴더를 생성한 후, About.svelte, Contacts.svelte, Home.svelte를 각각 추가하겠습니다. 또 src 폴더 바로 아래에 router.svelte라는 파일도 추가하겠습니다.

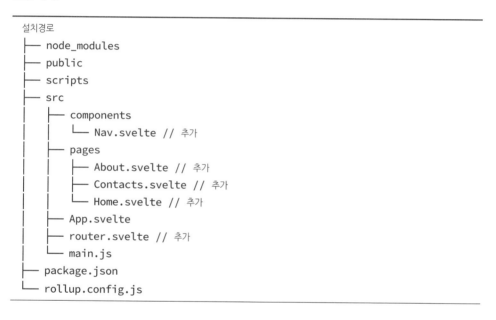

Nav.svelte에는 App.svelte에 있던 nav를 옮겨 주고, Page 폴더의 파일에는 다음과 같이 각각의 내용을 작성하겠습니다.

```
<nav>
    <a href="/">Home</a>
    <a href="/About">About</a>
    <a href="/contacts">Contacts</a>
</nav>
```

[코드 9-2] Nav.svelte

```
<h1>About Page</h1>
```

[코드 9-3] About.svelte

```
<h1>Home Page</h1>
```

[코드 9-4] Home.svelte

```
<h1>Contacts Page</h1>
```

[코드 9-5] Contacts.svelte

그리고 router.svelte에서 pages 폴더의 파일들을 가져와 배치하겠습니다.

```
<script>
  import About from './pages/About.svelte';
  import Home from './pages/Home.svelte';
  import Contacts from './pages/Contacts.svelte';
</script>

<Route path="/"><Home /></Route>
<Route path="/about"><Home /></Route>
<Route path="/contacts"><Home /></Route>
```

[코드 9-6] router.svelte

App.svelte에서 〈Nav /〉 컴포넌트와 〈Router /〉를 App.svelte에 배치하여 실행해 보겠습니다.

```
<script>
  import Router from './router.svelte';
  import Nav from './components/Nav.svelte';
</script>

<Nav />
<Router />
```

[코드 9-7] App.svelte

● Fallback - 404 No Page Found

존재하지 않는 페이지 주소를 입력했을 때 이를 처리하는 방법을 알아보겠습니다. 가끔 잘못된 링크 주소를 통해서 서비스에 접근하는 경우가 발생할 수 있습니다. 이 경우 사용자에게 없는 페이지라고 알려줘야 합니다. 이때 사용하는 것이 바로 Fallback입니다. 다음과 같이 Route 태그 안에 'fallback'이라는 디렉티브로 표시하고 특정 메시지나 이에 맞는 컴포넌트를 배치시키면 됩니다.

```
<Route fallback>404 페이지</Route>
```

● Redirect

특정한 URL로 접근할 경우 내용이 겹치는 다른 페이지로 이동시켜야 하는 경우가 있습니다. '/'
인 기본 주소로 접근했을 때 '/home' 페이지로 이동시켜 주는 경우가 그것입니다. 이럴 때에는
redirect 디렉티브를 이용하면 됩니다. [코드 9-8]처럼 redirect="/home"을 설정하면 기본 주소(예:
localhost:5000)로 접속을 하더라도 자동으로 /home으로 이동하게 됩니다.

```
<script>
  import About from './pages/About.svelte';
  import Home from './pages/Home.svelte';
  import Contacts from './pages/Contacts.svelte';
</script>

<Route path="/" redirect="/home"><Home /></Route> <!-- redirect 추가 -->
<Route path="/home"><Home /></Route>
<Route path="/about"><About /></Route>
<Route path="/contacts"><Contacts /></Route>
```

[코드 9-8] router.svelte

● Links

\<a\> 태그를 통해서 내비게이션을 구현하는 경우가 많습니다. 이때 현재 위치에 해당하는 링크
의 경우 조금 다른 CSS를 적용해 내 위치를 표시하는 방법이 있습니다. 다음과 같이 use:active 디
렉티브와 이에 해당하는 active라는 class에 효과를 적용하면 기능을 구현할 수 있습니다.

```
<a href="/page" use:active>Link</a>
```

```
<script>
  import { active } from 'tinro';
```

```
</script>

<Route path="/" redirect="/home" use:active><Home /></Route> <!-- use:active 추가 -->
<Route path="/home" use:active><Home /></Route>
<Route path="/about" use:active><Home /></Route>
<Route path="/contacts" use:active><Home /></Route>
```

[코드 9-9] Nav.svelte

컴포넌트에 직접 스타일을 적용해도 되지만, use:active 형태로 CSS가 적용될 때에는 컴파일 시 사용하지 않는 스타일로 인식해 bundle.css로 모아지지 않는 경우가 있습니다. 이럴 경우를 대비해 style/style.css 파일에 .active를 만들고 main.js에서 import해서 적용하는 방법을 사용하겠습니다. CSS를 실제 프로젝트에서 어떻게 처리하는지에 대해서는 《챕터 11-3-2. 디자인 요소 배치》에서 조금 더 자세히 다루겠습니다.

```
body {
  padding: 0;
  margin: 0;
}
.active {
  text-decoration: underline;
}

.custom-active {
  text-decoration: underline;
  color: red;
  font-weight: bold;
}

.nav {
  height: 70px;
  display: flex;
  align-items: center;
}
```

[코드 9-10] style/style.css

```
import App from './App.svelte';
import './style/style.css'; // 추가
```

```
const app = new App({
  target: document.body,
  props: {
    name: 'world'
  }
});

export default app;
```

[코드 9-11] main.js

acitve라는 class명이 이미 사용 중이라면 커스텀 class를 만들어 사용할 수도 있습니다. acitve-class="class이름"이란 디렉티브를 이용하여 활용할 수 있습니다.

```
<script>
  import  { active } from 'tinro';
</script>

<Route path="/" redirect="/home" use:active><Home /></Route>
<Route path="/home" use:active><Home /></Route>
<Route path="/about" use:active><Home /></Route>
<a href="/contacts" use:active active-class="custom-active" >Contacts</a> <!--
active-class= -->
```

[코드 9-12] Nav.js

브라우저에서 앱을 실행시키고 링크를 클릭해서 이동해 보면 해당 페이지의 링크의 경우 [그림 9-2]와 같이 언더라인이 적용된 것을 확인할 수 있습니다.

[그림 9-2] 실행 결과

9-4 중첩 라우팅

지금까지는 '/URL 주소' 형태의 접근에 대한 처리를 학습했습니다. 하지만 실제 서비스를 만들 때는 이처럼 단순한 주소만 사용하지 않습니다. 예를 들어 게시판과 같은 형태의 서비스를 이용할 경우 목록을 보다가 목록을 클릭하면 상세보기 페이지로 이동합니다. '/board/content/'와 같이 메인 주소 아래에 하위 요소를 필요로 할 때 사용하는 기능이 중첩 라우팅입니다.

만약 기본 URL 아래에 하위 URL 페이지가 존재한다면 '/URL 주소/*'와 같이 URL 다음에 '*'를 사용하면 됩니다. 그러면 라우터는 해당 URL 주소가 마지막이 아니라는 것을 인식합니다. 그리고 그 아래에 다시 Route를 사용해 배치시키면 됩니다.

```
<Route path="/about/*">
    <About />
    <Route path="/sub">
        <SubContent />
    </Route>
</Route>
```

그럼 SubContent.svelte라는 컴포넌트를 pages 폴더에 추가하겠습니다.

```
설치경로
├── node_modules
├── public
├── scripts
├── src
│   ├── components
│   │   └── Nav.svelte
│   ├── pages
│   │   ├── About.svelte
│   │   ├── Contacts.svelte
│   │   ├── SubContent.svelte //추가
│   │   └── Home.svelte
│   ├── App.svelte
│   ├── router.svelte
│   └── main.js
├── package.json
└── rollup.config.js
```

```
<script>
  import { meta } from 'tinro';

</script>


<b>Sub Content</b>
```

그리고 SubContent.svelte를 router.svelte에 불러와서 '/about/*' 아래에 배치하겠습니다. 이때 **하위 주소를 사용할 경로 다음에 꼭 '*'를 사용해야 한다**는 것을 기억하기 바랍니다.

```
<script>
  import { Route } from 'tinro';

  import About from './components/About.svelte';
  import Home from './components/Home.svelte';
  import Contacts from './components/Contacts.svelte';
  import SubContent from './components/SubContent.svelte';
</script>

  <Route path="/" redirect="/home" ></Route>
  <Route path="/home"><Home /> </Route>
  <Route path="/about/*"> <!-- 수정 -->
    <About />
    <Route path="/sub"> <!-- 추가 -->
      <SubContent />
    </Route>
  </Route>
  <Route path="/contacts"><Contacts /></Route>
  <Route fallback>No page found</Route>
```

다음으로 About.svelte를 열고, 해당 페이지에서 SubContent로 이동할 링크를 만들어 주겠습니다.

```
<h1>About Page</h1>
<a href="/about/sub/">Sub</a> <!-- 추가 -->

<hr /> <!-- 추가 -->
```

앱을 실행시키고 브라우저에서 About Page의 Sub이라는 링크를 클릭하면 About.svelte 아래에
SubContent.svelte가 나타나는 것을 볼 수 있습니다.

[그림 9-3] 라우팅 결과

About.svelte 컴포넌트의 특정 위치에 서브 페이지를 배치해야만 하는 경우가 있습니다. 이때는
〈Route〉를 상위 컴포넌트에 배치하면 됩니다.

이를 구현하기 위해 코드를 수정해 보겠습니다. 우선 router.svelte에서 SubContent를 주석 처리
해 주겠습니다.

```svelte
<script>
  import { Route, router } from 'tinro';

  import About from './components/About.svelte';
  import Home from './components/Home.svelte';
  import Contacts from './components/Contacts.svelte';
  // import SubContent from './components/SubContent.svelte'; // 주석 처리
</script>

<Route path="/" redirect="/home" ></Route>
<Route path="/home"><Home /> </Route>
<Route path="/about/*">
  <About />
  <!-- <Route path="/sub">
    <SubContent />
  </Route> -->
</Route>
<Route path="/contacts"><Contacts /></Route>
<Route fallback>No page found</Route>
```

[코드 9-16] router.svelte

그리고 About.svelte에 SubContent를 불러와 [코드 9-17]과 같이 〈hr〉 태그 사이에 위치해 사용
하겠습니다.

```
<script>
  import { Route } from 'tinro';
  import SubContent from '../components/SubContent.svelte';

</script>
<div class="main">
  <h1>About Page</h1>
  <a href="/about/sub">Sub</a>

  <hr />

  <Route path="/sub"> <!-- 추가 -->
    <SubContent />
  </Route>

  <hr />  <!-- 추가 -->
</div>
```

[코드 9-17] About.svelte

실행시켜 보면 SubContent가 〈hr〉 태그 사이에 위치하는 것을 볼 수 있습니다. 이처럼 **중첩 링
크를 앱의 디자인 요소에 맞춰서 유연하게 배치할 수 있다**는 것을 기억하면 좋겠습니다.

[그림 9-4] 라우팅 결과

9-5 파라미터 전달 및 받기

URL 주소는 단순히 이동하고자 하는 페이지의 위치정보만을 보내지는 않습니다. 경우에 따라서 특정값을 전달할 수도 있습니다.

이번에는 URL을 통해 값을 전달하고, 또 그 전달된 값을 받아서 사용하는 방법을 알아보겠습니다. SubContent 컴포넌트로 값을 전달해서 받겠습니다.

값 전달의 경우 Route에서 주소 다음에 ':전달할값이름'을 입력해 값을 인식시킬 수 있습니다. 이렇게 되면 프로그램적으로 주소 뒤에 오는 값을 전달값 이름으로 마치 상태값 또는 변수처럼 받아서 사용할 수 있게 됩니다.

```
<Route path="/sub/:전달값이름">...</Route>
```

링크가 있는 About.svelte를 열고 링크 주소 뒤에 전달할 값과 <Route>에서 이 값을 인식할 수 있도록 수정하겠습니다.

```
<script>
  import { Route } from 'tinro';
  import SubContent from '../components/SubContent.svelte';

</script>
<div class="main">
  <h1>About Page</h1>
  <a href="/about/sub/123">Sub</a>  <!-- 수정 -->

  <hr />

  <Route path="/sub/:_id">  <!-- 수정 -->
    <SubContent />
  </Route>

  <hr />
</div>
```

[코드 9-18] About.svelte

전달된 *id라는 값을 SubContent에서 받아 표시해 보겠습니다. 파라미터값을 받기 위해서는

tinro에서 meta라는 것을 가져와 사용하게 됩니다. meta를 특정값에 선언해 주고, 'params.*전달 값이름'을 이용해서 값을 받을 수 있습니다.

```
<script>
  import { meta } from 'tinro'; // 추가
  const route = meta();  // 추가
  let param = route.params._id; // 추가

</script>


<b>Sub Content</b>
<p>param: {param}</p> // 추가
```

[코드 9-19] SubContent.svelte

브라우저에서 SubContet까지 링크에 접속해 보면 값이 전달되는 것을 볼 수 있습니다.

[그림 9-5] 라우팅 결과

참고로 meta의 경우 파라미터값을 받는 기능 이외에 현재 URL 주소, 이전 페이지 정보 등 다양한 기능이 있는 메소드입니다.

```
<script>
  import { meta } from 'tinro';
  const route = meta();
  let param = route.params._id;

</script>


<b>Sub Content</b>
<p>param: {param}</p>
```

```
<p>현재 url: {route.url}</p>
<p>이전 url: {route.from}</p>
```

[코드 9-20] SubContent.svelte

[그림 9-6] 라우팅 결과

9-6 프로그래밍 제어

페이지 간 이동은 보통 〈a〉 태그를 이용해 이루어집니다. 하지만 특정 상황에서 프로그래밍적으로 URL을 제어해야 하는 상황이 발생할 수 있습니다. 예를 들어 로그인 페이지에서는 로그인이 완료되면 홈 화면으로 이동시켜야 합니다. 이러한 경우 사용할 수 있는 라우팅 제어 방법을 알아보겠습니다.

프로그래밍 제어를 위해서는 tinro에서 router라는 기능을 사용해야 합니다. Contacts.Svelte 컴포넌트에서 기능을 구현해 보겠습니다. router를 가져오고, goHome이라는 메소드를 만들어 줍니다. 그리고 router.goto('이동하고 싶은 주소')를 이용해서 원하는 주소로 이동시킬 수 있습니다.

```
<script>
  import { router } from 'tinro'; // 추가
  const goHome = () => router.goto('/home'); // 추가

</script>
<div class="main">
  <h1>Contacts Page</h1>
  <p class="on" on:click={goHome}>Go Home</p> <!-- 추가 -->
```

```
  </div>

<style>
  .on {
    cursor: pointer;
  }
</style>
```

[코드 9-21] Contacts.svelte

이제 브라우저에서 '/contacts'로 이동 후 Go Home을 클릭하면 설정된 URL 주소로 이동하는 것을 확인할 수 있습니다. 참고로 router 메소드를 이용하면 이동 외에도 다음과 같은 URL 주소 제어가 가능합니다.

```
router.goto('/foo'); //URL: /foo
router.location.query.set('name','alex'); //URL: /foo?name=alex
router.location.hash.set('bar'); //URL: /foo?name=alex#bar
router.location.query.set('page',1); //URL: /foo?name=alex&page=1#bar
router.location.query.replace({hello: 'world'}); //URL: /
foo?hello=world#bar
router.location.query.clear(); //URL: /foo#bar
router.location.hash.clear(); //URL: /foo
```

9-7 화면전환

이번에 알아볼 기능은 화면전환입니다. 지금처럼 아무 효과 없이 URL 주소에 따라 화면을 전환해도 되지만, 전환 효과를 이용해 좀 더 부드럽게 페이지를 이동하는 것도 가능합니다. 화면전환의 경우는 《챕터 6-2. transition: 화면전환》에서 학습한 효과로 적용할 수 있습니다.

화면전환을 위해서는 컴포넌트 하나를 추가해야 합니다. Transition.svelte라는 컴포넌트를 만들어 주겠습니다. 그리고 화면전환에 사용할 효과를 'svelte/transition'에서 가져와 사용하면 됩니다. 예제로는 fade 효과를 이용하겠습니다. [코드 9-22]와 같은 구조의 컴포넌트를 만들고 원하는 효과는 slot 바로 위의 div 영역에 작성하면 됩니다. 참고로 이때 사용되는 key 블록은 key 블록과 함께 사용된 값이 변경되었을 때 transition, 즉 화면전환 효과를 새롭게 시작하도록 하는 역할을 합니다. 이를 통해 URL 주소가 변경되면 화면전환 효과도 새롭게 나타납니다.

```
<script>
    import { router } from 'tinro';
    import { fade } from 'svelte/transition';
</script>

{#key $router.path}
    <div in:fade="{{ duration: 500}}" >
        <slot></slot>
    </div>
{/key}
```

[코드 9-22] Transition.svelte

Transition 컴포넌트를 router.svelte에서 불러와 [코드 9-23]처럼 〈Route〉를 감싸 주면 설정이 완료됩니다.

```
<script>
  import { Route, router } from 'tinro';

  import About from './components/About.svelte';
  import Home from './components/Home.svelte';
  import Contacts from './components/Contacts.svelte';
  // import SubContent from './components/SubContent.svelte';
  import Transition from './Transition.svelte'; // 추가
</script>

<Transition> <!-- 추가 -->
  <Route path="/" redirect="/home" ></Route>
  <Route path="/home"><Home /> </Route>
  <Route path="/about/*">
    <About />
    <!-- <Route path="/sub">
      <SubContent />
    </Route> -->
  </Route>
  <Route path="/contacts"><Contacts /></Route>
  <Route fallback>No page found</Route>
</Transition> <!-- 추가 -->
```

[코드 9-23] router.svelte

브라우저에서 실행시켜 페이지를 이동해 보면, fade 효과가 적용된 것을 볼 수 있습니다.

9-8 라우팅 가드

어떤 조건에 만족하지 않으면 페이지에 접근하지 못하게 해야 하는 경우가 있습니다. 로그인을 하지 않으면 개인정보 페이지에 접근하지 못하게 하는 경우가 대표적인 예입니다. 이 경우 참조해야 하는 조건이 담긴 상태값 또는 스토어와 논리블록 {#if}을 이용해 제어할 수 있습니다.

```
<script>
  import { authToken } from '../store';
</script>

{#if $authToken}
    <Route path="/profile">개인정보 페이지...</Route>
{:else}
    <Route path="/profile"><a href="/login">로그인 링크</a></Route>
    <Route path="/login">로그인 페이지...</Route>
{/if}
```

라우터의 가장 핵심 기능은 당연히 URL 주소에 따른 컴포넌트 배치입니다. 그리고 이 핵심 기능 이외에도 파라미터 전달, 현재 페이지 링크 표시, 화면전환 효과와 같은 다양한 부수적인 기능이 있다는 것을 기억해 두면 좋겠습니다. 부수 기능을 통해 앱의 완성도를 조금씩 높일 수 있기 때문입니다. 이것으로 tinro를 이용한 라우팅의 핵심 기능을 대부분 다뤘습니다. 하지만 tinro는 라우팅을 위한 더욱 다양한 기능을 가지고 있습니다. 이는 tinro의 공식 문서를 보고 깊이 있게 알아보는 것을 추천합니다.

tinro 기능 더 알아보기 https://github.com/AlexxNB/tinro

Chapter 10

서버와의 통신방법

Chapter 10
서버와의 통신방법

앱을 개발하기 위해 필수적인 기능 중의 하나가 바로 서버와의 통신입니다. 보통은 REST API라고 하는 방식을 이용해서 서버와 통신합니다. 자바스크립트에서 기본적으로 제공되는 fetch와 플러그인 형태로 제공되는 axios, 그리고 {#await}라는 Svelte에서의 비동기 처리 방법을 이용해 서버와의 통신을 어떤 방식으로 처리하는지 학습해 보겠습니다.

10-1 fetch를 이용한 통신

fetch는 자바스크립트에서 기본적으로 제공하는 서버와 통신을 위한 함수입니다. fetch를 이용하면 플러그인 설치 없이 서버와의 통신을 처리할 수 있습니다.

●REST API

fetch 사용법을 알아보기 위해 REST API부터 알아보겠습니다. REST API는 가장 일반적으로 사용되는 통신방법입니다. REST API에서 제공하는 가장 기본적인 메소드 타입은 다음 네 가지이며, 각각의 기능은 다음과 같습니다.

① **GET:** 데이터 호출   ③ **PUT:** 데이터 수정
② **POST:** 데이터 생성   ④ **DELETE:** 데이터 삭제

프런트엔드에서는 URL 주소 정보와 함께 원하는 메소드 규칙을 서버에 보내서 서버가 특정 작업을 하도록 지시할 수 있습니다. 주소와 메소드 말고도 header와 body를 통해 필요한 정보를 서버에 전송할 수 있습니다. 즉, 서버가 어떤 작업을 처리하도록 유도하거나 서버로부터 원하는 데이터를 받아오기 위한 규칙이라고 생각하면 됩니다.

그럼 fetch를 통해 REST API를 어떻게 이용할 수 있는지 알아보겠습니다.

① GET

가장 기본 기능입니다. GET은 서버로부터 데이터를 가져오는 메소드입니다. fetch로 GET을 이용하는 방법은 다음과 같습니다. GET은 가장 기본적인 메소드이므로 따로 메소드 타입을 정의할 필요는 없습니다.

```
fetch('url 주소')
  .then(response => response.json()) // 성공했을 경우 데이터 처리
  .catch(error = > error.log(error)) // 실패했을 경우 오류 처리
```

② POST

POST는 데이터 쓰기에 주로 사용되는 메소드 규칙입니다. POST부터는 method 타입을 함께 작성해야 합니다. header로는 보통 인증토큰을 넘겨서 쓰기에 맞는 권한이 있는지를 체크하고, body로는 작성할 값을 전달할 때 사용합니다.

```
fetch("url 주소", {
  method: "POST"
  header: {
    "Content-Type": "application/json",
    "X-Auth-Token": 인증토큰
  },
  body: JSON.stringify({
    title: "title",
    content: "content"
  })
})
.then(response => response.json()) // 성공했을 경우 데이터 처리
.catch(error = > error.log(error)) // 실패했을 경우 오류 처리
```

③ PUT

PUT은 작성된 데이터를 수정하는 메소드 규칙입니다. 메소드 이름을 제외하면 POST와 비슷한 구조로 사용됩니다.

```
fetch("url 주소", {
  method: "PUT"
  header: {
    "Content-Type": "application/json",
    "X-Auth-Token": 인증토큰
  },
  body: JSON.stringify({
    _id: "1",
    title: "title",
    content: "content",
  })
})
.then(response => response.json()) // 성공했을 경우 데이터 처리
.catch(error = > error.log(error)) // 실패했을 경우 오류 처리
```

④ DELETE

DELETE는 작성된 데이터를 삭제하는 메소드 규칙입니다. 삭제할 키 값은 URL 정보로 보낼 수도 있고, POST나 PUT처럼 body에 전달할 수도 있습니다.

```
fetch("URL 주소/post/키값"{
  method: "DELETE"
})
.then(response => response.json()) // 성공했을 경우 데이터 처리
.catch(error = > error.log(error)) // 실패했을 경우 오류 처리
```

fetch만을 사용해서도 서버와의 통신을 하는 데에 무리는 없습니다. 하지만 기본적으로 제공되는 함수이다 보니 사용성에서 비효율적인 경우가 있습니다. 그리고 익스플로러에서는 지원하지 않는다는 단점도 있습니다. 하지만 서버와의 통신을 하는 데에는 부족한 점이 없으니 필요에 맞게 사용하면 됩니다.

10-2 axios를 이용한 통신

fetch만으로도 기본적인 REST API 통신을 처리할 수 있습니다. 하지만 axios라는 플러그인을 이용하면 좀 더 편리하게 서버와의 통신을 처리할 수 있습니다.

설치 방법은 다음과 같습니다.

```
npm i axios
```

외부 플러그인이다 보니 사용할 때 import를 이용해 axios를 가져와서 사용해야 합니다. axios. 메소드타입('URL 주소')의 형태로 사용할 수 있습니다.

```
import axios from 'axios';

axios.get('URL 주소')
  .then(response => console.log(response))
  .catch(error => console.log(error))
```

그리고 전달된 값을 처리하기 위해서 fetch와 마찬가지로 then과 catch를 사용할 수 있습니다. 하지만 여기에서 더 효율적으로 try catch를 이용해 보겠습니다. try catch를 이용하면 받아온 데이터를 효율적으로 처리할 수 있습니다. 이를 이용한 예제는 《챕터 11. 실전 프로젝트(2) - SNS 서비스 만들기》에서 자세히 다룹니다.

참고로 **axios 등을 이용해 서버와 통신하는 작업을 수행하는 함수를 만들 경우에는 async await을 이용해 작성해야 한다**는 것을 기억해야 합니다. async await은 서버와의 처리같은 비동기 상황에서 순차적으로 작업을 처리할 수 있도록 해 줍니다. 자바스크립트에서 async await을 이용하지 않고 비동기 작업을 처리하면 데이터를 받아 오는 것과 같은 잠시 기다려야 하는 작업에서 데이터가 오길 기다리지 않고, 바로 다음 함수나 작업을 처리해 버려 사용자의 의도와 다르게 코드가 실행됩니다. 이때 사용하는 것이 바로 async await입니다. async로 만든 함수의 내부에서 await을 사용하면 해당 작업이 끝나기 전까지 다음 작업들을 잠시 기다립니다. 그래서 서버 통신 같은 작업에 async await을 사용하면 비동기를 깔끔하게 처리할 수 있습니다.

```
import axios from 'axios';

async function getData() {
```

```
  try {
    const response = await axios.get('URL 주소');
  }
  catch(error) {
    console.log(error)
  }
}
```

POST, PUT, DELETE도 GET과 사용방법이 크게 다르지 않습니다.

```
axios.get('URL 주소')
axios.post('URL 주소', {title:'title', content:'content'})
axios.put('URL 주소', {설정값})
axios.delete('URL 주소')
```

하지만 이렇게 메소드를 axios 바로 뒤에 사용하는 방법 외에 config만 사용하는 방법도 있습니다.

```
axios({
  url: 'URL 주소',
  method: 'get', //post, put, delete 등을 상황에 따라 설정,
  data: {
    _id: '1',
    title: 'title',
    content: 'content',
  },
  header: {
    'X-Requested-With': 'XMLHttpRequest'
  },
})
```

config를 이용하면 axios를 함수형태로 만들어 계속 반복되는 코드를 줄여서 사용할 수 있습니다.

```
async function send(method, url, header, data) {

  const options = {
    method,
    url,
    headers,
```

```
      data,
    }

    try {
      const response = await axios(options);
      return response.data;
    }
    catch(error) {
      throw error;
    }
  }
```

config에 들어갈 수 있는 옵션으로는 기본적으로 많이 사용되는 method, url, header, data 말고
도 timeout, encoding type 등이 제공되고 있습니다. axios는 다양한 기능이 있으므로 공식 사이
트를 방문하여 어떤 기능들이 있는지 확인해 보는 것을 추천합니다.

axios 공식 사이트 https://axios-http.com/

10-3 {#await} 블록을 이용한 통신 제어

Svelte에서는 {#await}이라는 마크업 영역에서 비동기를 처리할 수 있는 기능을 지원하고 있습니
다. 비동기에 대해서는 《챕터 10-2. axios를 이용한 통신》에서 간단하게 설명한 적이 있습니다. 비동
기의 가장 대표적인 예는 서버와의 통신입니다. 지금까지 만들어 온 대부분의 기능은 어떤 함수를
호출하여 상태값을 변경할 때 함수가 호출되면 즉각적으로 상태값도 변경되었습니다.

하지만 서버는 다릅니다. 서버로 어떤 데이터를 요청할 때 우리가 사용하는 인터넷망의 상태 또
는 현재 서버의 상태에 따라 요청값을 받는 데에 걸리는 시간은 제각각입니다. 즉, 대기 시간이
필요합니다. {#await}은 마크업 영역에서 서버로부터 무언가를 요청한 후 요청한 결과를 기다릴
때 사용하는 기능입니다.

{#await} 블록의 기본 사용방법은 다음과 같습니다. promise라는 비동기 요청을 기다리고, 정상
적으로 받아지면 {:then}에서 전달된 데이터를 보여줍니다. 그리고 오류 발생 시는 {:catch} 영역
을 통해서 대응할 수 있습니다.

```
{#await promise}
    요청한 데이터를 기다릴 때 표시되는 영역, 보통은 로딩 효과로 처리
{:then result }
    요청한 데이터가 정상적으로 전달이 완료되었을 때 표시되는 영역
{:catch: error}
    요청한 데이터에 오류가 있을 때 표시되는 영역
{/await}
```

외부 서버로부터 실제로 데이터를 요청하고 처리해 보겠습니다. 이를 위해 http://jsonplaceholder.typicode.com/ 서비스를 이용하겠습니다. 이 서비스는 가상의 목업 데이터(테스트 용도로 사용되는 가상의 샘플 데이터)를 전달해 주는 사이트입니다.

브라우저 주소창에 다음 주소를 입력해 보겠습니다. 뒷부분 쿼리스트링으로 _page와 한 번에 화면에 나타나는 게시물 수를 정하는 _limit가 설정된 것을 볼 수 있습니다. _page와 _limit를 변경하면 그에 맞는 결과물이 전달되는 것을 확인할 수 있을 것입니다.

```
https://jsonplaceholder.typicode.com/posts?_page=1&_limit=5
```

```
[
  {
    "userId": 1,
    "id": 1,
    "title": "sunt aut facere repellat provident occaecati excepturi optio reprehenderit",
    "body": "quia et suscipit\nsuscipit recusandae consequuntur expedita et cum\nreprehenderit molestiae ut ut quas totam\nnostrum
rerum est autem sunt rem eveniet architecto"
  },
  {
    "userId": 1,
    "id": 2,
    "title": "qui est esse",
    "body": "est rerum tempore vitae\nsequi sint nihil reprehenderit dolor beatae ea dolores neque\nfugiat blanditiis voluptate porro
vel nihil molestiae ut reiciendis\nqui aperiam non debitis possimus qui neque nisi nulla"
  },
  {
    "userId": 1,
    "id": 3,
    "title": "ea molestias quasi exercitationem repellat qui ipsa sit aut",
    "body": "et iusto sed quo iure\nvoluptatem occaecati omnis eligendi aut ad\nvoluptatem doloribus vel accusantium quis
pariatur\nmolestiae porro eius odio et labore et velit aut"
  },
  {
    "userId": 1,
    "id": 4,
    "title": "eum et est occaecati",
    "body": "ullam et saepe reiciendis voluptatem adipisci\nsit amet autem assumenda provident rerum culpa\nquis hic commodi nesciunt
rem tenetur doloremque ipsam iure\nquis sunt voluptatem rerum illo velit"
  },
  {
    "userId": 1,
    "id": 5,
    "title": "nesciunt quas odio",
    "body": "repudiandae veniam quaerat sunt sed\nalias aut fugiat sit autem sed est\nvoluptatem omnis possimus esse voluptatibus
quis\nest aut tenetur dolor neque"
  }
]
```

[그림 10-1] 통신 샘플

새로운 프로젝트를 생성하고 App.svelte에 작성된 기본 내용을 지우겠습니다. 스크립트 영역에 기본이 되는 상태값으로 page와 limit를 설정하고 반응형함수로 items를 만든 후 fetch를 통해 통

신 준비를 하겠습니다. 그리고 페이지를 늘리는 nextPage라는 메소드를 생성해 주겠습니다. 참고로 items를 반응형함수($:)로 만든 이유는 page가 변경되면 자동적으로 서버로 한 번 더 데이터를 요청하게 하기 위해서입니다.

```
<script>

let page = 1
let limit = 10

$: items = fetch(`https://jsonplaceholder.typicode.com/posts?_page=${page}&_
limit=${limit}`).then(response => response.json())

function nextPage() {
  page = page + 1
}

</script>
```

[코드 10-1] App.svelte

이번에는 마크업 영역을 작성하겠습니다. {#await}을 이용해서 데이터 요청 중에는 로딩 처리를 하고 정상적으로 전달되면 전달된 데이터를 반복블록을 이용해서 출력하겠습니다. 그리고 하단에 ⟨a⟩ 태그를 이용한 버튼에 nextPage 메소드를 클릭이벤트로 만들어 주겠습니다.

```
<script>

let page = 1
let limit = 10

$: items = fetch(`https://jsonplaceholder.typicode.com/posts?_page=${page}&_
limit=${limit}`).then(response => response.json())

function nextPage() {
  page = page + 1
}

</script>

<header>
```

```
  <div class="wrap">
    <h1 class="main-title">REST API PAGE</h1>
  </div>
</header>
<div class="info">
  <div class="wrap">
    <span>PAGE: {page}</span>
  </div>
</div>
<div class="main" id="main" >
  {#await items}
    <p>...Loading</p>
  {:then items }
    <ul>
      {#each items as item, index}
        <li>
          <p>[{item.id}] {item.title}</p>
        </li>
      {/each}
    </ul>
  {:catch error}
    <p>오류가 발생했습니다.</p>
  {/await}

  <a href="#null" class="btn-blue" on:click={nextPage} >NEXT PAGE</a>

</div>
```

[코드 10-2] App.svelte

결과를 실행시키고 NEXT PAGE를 클릭해 페이지를 변경하면 내용이 서버로부터 잘 전달되는 것을 확인할 수 있습니다.

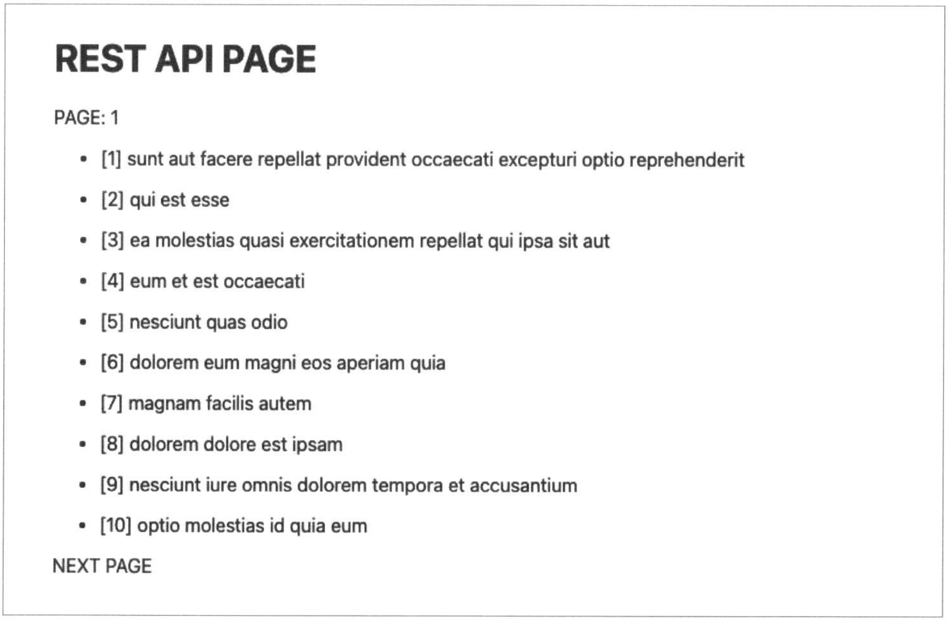

REST API PAGE

PAGE: 1

- [1] sunt aut facere repellat provident occaecati excepturi optio reprehenderit
- [2] qui est esse
- [3] ea molestias quasi exercitationem repellat qui ipsa sit aut
- [4] eum et est occaecati
- [5] nesciunt quas odio
- [6] dolorem eum magni eos aperiam quia
- [7] magnam facilis autem
- [8] dolorem dolore est ipsam
- [9] nesciunt iure omnis dolorem tempora et accusantium
- [10] optio molestias id quia eum

NEXT PAGE

[그림 10-2] 실행화면

이번에는 axios를 이용해 보겠습니다. npm i axios로 axios를 설치하고 불러옵니다. 그리고 기존의 items를 주석 처리하고 axios.get(주소)로 변경하겠습니다. 그리고 axios로 받아올 경우 response 안의 객체 중에서 data 객체에 요청된 데이터가 있으므로 then에서 response.data라고 수정하겠습니다.

```
<script>
import axios from 'axios'

let page = 1
let limit = 10

// $: items = fetch(`https://jsonplaceholder.typicode.com/posts?_page=${page}&_
limit=${limit}`).then(response => response.json())
$: items = axios.get(`https://jsonplaceholder.typicode.com/posts?_page=${page}&_
limit=${limit}`).then(response => response.data);

function nextPage() {
  page = page + 1
}
```

```
</script>
...
```

[코드 10-3] App.svelte

코드를 실행하면 fetch를 사용했을 때와 같은 결과가 나오는 것을 볼 수 있습니다.

이처럼 {#await} 블록을 이용하면 마크업 영역에서도 간편하게 서버로부터 전달되는 비동기 데이터에 대한 처리를 할 수 있습니다. 하지만 좀 더 복잡한 서비스를 만들 때는 비동기 데이터를 스토어에 담아서 제어하는 것이 이점이 많습니다. 스토어를 활용해서 서버로부터 받은 데이터를 활용하는 방법은 다음 챕터인 《챕터 11. 실전 프로젝트(2) - SNS 서비스 만들기》에서 다루겠습니다.

Chapter 11

실전 프로젝트(2)
- SNS 서비스 만들기

11-1 SLOG 프로젝트 설명

이번 챕터에서는 SLOG라는 가상의 SNS 서비스를 만듭니다. 이 SLOG 프로젝트는 실제 서버와 통신을 합니다. 단순한 게시물 작성, 수정, 삭제 이외에 인증, 무한스크롤 페이지네이션, 라우팅 등과 같은 실제 현업 개발에서 사용되는 기능도 만들어 보겠습니다. SLOG 프로젝트를 함께 만들며 실제 프런트엔드 프로젝트 하나를 완성하는 경험을 할 수 있을 것입니다.

11-1-1 SLOG 서비스 기능

SLOG 프로젝트(이하 SLOG)에는 어떤 기능이 있는지 설명하겠습니다.

SLOG는 혼자서 글을 작성하는 서비스가 아닌 가입한 회원 다수가 글을 쓰고 글에 코멘트를 달며, 마음에 드는 글에는 '좋아요'를 표시할 수 있는 기능을 가진 미니멀한 소셜네트워크 서비스입니다. [그림 11-1]에서는 글목록과 글을 작성하고 수정하는 메인 화면의 기능에 대해 설명하겠습니다. 그리고 [그림 11-2]에서는 코멘트 페이지, [그림 11-3]에서는 회원가입과 로그인 페이지에 대해 설명하도록 하겠습니다.

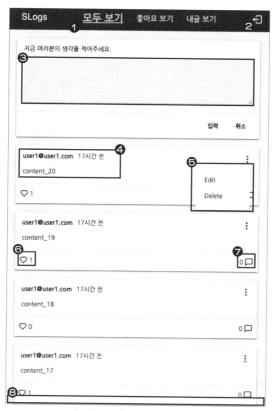

[그림 11-1] SLOG 메인 화면

상단바에는 ❶보기모드(전체 글, '좋아요' 체크한 글, 내가 쓴) 선택과 ❷로그인, 로그아웃이 배치되고, 로그인한 사용자에게만 보여지는 ❸글 작성폼이 위치합니다. 작성된 글은 ❹와 같이 유저 아이디, 작성 시간, 작성된 게시물로 표시되고, 작성한 사용자에게는 ❺글을 수정 및 삭제하는 옵션이 나타납니다. 게시물 하단에서는 ❻'좋아요'를 누를 수 있고 그 개수도 나타나며, ❼작성된 코멘트 개수 및 코멘트보기 옵션 링크가 위치합니다. 그리고 ❽게시물의 더보기 기능은 스크롤을 감지하여 자동으로 표시되는 무한스크롤로 구현될 것입니다.

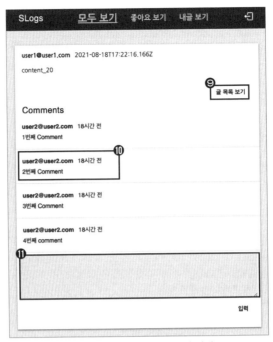

[그림 11-2] SLOG 코멘트보기 화면

[그림 11-1]의 **❼**을 클릭하면 코멘트보기 화면이 나타납니다. 코멘트보기에는 **❾**이전화면으로 돌아가는 버튼과 **❿**작성된 코멘트의 내용, 유저 아이디, 시간을 목록으로 보여줍니다. 그리고 로그인한 유저라면 **⓫**코멘트 작성폼이 나타나고 이곳을 통해 코멘트를 작성할 수 있습니다.

[그림 11-3] SLOG 로그인 및 회원가입 화면

SLOG에서 게시물 보기의 경우는 로그인 없이도 가능하지만, 게시물 및 코멘트 작성 그리고 '좋아요' 등의 기능은 로그인한 사용자만 이용 가능합니다. 그래서 이에 필요한 인증 서비스인 회원가입과 로그인 페이지도 만들어 보겠습니다.

11-2 API 설치 및 설명

현재는 많은 프로젝트가 프런트엔드(Front-End)와 백엔드(Back-End)로 나누어 구성됩니다. 프런트엔드는 지금까지 학습한 Svelte와 같은 프레임워크로 이루어져 있고 화면을 그리는 것이 핵심 기능입니다. 백엔드는 프런트엔드가 화면에 나타낼 실제적인 데이터를 다루는 서버입니다. 일반적으로 백엔드와 프런트엔드는 REST API라는 방식으로 통신합니다.

이번 SLOG 앱은 실제 프로젝트와 같이 백엔드 서버에 데이터를 요청하고 프런트엔드에서 이렇게 보내진 데이터를 받아 화면에 그려 주는 방식으로 작업할 예정입니다. 이번 챕터에서는 SLOG의 백엔드 서버를 어떻게 실행시키고, 백엔드 서버는 어떤 API를 가지고 있는지에 대해서 알아보겠습니다.

11-2-1 SLOG 백엔드 설치

SLOG는 Node.js 기반의 Meteor.js라는 플랫폼으로 제작된 서버입니다. 그래서 실행시키기 위해서는 Meteor.js를 설치해야만 합니다. Svelte와 마찬가지로 Node.js가 기본적으로 설치되어 있어야 하며 Node.js는 LTS 버전(안정 버전)을 설치해 주면 됩니다.

OS별 Meteor.js의 설치 방법은 다음과 같습니다. 터미널창을 열고 다음 명령어를 통해서 설치할 수 있습니다.

OSX(맥) / Linux	curl https://install.meteor.com/	sh 또는 npm install -g meteor
Windows	npm install -g meteor

예제 파일 'chapter-11' 폴더 아래의 'Slog-Server'의 압축을 풀고 해당 폴더 위치에서 터미널창을 열고 npm i를 통해서 필요한 패키지를 설치합니다. 그리고 meteor run이라는 명령어를 입력하여 서버를 실행시켜 주겠습니다.

```
npm i

meteor run
```

서버가 정상적으로 실행되면 터미널창에 다음과 같은 메시지가 나타나는 것을 확인할 수 있습니다.

[그림 11-4] SLOG-SERVER 실행화면

사용하는 OS가 윈도우라면 '이 시스템에서 스크립트를 실행할 수 없습니다.'라는 메시지가 나타날 수 있습니다. 이 경우 '관리자 권한'으로 Windows PowerShell을 열어 다음 명령어를 실행시킵니다.

```
Set-ExecutionPolicy RemoteSigned
// 물음이 나오면 y
Get-ExecutionPolicy
```

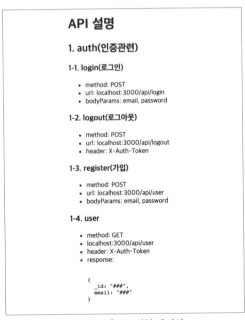

[그림 11-5] API 설명 페이지

SLOG-SERVER로 통신을 하는 기본 주소는 localhost:3000입니다. 그리고 브라우저에서 http://localhost:3000으로 접속하면 [그림 11-5]와 같은 API 설명을 볼 수 있습니다. 지금부터 이 API목록에 대해서 설명하겠습니다.

11-2-2 SLOG API 설명

API 명세서에 나와 있는 옵션들의 의미를 알아보겠습니다. API는 성격에 따라 크게 4가지로 분류됩니다.

① Auth: 인증 관련 주제

② Article: 서비스의 메인이 되는 작성글 관련

③ Like: 좋아요 관련

④ Comment: 코멘트 관련

● API 옵션

그리고 각각의 API는 필요에 따라 method, url, auth, header, bodyParams, urlParams, response와 같은 옵션을 가집니다. REST 타입을 선택하는 method와 API를 호출하는 주소인 URL은 모두 공통으로 가지지만, 나머지 옵션은 필요에 따라서 사용되기도 하고 사용되지 않을 수도 있습니다. 옵션들이 가지는 값 중에서 bodyParams와 urlParams는 작성글의 내용이나 페이지 번호 등의 값으로 API에 해당 옵션이 있다면 해당 API에서는 필수로 가져야만 하는 값이라고 보면 됩니다.

method	- API 타입 - GET, POST, PUT, DELETE 네 가지 중 하나를 가짐
URL	- API를 호출하는 주소
auth	- 인증 여부 - true인 경우 해당 API를 사용하기 위해서는 로그인이 되어 있어야 함
header	- 서버로 보내는 header 값에 어떤 값을 보내는지를 나타냄 - SLOG에서는 auth가 true인 경우 X-Auth-Token이라는 토큰을 함께 보내게 됨
bodyParams	- 서버로 전달하는 값을 보내는 부분 - 작성글의 경우 content라는 것을 보낼 수 있고 로그인의 경우 email, password 값을 body에 실어서 서버로 전송하게 됨
urlParams	- 값 전달에 있어서 body에 보내는 방법 - URL 주소를 통해 값을 전달할 수 있고, urlParams로 되어 있는 값은 URL을 통해서 값을 전달해야 함
response	- 서버로 어떤 값을 요청하거나 혹은 어떤 행동(예: 글 작성)을 했을 때 서버가 프런트엔드로 전달하는 값들의 형태 - GET으로 요청한 작성글 목록을 받거나 글을 추가 또는 수정했을 경우 수정된 글의 정보를 받아서 사용할 수 있음

다음은 SLOG에서 사용할 API 전체 명세입니다.

API 설명

1. auth(인증관련)

1-1. login(로그인)
method: POST
url: localhost:3000/api/login
bodyParams: email, password

1-2. logout(로그아웃)
method: POST
url: localhost:3000/api/logout
header: X-Auth-Token

1-3. register(가입)
method: POST
url: localhost:3000/api/user
bodyParams: email, password

1-4. user
method: GET
localhost:3000/api/user
header: X-Auth-Token
response:
```
{
  _id: "###",
  email: "###"
}
```

2. article(게시글)

2-1. article 게시글 작성
method: POST
url: localhost:3000/api/article
auth: true
header: X-Auth-Token
bodyParams: content

```
response:
{
  userId: "###",
  userName: "###",
  content: "###",
  createdAt: "###",
  commentCount: "###",
  likeCount: "###",
  likeUsers: ["###"],
}
```

2-2. article 게시글 수정
```
method: PUT
url: localhost:3000/api/article
auth: true
header: X-Auth-Token
bodyParams: content, _id
response:
{
  userId: "###",
  userName: "###",
  content: "###",
  createdAt: "###",
  commentCount: "###",
  likeCount: "###",
  likeUsers: ["###"],
}
```

2-3. article 게시글 삭제
```
method: DELETE
url: localhost:3000/api/article
auth: true
header: X-Auth-Token
bodyParams: _id
```

2-4. articles 게시글 목록
```
method: GET
url: localhost:3000/api/articles/:currentPage
auth: 선택
header: X-Auth-Token(선택)
```

```
urlParams: currentPage
response:
{
  articleList: [
    {
      userId: "###",
      userName: "###",
      content: "###",
      createdAt: "###",
      commentCount: "###",
      likeCount: "###",
      likeUsers: ["###"],
    },
    ...
  ],
  totalPage: ###,
  menuPopup:'###',
  editMode:'###'
}
```

2-5. 내가 쓴 **articles** 게시글 목록

```
method: GET
url: localhost:3000/api/articles/my/:currentPage
auth: 선택
header: X-Auth-Token(선택)
urlParams: currentPage
response:
{
  articleList: [
    {
      userId: "###",
      userName: "###",
      content: "###",
      createdAt: "###",
      commentCount: "###",
      likeCount: "###",
      likeUsers: ["###"],
    },
    ...
  ],
```

```
  totalPage: ###,
  menuPopup:'###',
  editMode:'###'
}
```

2-6. article 게시글 한 개
```
method: GET
url: localhost:3000/api/articles/:_id
auth: false
urlParams: _id
response:
{
  userId: "###",
  userName: "###",
  content: "###",
  createdAt: "###",
  commentCount: "###",
  likeCount: "###",
  likeUsers: ["###"],
}
```

3. like

3-1. like 표시
```
method: PUT
url: localhost:3000/api/like
auth: true
header: X-Auth-Token
bodyParams: articleId
```

3-2. like 해제
```
method: PUT
url: localhost:3000/api/cancellike
auth: true
header: X-Auth-Token
bodyParams: articleId
```

3-3. likes
```
method: GET
```

```
url: localhost:3000/api/likes/:currentPage
auth: true
header: X-Auth-Token
urlParam: currentPage
response:
{
  articleList: [
    {
      userId: "###",
      userName: "###",
      content: "###",
      createdAt: "###",
      commentCount: "###",
      likeCount: "###",
      likeUsers: ["###"],
    },
    ...
  ],
  totalPage: ###,
  menuPopup:'###',
  editMode:'###'
}
```

4. comment

4-1. comment 추가
```
method: POST
url: localhost:3000/api/comments
auth: true
header: X-Auth-Token
bodyParams: articleId, content
response:
{
  userId: "###",
  userName: "###",
  articleId: "###",
  content: "###",
  createdAt: "###",
}
```

4-2. comment 삭제
method: DELETE
url: localhost:3000/api/comments
auth: true
header: X-Auth-Token
bodyParams: _id, articleId

4-3. comment 목록
method: GET
url: localhost:3000/api/comments/:_id
response:
```
[
  {
    userId: "###",
    userName: "###",
    articleId: "###",
    content: "###",
    createdAt: "###",
  },
]
```

11-3 프로젝트 생성 및 컴포넌트 배치

11-3-1 프로젝트 생성

지금부터 실제적인 개발을 진행하겠습니다. 처음 할 일은 당연히 프로젝트 생성입니다. 폴더를 만들고, 다음 명령어를 통해서 Svelte 프로젝트를 생성해 주겠습니다.

```
npx degit sveltejs/template 폴더경로

또는 폴더가 위치한 곳에서 터미널을 열었다면 아래와 같이 실행

npx degit sveltejs/template ./
```

11-3-2 디자인 요소 배치

이번 프로젝트 역시 디자인이 완료된 퍼블리싱 결과물을 가지고 배치 후에 개발하겠습니다. 소

스코드 'chapter-11' 폴더 아래의 'Slog-Design'이라는 폴더는 퍼블리싱, 즉 디자인된 이미지를 HTML과 CSS로 변환하는 작업의 결과물입니다. 실제 프로젝트에서도 디자인된 결과는 퍼블리싱이라는 과정을 거친 HTML과 CSS로 이루어지는 것이 일반적입니다.

'chapter11' 폴더의 'Slog-Design' 폴더 아래의 style에 있는 'boxicon'과 'mdl'이라는 두 가지 폴더를 새로 만든 SLOG 프로젝트로 옮기겠습니다. 이 두 폴더는 프로젝트에 사용된 아이콘과 디자인에 사용된 CSS 프레임워크입니다. 이 두 폴더를 public 폴더 아래에 assets 폴더를 만들어 이곳에 복사해 주겠습니다. 직접적으로 작성된 CSS가 아닌 디자인 플러그인이나 디자인 프레임워크의 경우 putlic 폴더 아래에 assets 폴더를 만들어 사용하는 것을 추천합니다.

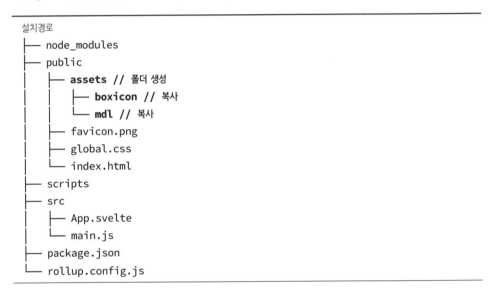

```
설치경로
├── node_modules
├── public
│   ├── assets // 폴더 생성
│   │   ├── boxicon // 복사
│   │   └── mdl // 복사
│   ├── favicon.png
│   ├── global.css
│   └── index.html
├── scripts
├── src
│   ├── App.svelte
│   └── main.js
├── package.json
└── rollup.config.js
```

그리고 public/index.html을 열어 header에 필요한 CSS로 링크를 걸어 주겠습니다.

```html
<!DOCTYPE html>
<html lang="en">
<head>
  <meta charset='utf-8'>
  <meta name='viewport' content='width=device-width,initial-scale=1'>

  <title>SLOG</title>
  <link rel='icon' type='image/png' href='/favicon.png'>
  <link rel='stylesheet' href='/assets/boxicon/css/boxicons.min.css'> <!-- 추가 -->
```

```
  <link rel='stylesheet' href='/assets/mdl/material.min.css'> <!-- 추가 -->
  <link rel='stylesheet' href='/build/bundle.css'>
  <script defer src='/build/bundle.js'></script>
</head>

<body>
</body>
</html>
```

[코드 11-1] index.html

이때 추가하는 boxicon.min.css와 material.min.css는 꼭 bundle.css 위에 위치해야 합니다. 이유는 CSS의 경우 먼저 선언된 값이 아닌 제일 마지막에 선언된 값이 적용되기 때문입니다. 보통 외부 디자인 프레임워크를 바탕으로 사용자가 임의로 수정해서 사용을 합니다. 그래서 사용자가 수정한 내용은 빌드 시 bundle.css에 모이게 되므로 이 bundle.css가 마지막에 와야 사용자가 임의로 작성한 디자인 내용이 적용됩니다. 그리고 디자인 프레임워크와 디자인 플러그인을 Svelte 소스에서 import하지 않고 index.html에 직접 링크하는 이유는 현재의 rollup을 이용한 번들링 과정에서 개발자가 작성한 CSS보다 외부 CSS가 뒤에 위치하는 일이 발생하기 때문입니다.

다음으로 메인 디자인 요소인 style/main.css를 새로 만든 프로젝트의 src/styles/main.css로 복사하겠습니다. 참고로 이번 프로젝트에서는 global.css를 사용하지 않기 때문에 global.css는 링크에서 제외하겠습니다.

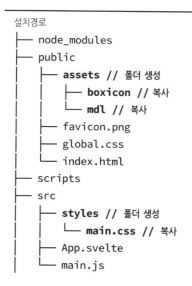

```
설치경로
├── node_modules
├── public
│   ├── assets // 폴더 생성
│   │   ├── boxicon // 복사
│   │   └── mdl // 복사
│   ├── favicon.png
│   ├── global.css
│   └── index.html
├── scripts
├── src
│   ├── styles // 폴더 생성
│   │   └── main.css // 복사
│   ├── App.svelte
│   └── main.js
```

```
├── package.json
└── rollup.config.js
```

옮겨진 main.css는 main.js에서 import를 통해 삽입하겠습니다. 사용자가 직접 작성한 CSS의 경우 global.css에서 사용해도 되지만 이렇게 main.js에서 import를 이용해 삽입하는 방법도 있습니다. 삽입된 CSS는 컴포넌트에 직접 작성된 CSS들과 함께 bundle.css로 모아지게 됩니다.

```javascript
import App from './App.svelte';
import './styles/main.css'; // 추가

const app = new App({
  target: document.body,
});

export default app;
```

[코드11-2] main.js

11-3-3 컴포넌트 배치

src 아래에 components 폴더를 만들고 다음과 같은 파일들을 생성해 주겠습니다.

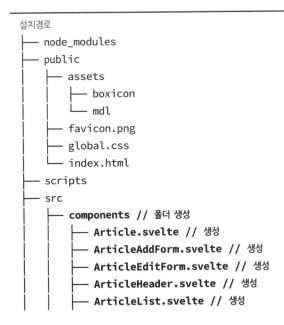

```
설치경로
├── node_modules
├── public
│   ├── assets
│   │   ├── boxicon
│   │   └── mdl
│   ├── favicon.png
│   ├── global.css
│   └── index.html
├── scripts
├── src
│   ├── components // 폴더 생성
│   │   ├── Article.svelte // 생성
│   │   ├── ArticleAddForm.svelte // 생성
│   │   ├── ArticleEditForm.svelte // 생성
│   │   ├── ArticleHeader.svelte // 생성
│   │   ├── ArticleList.svelte // 생성
```

```
|   |       ├─ AuthHeader.svelte // 생성
|   |       ├─ AuthLogin.svelte // 생성
|   |       ├─ AuthRegister.svelte // 생성
|   |       ├─ Comment.svelte // 생성
|   |       └─ CommentList.css // 생성
|   ├─ styles
|   |   └─ main.css
|   ├─ App.svelte
|   └─ main.js
├─ package.json
└─ rollup.config.js
```

지금부터 'Slog-Design/html/' 폴더(디자인된 결과물)에 있는 파일을 필요한 부분으로 나누어 컴포넌트에 배치하겠습니다.

● ArticleHeader.svelte 배치

'Slog-Design/html/' 아래에 'articles.html'을 열어주겠습니다. <!-- start header -->... <!-- end header --> 사이의 코드들을 새로 만든 프로젝트의 'ArticleHeader.svelte'에 복사해 붙여넣기하겠습니다.

```
<!-- start header -->
<header class="mdl-layout__header mdl-layout__header--waterfall">
  <div class="mdl-layout__header-row">
      <!-- Title -->
      <span class="mdl-layout-title">SLogs</span>
      <nav class="mdl-navigation">
        <a class="mdl-navigation__link selected" href="#null">모두 보기</a>
        <a class="mdl-navigation__link blocked" href="#null">좋아요 보기</a>
        <a class="mdl-navigation__link blocked" href="#null">내글 보기</a>
      </nav>
      <i class="bx bx-log-out"></i>
  </div>
</header><!-- end header -->
```

[코드11-3] ArticleHeader.svelte

● ArticleAddForm.svelte 배치

〈!-- start article-add-form box --〉 ~ 〈!-- end article-add-form box --〉 사이의 내용을 복사해
ArticleAddForm.svelte에 붙여넣어 주겠습니다.

```html
<!-- start article-add-form box -->
<div class="box mdl-grid mdl-grid--no-spacing mdl-shadow--2dp">
  <div class="mdl-card mdl-cell mdl-cell--12-col comment-box">
    <div class="mdl-card__supporting-text ">
      <div class="info-box">
        <p>지금 여러분의 생각을 적어주세요.</p>
      </div>

    </div>
    <div class="mdl-card__supporting-text">

      <div class="mdl-textfield">
        <textarea class="mdl-textfield__input" type="text" rows= "5" id="sample5"
placeholder="내용을 입력해 주세요." ></textarea>
      </div>

    </div>
    <div class="mdl-card__actions mdl-card--border btn-box">
      <a href="#null" class="mdl-button mdl-js-button mdl-js-ripple-effect">입력</a>
      <a href="#null" class="mdl-button mdl-js-button mdl-js-ripple-effect">취소</a>
    </div>
  </div>
</div><!-- end article-add-form box -->
```

[코드 11-4] ArticleAddForm.svelte

● ArticleList.svelte 배치

주석으로 표시된 〈!-- start article-wrap --〉 ... 〈!-- end article-wrap --〉까지의 태그 전체를
복사해 ArticleList.svelte에 붙여 주겠습니다. 그리고 안쪽의 게시글 내용에 해당하는 〈!-- start
article box--〉 ~ 〈!-- end article box--〉는 잘라내서 Article.svelte로 옮겨 주고, 〈!-- start edit
article box --〉 ~ 〈!-- end edit article box --〉는 잘라내서 ArticleEditForm.svelte로 이동시키겠
습니다.

```
<!-- start article-wrap -->
<div class="articles-wrap">

  <!-- start article box 잘라내서 다시 Article.svelte로 이동-->
  ...

</div><!-- end article-wrap -->
```

[코드11-5] ArticleList.svelte

● Article.svelte 배치

```
<!-- start article box-->
<div class="box mdl-grid mdl-grid--no-spacing mdl-shadow--2dp">
  <div class="mdl-card mdl-cell mdl-cell--12-col">
    <div class="mdl-card__supporting-text ">
      <div class="info-box">
        <div class="info">
          <p class="user-id">freeseamew</p>
          <p class="post-day">2021-11-11</p>
        </div>
      </div>
    </div>
    <div class="mdl-card__supporting-text ">
      <p class="pre">
        Dolore ex deserunt aute fugiat aute nulla ea sunt aliqua nisi cupidatat
eu. Nostrud in laboris labore nisi amet do dolor eu fugiat consectetur elit
cillum esse. Pariatur occaecat nisi laboris tempor laboris eiusmod qui id Lorem
esse commodo in. Exercitation aute dolore deserunt culpa consequat elit labore
incididunt elit anim.
      </p>
    </div>
    <div class="mdl-card__actions mdl-card--border">
      <!-- <a href="#null" class="mdl-button">Read our features</a> -->
      <div class="icon-box">
        <i class="bx bx-heart" ></i>
        <p>10</p>
      </div>
      <div class="icon-box-comment">
        <p>10</p>
        <i class="bx bx-comment" ></i>
```

```
      </div>

    </div>
  </div>
  <button class="mdl-button mdl-js-button mdl-js-ripple-effect mdl-button--icon">
    <!-- <i class="material-icons">more_vert</i> -->
    <i class='bx bx-dots-vertical-rounded material-icons'></i>
  </button>
  <ul class="list-menu">
    <li class="onCursur">Edit</li>
    <li class="onCursur">Delete</li>
  </ul>

</div><!-- end article box-->
```

[코드 11-6] Article.svelte

● ArticleEditForm.svelte 배치

```
<!-- start edit article box -->
<div class="box mdl-grid mdl-grid--no-spacing mdl-shadow--2dp">
  <div class="mdl-card mdl-cell mdl-cell--12-col">
    <div class="mdl-card__supporting-text">
      <div class="info-box">
        <div class="info">
          <p class="user-id">freeseamew</p>
          <p class="post-day">2021-11-11</p>
        </div>
      </div>
    </div>
    <div class="mdl-card__supporting-text">

      <div class="mdl-textfield">
        <textarea class="mdl-textfield__input" type="text" rows= "5" id="sample5"
></textarea>
      </div>

    </div>
    <div class="mdl-card__actions mdl-card--border btn-box">
      <a href="#null" class="mdl-button mdl-js-button mdl-js-ripple-effect">수정</a>
      <a href="#null" class="mdl-button mdl-js-button mdl-js-ripple-effect">취소</a>
```

```
    </div>
  </div>

  <i class="bx bx-x material-icons cancel"></i>
</div> <!-- end edit article box -->
```

[코드 11-7] ArticleEditForm.svelte

다음으로 'Slog-Design/html/' 폴더 아래에 있는 'comment.html'의 요소들을 CommentList.svelte 컴포넌트에 배치하겠습니다.

●CommentList.svelte 배치

〈!-- start comment-modal-bg--〉 ~ 〈!-- end comment-modal-bg--〉 사이의 내용을 복사해서 CommentList.svelte에 배치하겠습니다. 이때 코멘트가 반복해서 출력되는 부분에 해당하는 〈!-- start li --〉 ~ 〈!-- end li --〉 부분은 역시 잘라내서 Comment.svelte로 옮겨 주겠습니다.

```
<!-- start comment-modal-bg-->
<div class="comment-modal-bg modal-show">
  <div class="mdl-layout__content comment-wrap">
    <!--  start box-comment-article -->
    <div class="box mdl-grid mdl-grid--no-spacing mdl-shadow--2dp">
      <div class="mdl-card mdl-cell mdl-cell--12-col comment-box">
        <div class="mdl-card__supporting-text ">
          <div class="info-box">
            <div class="info">
              <p class="user-id">freeseamew</p>
              <p class="post-day">2021-11-11</p>
            </div>
          </div>
        </div>
        <div class="mdl-card__supporting-text bottom-padding ">
          <p class="pre">
              Dolore ex deserunt aute fugiat aute nulla ea sunt aliqua nisi
cupidatat eu. Nostrud in laboris labore nisi amet do dolor eu fugiat consectetur
elit cillum esse. Pariatur occaecat nisi laboris tempor laboris eiusmod qui id
Lorem esse commodo in. Exercitation aute dolore deserunt culpa consequat elit
labore incididunt elit anim.
          </p>
```

```html
        </div>
        <div class="mdl-card__supporting-text flex-right ">
          <a href="#" class="mdl-button mdl-js-button mdl-js-ripple-effect">글 목록
보기</a>
        </div>
        <div class="mdl-card__supporting-text ">
          <h5>Comments</h5>
        </div>

        <!-- start comment list-->
        <ul class="mdl-list">

        </ul> <!-- end comment list-->

        <div class="mdl-card__actions">
          <div class="mdl-textfield">
            <textarea class="mdl-textfield__input" type="text" rows= "5"
id="sample5" ></textarea>
          </div >
        </div>
        <div class="btn-box">
          <a href="#" class="mdl-button mdl-js-button mdl-js-ripple-effect">입력</a>
        </div>

      </div>
    </div><!--end box-comment-article-->
  </div><!-- end mdl-layout__content-->
</div><!-- end comment-modal-bg-->
```

[코드 11-8] CommentList.svelte

● Comment.svelte 배치

```html
<!-- start li -->
<li class="mdl-list__item mdl-list__item--three-line">
  <span class="mdl-list__item-primary-content">
    <div class="info-box">
      <div class="info">
        <p class="user-id">freeseamew</p>
        <p class="post-day">2021-11-11</p>
      </div>
```

```
    <i class="bx bx-trash delete"></i>
  </div>

  <div class="comment-content">
    <p class="pre">
      Bryan Cranston played the role of Walter in Breaking Bad. He is also known
      for playing Hal in Malcom in the Middle.
    </p>
  </div>
  </span>
</li><!-- end li -->
```

[코드 11-9] Comment.svelte

이번에는 로그인과 회원가입에 해당하는 컴포넌트를 배치하겠습니다. 'Slog-Design/html/' 폴더 아래의 'login.html'을 열어 보겠습니다.

● AuthHeader.svelte 배치

게시글에 해당하는 부분과 header의 내용이 다르므로 〈!-- start header --〉 ~ 〈!-- end header --〉에 해당하는 부분을 AuthHeader.svelte에 복사해 주겠습니다.

```
<!-- start header -->
<header class="mdl-layout__header mdl-layout__header--waterfall">
  <div class="mdl-layout__header-row">
    <span class="mdl-layout-title">SLogs</span>
    <nav class="mdl-navigation">
      <a class="mdl-navigation__link selected" href="#null">로그인</a>
      <a class="mdl-navigation__link " href="#null">회원가입</a>
    </nav>
    <i class="bx bxs-home"></i>
  </div>
</header><!-- end header -->
```

[코드 11-10] AuthHeader.svelte

● AuthLogin.svelte 배치

다음으로 〈!-- start main login box--〉 ~ 〈!-- end main login box--〉에 해당하는 부분을 AuthLogin.svelte에 복사해 주겠습니다.

```
<!-- start main login box-->
<main class=" mdl-layout__content">
  <div class="box mdl-grid mdl-grid--no-spacing mdl-shadow--2dp">


    <div class="mdl-card mdl-cell mdl-cell--12-col">
      <div class="mdl-textfield mdl-js-textfield">
        <input class="mdl-textfield__input" type="password" placeholder="이메일">
      </div>
      <div class="mdl-textfield mdl-js-textfield">
        <input class="mdl-textfield__input" type="password" placeholder="패스워드">
      </div>
      <div class="mdl-card__actions btn-box">
        <a href="#" class="mdl-button mdl-js-button mdl-js-ripple-effect">로그인</a>
      </div>
    </div>


  </div>
</main><!-- end main login box-->
```

[코드 11-11] AuthLogin.svelte

● AuthRegister.svelte 배치

마지막으로 회원가입폼에 해당하는 register.html을 열어주겠습니다. 그리고 <!-- start main register box--> ~ <!-- end main register box-->에 해당하는 내용을 AuthRegister.svelte에 복사해 주겠습니다.

```
<!-- start main register box-->
<main class="mdl-layout__content">
  <div class="box mdl-grid mdl-grid--no-spacing mdl-shadow--2dp">


    <div class="mdl-card mdl-cell mdl-cell--12-col">
      <div class="mdl-textfield mdl-js-textfield">
        <input class="mdl-textfield__input" type="text" placeholder="이메일" >
      </div>
      <div class="mdl-textfield mdl-js-textfield">
        <input class="mdl-textfield__input" type="password" placeholder="비밀번호" >
      </div>
      <div class="mdl-textfield mdl-js-textfield">
        <input class="mdl-textfield__input" type="password" placeholder="비밀번호 확인" >
```

```
      </div>
      <div class="mdl-card__actions btn-box">
        <a href="#null" class="mdl-button mdl-js-button mdl-js-ripple-effect">회원가입</a>
      </div>
    </div>

  </div>
</main><!-- end main register box-->
```

[코드 11-12] AuthRegister.svelte

기본적인 배치는 끝났으니 만들어진 페이지와 라우터를 연동해 화면에 출력해 보겠습니다.

11-4 라우터 설정

SLOG 서비스는 요청에 따라 회원가입, 로그인, 메인 페이지 등으로 URL에 따라 페이지가 변경됩니다. 따라서 《챕터 9. 라우터(Router)》에서 학습한 라우터가 필수로 필요한 서버입니다. 지금부터이 라우팅을 적용해 보겠습니다.

● tinro 라우터 설치

라우팅 플러그인인 tinro를 설치하겠습니다. 터미널창에서 다음 명령어를 입력해 줍니다.

```
npm i -D tinro
```

그리고 package.json에서 start에 --single을 추가하겠습니다.

```
"scripts": {
    "build": "rollup -c",
    "dev": "rollup -c -w",
    "start": "sirv public --single --no-clear" // --single 추가
},
```

다음으로 라우터에서 사용할 페이지와 router.svelte를 만들겠습니다. 또 라우터에서 직접 참조할 컴포넌트들은 pages라는 폴더 아래에 만들겠습니다. 실제로 어떤 기능을 가지는 컴포넌트는 components 폴더에 분류하고, URL 주소에 따라 라우팅에 사용될 파일은 pages에 배치한다고 이해하면 됩니다.

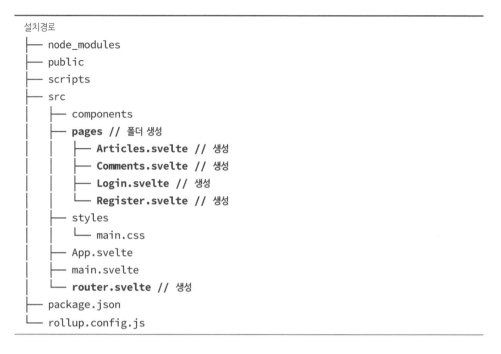

```
설치경로
├── node_modules
├── public
├── scripts
├── src
│   ├── components
│   ├── pages // 폴더 생성
│   │   ├── Articles.svelte // 생성
│   │   ├── Comments.svelte // 생성
│   │   ├── Login.svelte // 생성
│   │   └── Register.svelte // 생성
│   ├── styles
│   │   └── main.css
│   ├── App.svelte
│   ├── main.svelte
│   └── router.svelte // 생성
├── package.json
└── rollup.config.js
```

router.svelte부터 작성하겠습니다. router.svelte는 《챕터 9. 라우터(Router)》에서 학습한 것처럼 컴포넌트와 라우팅을 연결해 주는 역할을 하는 파일입니다. tinro에서 Route와 Articles, Login, Register의 세 가지 파일을 가져옵니다. 그리고 Route를 이용해 컴포넌트와 URL 주소를 연동해 줍니다. 여기서 Comment는 Aritcles의 하위 라우터로 배치될 예정이어서 'path="/articles/*"'처럼 주소 끝에 *를 표시해 주겠습니다. 또 최초 주소의 경우 redirect로 '/articles'로 이동하게 설정하겠습니다.

```html
<script>
  import { Route } from 'tinro';

  import Articles from './pages/Articles.svelte';
  import Login from './pages/Login.svelte';
  import Register from './pages/Register.svelte';
</script>

<Route path="/" redirect="/articles" />
<Route path="/articles/*"><Articles /></Route>
<Route path="/login"><Login /></Route>
<Route path="/register"><Register /></Route>
```

[코드 11-13] router.svelte

pages 폴더에 있는 파일들도 작성하겠습니다. 가장 메인이 되는 Articles.svlete부터 작성하겠습니다. 여기에 사용되는 컴포넌트는 ArticleHeader, ArticleList, ArticleAddForm 이렇게 세 가지입니다.

마크업 영역의 경우 SLOG-DESIGN의 articles.html에서 디자인 요소인 〈div class="svelte-demo…"〉〈/div〉에 해당하는 div를 복사합니다. 그리고 그 아래에 〈ArticleHeader /〉 컴포넌트를 배치하고, 다시 디자인 요소인 〈main class="…"〉 안에 〈ArticleAddForm /〉, 〈ArticleList /〉를 배치합니다.

```
<script>
  import ArticleHeader from '../components/ArticleHeader.svelte';
  import ArticleList from '../components/ArticleList.svelte';
  import ArticleAddForm from '../components/ArticleAddForm.svelte';
</script>

<!-- start svelte-demo -->
<div class="svelte-demo mdl-color--grey-100 mdl-layout mdl-js-layout mdl-layout--
fixed-header">
  <ArticleHeader />
  <!-- start main-->
  <main class="mdl-layout__content">
    <ArticleAddForm />
    <ArticleList />
  </main><!-- end main-->
</div><!-- end svelte-demo -->
```

[코드 11-14] Articles.svelte

다음으로 로그인과 회원가입에 해당하는 Login.svelte와 Register.svelte를 작성합니다. 여기서도 SLOG-DESIGN의 login.html에서 디자인 요소에 해당하는 〈div class="auth…"〉〈/div〉를 복사해 주겠습니다. 이 안에 공통적으로 AuthHeader 컴포넌트를 사용하고, AuthLogin, AuthRegister를 각각 배치합니다.

```
<script>
  import AuthHeader from '../components/AuthHeader.svelte';
  import AuthLogin from '../components/AuthLogin.svelte';
</script>
<!-- start auth -->
<div class="auth mdl-color--grey-100 mdl-layout mdl-js-layout mdl-layout--fixed-
```

```
header">
  <AuthHeader />
  <AuthLogin />
</div><!-- end auth -->
```

[코드 11-15] Login.svelte

```
<script>
  import AuthHeader from '../components/AuthHeader.svelte';
  import AuthRegister from '../components/AuthRegister.svelte';
</script>
<!-- start auth -->
<div class="auth mdl-color--grey-100 mdl-layout mdl-js-layout mdl-layout--fixed-
header">
  <AuthHeader />
  <AuthRegister />
</div><!-- end auth -->
```

[코드 11-16] Register.svelte

마지막으로 App.svelte에 Router 컴포넌트를 배치합니다. 여기서도 <div class="mdl-layout__
container"> 안에 Router 컴포넌트를 배치하겠습니다.

```
<script>
  import Router from './router.svelte';
</script>

<div class="mdl-layout__container">
  <Router />
</div>
```

[코드 11-17] App.svelte

앱을 실행시켜 보겠습니다. 그리고 정상적으로 라우터까지 작업 완료되었다면, 각각의 URL에서
다음과 같은 화면들을 확인할 수 있을 것입니다.

▶ http://localhost:3000/

▶ http://localhost:3000/login

▶ http://localhost:3000/register

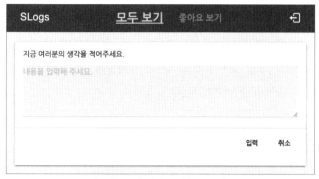

[그림 11-6] 메인 화면(/articles)

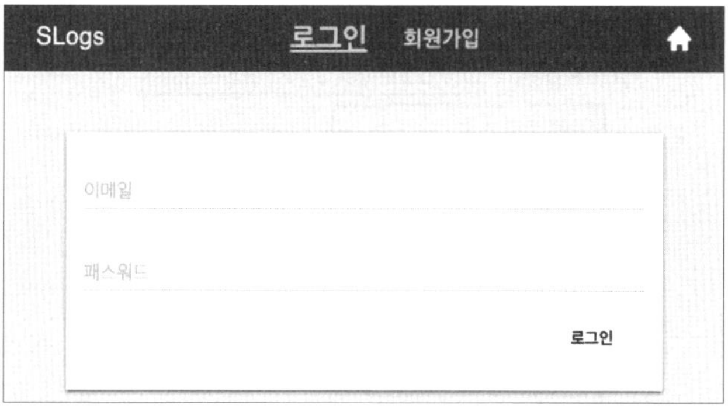

[그림 11-7] 로그인 화면(/login)

[그림 11-8] 회원가입 화면(/register)

11-5 axios를 이용한 서버통신 설정

이번 프로젝트는 실제 서버와 통신을 하면서 작동하는 웹앱입니다. 이를 위해 axios를 사용할 예정입니다. axios를 바로 사용할 경우 중복 코드가 많이 발생하기 때문에 axios를 한 번 더 감싸는 코드를 만들어 효율을 높여 보겠습니다.

우선 어떤 코드들이 계속해서 중복 사용되는지 알아보겠습니다. [그림 11-9]는 axios를 이용한 서버와 통신을 하는 예제입니다. 표시된 부분이 모두 중복 사용된 코드이며, URL 주소와 headers로 전달되는 부분이 대표적으로 중복됩니다. 이런 부분이 계속 쌓이면 결국 개발의 생산성을 떨어뜨릴 수밖에 없습니다.

```
axios.get("http://localhost:3000/api/aritcles", {
    headers: {
        X-Auth-Token: '###'
    }
})

axios.get("http://localhost:3000/api/likes", {
    headers: {
        X-Auth-Token: '###'
    }
})

axios.post("http://localhost:3000/api/article",
    {
        content: "###"
    },
    {
        headers: {
            X-Auth-Token: '###'
        },
    })
```

[그림 11-9] axios 중복 화면

[그림 11-10]은 중복되는 부분을 별도 함수로 만들어 처리할 경우에 줄어드는 소스코드입니다. 코드가 확연히 줄어든 것을 볼 수 있습니다.

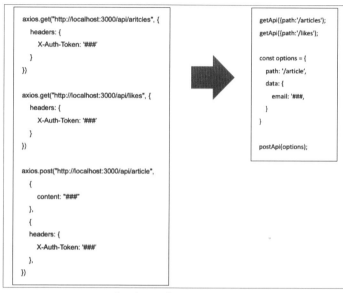

[그림 11-10] axios 중복 비교

그럼 중복 처리 기능을 만들어 보겠습니다. src 폴더 아래에 service라는 폴더를 만들어 이 안에 api.js라는 파일을 만들어 줍니다.

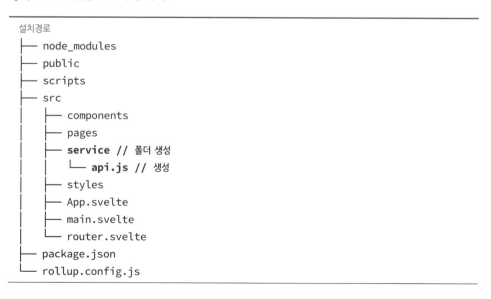

새로 만든 api.js 파일을 열고 우선 import로 axios를 가져오고, 다음과 같은 네 가지 함수를 만들어 export시켜 줍니다. 외부에서는 export된 이 4가지 함수를 호출하여 axios를 통한 REST API를 처리하게 됩니다. 그리고 getApi, putApi, postApi, delApi의 4가지 함수는 send라는 함수를 호출하는 것으로 실제 axios를 처리하게 됩니다.

여기서 함수 전달인자의 사용법을 주의 깊게 살펴봐야 합니다. **{전달인자="")=()**와 같은 식으로 인자를 전달하게 되는데, 이는 전달인자의 기본값을 설정하는 방법입니다. 이렇게 전달인자의 객체형태로 받을 수 있도록 설정하면, 전달인자가 전달되지 않는 경우 ''와 같은 공백값 또는 이에 대응하는 값을 기본값으로 설정할 수 있습니다.

```js
import axios from "axios";

const send = async ({method='', path='', data={},} = {}) => {

}

const getApi = ({path='', } = {}) => {
  return send({method: 'GET', path });
}
const putApi = ({path='', data={}} = {}) => {
  return send({method: 'PUT', path, data });
}
const postApi = ({path='', data={}} = {}) => {
  return send({method: 'POST', path, data });
}
const delApi = ({path='', data={}} = {}) => {
  return send({method: 'DELETE', path, data });
}

export {
  getApi,
  putApi,
  postApi,
  delApi,
}
```

[코드 11-18] api.js

다음으로 send 함수를 작성해 보겠습니다. send 함수는 공통적으로 전달인자로 method, path, data를 필요에 따라 받게 됩니다. 그리고 API로 보내지는 주소의 공통으로 사용되는 부분은 commonUrl을 만들어 사용하고, 거기에 commonUrl + path를 더해서 API로 전달되는 주소를 만들게 됩니다. API를 사용하는 데 인증이 필요한 경우 headers를 통해서 인증을 확인하는 토큰을 전달하게 됩니다. 이 토큰에 관해서는 《챕터 11-7. 인증 구현》에서 다루겠습니다.

그리고 만들어진 값들을 모아 options이라는 객체를 만들고 try catch 안에 axios(options)라고 사용하겠습니다. 서버에 요청한 내용이 정상적으로 처리되면 서버로부터 받은 결과인 response.data를 리턴하고, 오류가 발생하면 throw를 이용해 발생한 오류를 전달하게 됩니다.

```javascript
import axios from "axios";

const send = async ({method='', path='', data={},} = {}) => {

  const commonUrl = 'http://localhost:3000/api';

  const url = commonUrl + path;

  const getToken = localStorage.getItem('authToken');

  const headers = {
    'Content-Type': 'application/json',
    'X-Auth-Token': getToken,
  }

  const options = {
    method,
    url,
    headers,
    data,
  }

  try {
    const response = await axios(options);
    return response.data;
  }
  catch(error) {
    throw error;
```

```
  }
}

const getApi = ({path='', } = {}) => {
  return send({method: 'GET', path });
}
const putApi = ({path='', data={}} = {}) => {
  return send({method: 'PUT', path, data });
}
const postApi = ({path='', data={}} = {}) => {
  return send({method: 'POST', path, data });
}
const delApi = ({path='', data={}} = {}) => {
  return send({method: 'DELETE', path, data });
}

export {
  getApi,
  putApi,
  postApi,
  delApi,
}
```

[코드 11-19] api.js

이제부터 REST API로 통신이 필요한 경우에는 이 파일을 가져와서 getApi, putApi, postApi, delApi를 활용하면 되겠습니다.

11-6 스토어 배치

서비스에서 사용할 기본적인 스토어를 배치해 보겠습니다. src 폴더 아래에 stores.js 파일을 만들겠습니다.

```
설치경로
├── node_modules
├── public
├── scripts
├── src
│   ├── components
```

```
│    ├── pages
│    ├── service
│    ├── styles
│    ├── App.svelte
│    ├── main.svelte
│    ├── stores.js // 생성
│    └── router.svelte
├── package.json
└── rollup.config.js
```

[코드 11-20] stores.js

stores.js 파일을 열고 사용할 스토어들을 배치하겠습니다. 이때 svelte/store에서 writable과 get을 가져오고, 이전 챕터에서 만든 api 함수들을 가져옵니다. 몇몇 기능에서는 페이지를 이동시켜 줄 필요가 있기 때문에 tinro의 router도 가져오겠습니다.

```javascript
import { writable, get } from "svelte/store";
import {getApi, putApi, delApi, postApi} from './service/api'
import { router } from 'tinro';

function setCurrentArticlesPage() {}
function setArticles() {}
function setLoadingArticle() {}
function setArticleContent() {}
function setArticleMode() {}
function setComments() {}
function setAuth() {}
function setAuthToken() {}

export const currentArticlesPage = setCurrentArticlesPage();
export const articles = setArticles();
export const loadingArticle = setLoadingArticle();
export const articlePageLock = writable(false);
export const articleContent = setArticleContent();
export const articlesMode = setArticleMode();
export const comments = setComments();
export const auth = setAuth();
export const authToken = setAuthToken();
```

[코드 11-21] stores.js

스토어 각각의 역할을 설명하겠습니다.

articles	- articles 스토어는 서비스의 가장 메인이 되는 스토어 - articles라는 게시물 목록이 쌓이게 되고, 게시물의 수정, 삭제 등과 관련된 사용자정의 메소드와 '좋아요'나 코멘트를 추가했을 때 상태를 변경해 주는 사용자정의 메소드 등을 가짐
currentArticlesPage	- 게시물을 스크롤할 때 페이지가 증가하는 부분을 다루는 스토어
loadingArticle	- 게시물을 불러올 때 서버와 통신 중이라면 로딩 상태를 표시하는 스토어
articlePageLock	- 페이지가 로딩되고 있을 때 다음 페이지를 계속해서 호출하지 않기 위한 잠금을 거는 스토어
articleContent	- 목록 형태의 여러 게시물이 아닌 게시물 하나의 정보만이 필요할 때 해당 게시물의 정보를 담을 스토어
articlesMode	- 보기의 상태를 나타내는 스토어(참고로 보기모드는 모두 보기, 좋아요 보기, 내 글 보기의 세 가지를 가질 예정)
comments	- 특정 게시물의 코멘트들을 담을 스토어 - 코멘트 추가, 수정, 삭제 등을 처리하는 사용자정의 메소드를 가짐
auth	- 로그인한 유저의 정보(_id, email)를 담는 스토어 - 로그인, 로그아웃, 회원가입 등의 사용자정의 메소드를 가짐
authToken	- 서버로 로그인을 인증하는 인증토큰을 담는 스토어

각각의 스토어가 대략적으로 어떤 기능을 하는지 알아봤습니다. 이제 서비스 기능을 구현하면서 해당 스토어의 내용도 함께 채워 보겠습니다.

11-7 인증 구현

처음으로 구현해 볼 기능은 인증입니다. 인증은 서비스 개발을 할 때 가장 기본적인 기능입니다. 예전에는 로그인 패스워드를 입력하고, 그 후에 서버의 세션에 의지해서 인증 유무를 파악하는 경우가 대부분이었습니다. 하지만 요즘은 인증토큰이라는 것으로 인증 유무를 파악하는 경우가 많습니다. SLOG 역시 이 인증토큰을 이용하는 방식으로 개발이 진행될 예정입니다.

11-7-1 인증토큰 설명

코드를 작성하기 전에 인증토큰을 이용한 인증이 어떤 것인지 알아보겠습니다.

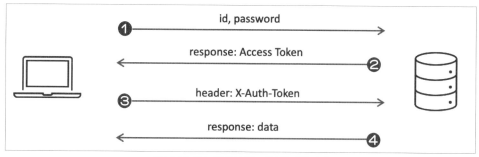

[그림 11-11] 인증토큰을 이용한 인증과정

토큰을 이용한 인증과정은 이렇습니다. ❶첫 번째 로그인은 예전 로그인 방식과 같이 id와 passw ord를 이용해 인증을 시도합니다. ❷서버로 전달된 id, password 값이 정상이면 서버는 클라이언 트로 Access Token이라는 일종의 암호화된 코드를 전달합니다. 그리고 이 다음부터 ❸클라이언 트가 서버로 정보를 요청할 일이 발생하면 전달받은 토큰을 header에 실어서 요청사항과 함께 서 버로 보내게 됩니다. 그리고 ❹서버는 이 토큰의 상태를 확인하고 정상적이라고 판단되면 클라이 언트가 요청한 정보를 내려 보내게 되는 구조입니다.

그리고 이 토큰은 보통 브라우저의 localstorage와 같은 저장소에 보관해서 이용합니다. 그래서 브라우저를 닫았다가 다시 연다고 하더라도 이 브라우저의 저장소에 토큰이 있다면 처음부터 id, password를 이용한 로그인을 시도하지 않고 토큰을 이용한 방식으로 인증하게 됩니다.

예제로 사용된 인증토큰은 정상 유무만을 판단하지만 실제 프로젝트에서는 클라이언트가 접속 하는 단말기 정보, ip 등의 정보들도 서버가 함께 비교하기 때문에 복제에 의한 보안문제에 대해 서도 나름 유연하게 잘 대응할 수 있는 기술 방식입니다.

11-7-2 authToken 스토어 작성

인증과정에 사용되는 스토어는 authToken, auth 이렇게 두 가지입니다. 이 중 authToken은 인증 토큰을 담아 해당 토큰의 유무를 확인하여 현재 상태가 로그인 상태인지 아닌지를 앱이 알 수 있도 록 하는 역할을 합니다. 그리고 이와 연관된 사용자정의 메소드로 login, logout을 가지게 됩니다.

그리고 authToken 스토어에서 사용하는 인증토큰의 경우 localStorage라는 곳에서 불러와 사용 되고, login 메소드를 통해 정상적으로 서버로부터 인증이 확인되면 localStorage에 인증토큰을 저장하게 됩니다.

● locaStorage

localStorage에 대해 간단하게 알아보겠습니다. localStorage는 브라우저에 있는 저장소라고 생각하면 됩니다. localStorage는 key, value 쌍의 형태로 값이 저장되고 브라우저를 닫더라도 localStorage의 값은 사라지지 않습니다. 앱이 구동되는 동안에 어떤 값들을 저장해야 하지만 중요도에 있어서 굳이 서버의 데이터베이스에까지 저장할 필요가 없는 데이터나 인증토큰과 같이 클라이언트에서 보관되어야 하는 정보를 저장할 때 유용합니다. 기본적인 사용법은 다음과 같습니다.

```
localStorage 쓰기
localStorage.setItem("key": value);

localStorage 읽기
localStorage.getItem("key");

localStorage 삭제
localStorage.removeItem("key");
```

localStorage에 저장된 정보는 브라우저의 개발자 모드에서 확인 및 삭제할 수 있습니다.

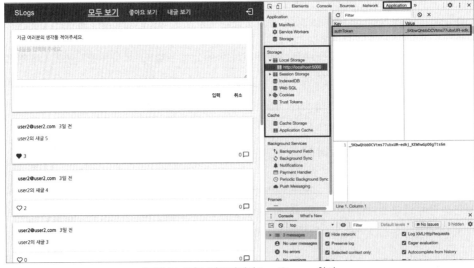

[그림 11-12] 브라우저에서 localStorage 확인

authToken 스토어를 작성해 보겠습니다. authToken 스토어는 앞에서 잠시 설명한 것처럼

localStorage로부터 인증토큰을 불러와 초기화됩니다. 즉 authToken 스토어는 localStorage에 인증토큰이 있다면 토큰값을 가지고, 없다면 null 값을 가지게 됩니다. 그리고 login, logout, resetAuthToken이라는 사용자정의 메소드를 가집니다. 이 메소드는 subscribe, set과 함께 리턴됩니다.

● login 메소드

login은 말 그대로 로그인을 위한 메소드입니다. email, password를 전달인자로 받아 path와 함께 data의 options 객체에 담아서 postApi(options)를 보내 서버로부터 결과를 기다리는 것이 로그인의 과정입니다. 이 서버 호출 패턴은 계속해서 반복되는 부분입니다. 필요한 값을 options라는 객체를 만들어 담고, postApi와 같이 우리가 만든 함수에 전달인자로 넣는 패턴으로 계속해서 코딩이 진행될 것입니다. 다음의 login API 정보를 바탕으로 코드를 작성해 보겠습니다. 참고로 URL의 경우 미리 설정한 코드 덕분에 '/api' 뒷부분만 작성하면 됩니다.

로그인(login) API 정보

- method: POST
- url: localhost: 3000/api/login
- bodyParams: email, password

그리고 서버로의 작업은 당연히 비동기 작업이 되므로 login 메소드는 async를 사용한 함수로 만들어야 하고 서버로 통신하는 postApi는 await을 사용해 결과를 받을 때까지 대기하도록 만들어 주어야 합니다. **이 async/await 패턴은 계속해서 사용되는 부분이니 꼭 기억해 두기 바랍니다.**

로그인이 정상적으로 처리되면 서버는 우리에게 인증토큰을 전달합니다. 이 토큰을 localStorage에 localStorage.setItem으로 저장하고 set을 이용해 스토어에도 값을 저장해 줍니다. 그리고 router.goto('/article')을 이용해 첫 페이지로 이동시켜 주겠습니다.

```
...생략
function setAuthToken() {

  const token = localStorage.getItem('authToken');

  const { subscribe, set } = writable(token);
```

```javascript
const login = async (email, password) => {

  try {

    const options = {
      path: '/login',
      data: {
        email: email,
        password: password,
      }
    }

    const response = await postApi(options);
    const token = response.authToken;

    localStorage.setItem('authToken', token);
    set(token);
    router.goto('/articles');
  }
  catch(error) {
    alert('오류가 발생했습니다. 다시 시도해 주세요.');
  }
}

const logout = async () => {}
const resetAuthToken = () => {}

return {
  subscribe,
  login,
  logout,
  resetAuthToken,
}
}
...생략
```

[코드 11-22] stores.js

● logout 메소드

logout 메소드는 로그아웃 상태를 만들어 주는 메소드입니다. postApi를 통해서 서버로부터 로그아웃을 요청한 후 서버에서 로그아웃이 정상적으로 이루어지면 authToken.resetAuthToken()을 호출해 authToken 스토어와 localStorage의 인증토큰을 지워 주게 됩니다.

로그아웃(logout) API 정보

- method: POST
- url: localhost: 3000/api/logout
- header: X-Auth-Token

```
...생략

function setAuthToken() {

  const token = localStorage.getItem('authToken');

  const { subscribe, set } = writable(token);

  const login = async (email, password) => {
  ... 생략
  }

  const logout = async () => {
    try {
      const options = {
        path: '/logout'
      }
      await postApi(options);
      authToken.resetAuthToken();
    }
    catch(error) {
      alert('오류가 발생했습니다. 다시 시도해 주세요.')
    }
  }

  const resetAuthToken = () => {}
```

```
    return {
      subscribe,
      login,
      logout,
      resetAuthToken,
    }
}
...생략
```

[코드 11-23] stores.js

● resetAuthToken 메소드

resetAuthToken은 인증토큰을 삭제하는 메소드입니다. authToken 스토어 및 localStorage의 토큰도 함께 초기화해 줍니다.

```
...생략

function setAuthToken() {

  const token = localStorage.getItem('authToken');

  const { subscribe, set } = writable(token);

  const login = async (email, password) => {
    ... 생략
  }

  const logout = async () => {
    ... 생략
  }

  const resetAuthToken = () => {
    set('');
    localStorage.removeItem('authToken');
  }

  return {
    subscribe,
    login,
```

```
    logout,
    resetAuthToken,
  }
}

...생략
```

[코드 11-24] stores.js

11-7-3 auth 스토어 작성

다음으로 인증과 관련된 두 번째 스토어, auth 스토어를 작성하겠습니다. auth 스토어는 login 이후에 서버로부터 리턴되는 인증토큰을 바탕으로 사용자 정보를 관리합니다. auth 스토어에 담을 정보는 사용자의 고유식별값인 _id와 아이디에 해당하는 email입니다. 이 두 가지를 initValues에 객체형태의 초기값으로 만들고 writable 스토어에 배치하겠습니다.

auth 스토어에서 사용할 사용자정의 메소드는 isLogin, register, resetUserInfo입니다. 이 메소드들을 만들고 subscribe와 함께 리턴해 주겠습니다.

writable의 기본 메소드인 set, update는 외부에서 스토어를 변경할 일이 생길 경우 사용자정의 메소드로만 제어하기 때문에 리턴하지 않겠습니다. 다시 한번 강조하지만 가능하다면 사용자정의 메소드를 만들어 스토어를 제어하는 것이 좋습니다. 그래야 부수효과로 인한 오류의 발생을 최소화할 수 있습니다.

```
...생략
function setAuth() {

  let initValues = {
    _id: '',
    email: '',
  }

  let values = {...initValues}

  const { subscribe, set, update } = writable(values);

  const isLogin = async () => {}
```

315

```
  const resetUserInfo = () => {}
  const register = async (email, password) => {}

  return {
    subscribe,
    isLogin,
    resetUserInfo,
    register,
  }
}
...생략
```

[코드 11-25] stores.js

다음으로 각각의 사용자정의 메소드를 작성해 보겠습니다.

● isLogin 메소드

isLogin 메소드는 로그인 상태에서 토큰값이 정상일 때 서버로부터 사용자 정보를 받아 저장합니다. getApi를 통한 요청이 정상적으로 처리되면 서버는 _id와 email을 리턴하고 이 값을 set()을 이용해 auth 스토어에 담아두게 됩니다.

그리고 토큰 정보가 비정상일 경우에는 서버로부터 오류가 리턴됩니다. 이때 catch에 해당하는 부분에서 auth.resetUserInfo(), authToken.resetAuthToken() 메소드를 이용해 auth, authToken 스토어를 초기화시켜 주겠습니다.

user API 정보

- method: GET
- localhost:3000/api/user
- header: X-Auth-Token
- response:
{
  _id: "###",
  email: "###"
}

```
...생략
function setAuth() {
```

```
let initValues = {
  _id: '',
  email: '',
}

let values = {...initValues}

const { subscribe, set, update } = writable(values);

const isLogin = async () => { 추가
  try {
    const getUserInfo = await getApi({path: '/user'});
    set(getUserInfo)
  }
  catch(error) { // 토큰이 비정상적일 때 리셋
    auth.resetUserInfo();
    authToken.resetAuthToken();
  }
}

const resetUserInfo = () => {}
const register = async (email, password) => {}

return {
  subscribe,
  isLogin,
  resetUserInfo,
  register,
  }
}
...생략
```

[코드 11-26] stores.js

● resetUserInfo 메소드

resetUserInfo 메소드는 로그아웃 또는 토큰 정보가 비정상일 때 스토어에 담아둔 유저의 정보를 초기화시켜 줍니다.

```
...생략
function setAuth() {

  let initValues = {
    _id: '',
    email: '',
  }

  let values = {...initValues}

  const { subscribe, set, update } = writable(values);

  const isLogin = async () => {
    ... 생략
  }

  const resetUserInfo = () => { // 추가
    const newValues = {...initValues}
    set(newValues);
  }

  const register = async (email, password) => {}

  return {
    subscribe,
    isLogin,
    resetUserInfo,
    register,
  }
}
...생략
```

[코드 11-27] stores.js

● register 메소드

register 메소드는 회원가입을 하는 사용자정의 메소드입니다. 전달인자로 email, password를 받고 post API를 이용해 가입 요청을 합니다. 그리고 가입이 완료되면 로그인 페이지로 이동시켜 주겠습니다.

register(가입) API 정보

- method: POST
- url: localhost: 3000/api/user
- bodyParams: email, password

```
...생략
function setAuth() {

  let initValues = {
    _id: '',
    email: '',
  }

  let values = {...initValues}

  const { subscribe, set, update } = writable(values);

  const isLogin = async () => {
    ... 생략
  }

  const resetUserInfo = () => {
    ... 생략
  }

  const register = async (email, password) => { // 추가
    try {
      const options = {
        path: '/users',
        data: {
          email: email,
          password: password,
        }
      }

      await postApi(options);
      alert('가입이 완료되었습니다.');
      router.goto('/login')
```

```
    }
    catch(error) {
      alert('오류가 발생했습니다. 다시 시도해 주세요.')
    }
  }

  return {
    subscribe,
    isLogin,
    resetUserInfo,
    register,
  }
}
...생략
```

[코드 11-28] stores.js

11-7-4 로그인 상태 체크

지금까지 인증과 관련된 스토어를 만들었습니다. 하지만 여기서 한 가지 의문이 생길 수 있습니다. 로그인을 처리하는 authToken.login() 메소드에서 로그인이 완료된 후 로그인한 유저의 정보를 가져오는 auth.isLogin() 메소드를 호출하지 않는 것입니다.

그렇다면 auth.isLogin() 메소드는 어디에서 호출하게 되는 것일까요? 바로 App.svelte입니다. 반응성코드블록($: {})을 만든 다음에 그 안에 $authToken의 상태를 감지하게 하면, authToken이 변경될 때마다 블록 안에 있는 코드가 실행됩니다. 그래서 authToken 스토어의 상태가 변경되면 이에 맞는 행동을 하도록 [코드 11-29]처럼 세팅합니다.

물론 authToken.login()에서 auth.isLogin() 메소드를 직접 호출할 수도 있습니다. 하지만 한번 로그인을 한 후 브라우저를 닫았다 열더라도 토큰이 있다면 인증과정을 진행해야만 합니다. 따라서 authToken.login()에서 auth.isLogin()을 호출한다면 인증 확인이 두 번 이루어지게 되므로 App.svelte에서 이를 감지하도록 하는 것이 효율적입니다.

```
<script>
  import Router from './router.svelte';
  import { auth, authToken } from './stores'; // 추가
```

```
  $: { // 추가
    if($authToken) { // authToken의 변화 감지
      auth.isLogin(); // authToken에서 변화 감지 후 토큰이 있을 때 실행
    }
    else {
      auth.resetUserInfo();   // authToken에서 변화 감지 후 토큰이 사라졌을 때 실행
    }
  }
</script>

<div class="mdl-layout__container">
  <Router />
</div>
```

[코드 11-29] App.svelte

● ArticleHeader 컴포넌트 설정

다음으로 헤더 부분에 해당하는 ArticleHeader 컴포넌트에서 버튼을 로그인 상태에 따라 적용해
보겠습니다. 헤더의 우측 버튼을 로그인된 상태면 로그아웃으로, 로그아웃 상태면 로그인할 수 있
도록 변경하겠습니다. 이를 위해 필요한 tinro의 router와 스토어의 authToken을 불러오겠습니다.

그리고 디자인 요소상 로그인 버튼의 경우 <a> 태그가 아니므로 라우팅을 프로그램적으로 제어
하겠습니다. 이를 위해 goLogin, onLogout 메소드를 만듭니다. goLogin은 로그인 페이지로 이동
하는 역할을 하는 메소드입니다. 그리고 onLogout은 authToken.logout() 메소드를 호출하여 로
그아웃이 일어나도록 하는 메소드입니다.

다음으로 마크업 영역의 경우 authToken의 상태에 따라 인증토큰이 있으면 로그아웃을 나타내
는 bx-log-out이 오게 하고, 인증토큰이 없으면 bx-log-in 버튼이 나타나도록 만들어 on:click 이
벤트도 각각 매칭하겠습니다.

```
<script>
  import { router } from 'tinro'; // 추가
  import { authToken } from '../stores'; // 추가

  const goLogin = () => router.goto('/login'); // 추가
  const onLogout = () => authToken.logout(); // 추가
</script>
```

```
<!-- start header -->
<header class="mdl-layout__header mdl-layout__header--waterfall">
  <div class="mdl-layout__header-row">
      <!-- Title -->
      <span class="mdl-layout-title">SLogs</span>
      <nav class="mdl-navigation">
        <a class="mdl-navigation__link selected" href="#null">모두 보기</a>
        <a class="mdl-navigation__link blocked" href="#null">좋아요 보기</a>
        <a class="mdl-navigation__link blocked" href="#null">내글 보기</a>
      </nav>

      {#if $authToken} <!-- 수정됨 -->
        <i class="bx bx-log-out" on:click={onLogout} ></i>
      {:else}
        <i class="bx bx-log-in" on:click={goLogin} ></i>
      {/if}
  </div>
</header><!-- end header -->
```

[코드 11-30] ArticleHeader.svelte

● AuthHeader 컴포넌트 설정

인증 페이지에 해당하는 AuthHeader.svelte에도 기능을 추가해 보겠습니다. 로그인/로그아웃 페이지 및 홈 화면으로 이동할 수 있는 버튼을 설정합니다. 이에 필요한 router, meta를 tinro에서 가져오겠습니다.

마크업 영역에서 현재 페이지에 따라 버튼을 다르게 하기 위해서는 현재 URL 정보가 필요합니다. 그래서 meta()를 이용해 URL 정보를 가져오는 기능을 준비해 두고, goHome이라는 메소드로 홈 화면으로 이동 가능한 기능을 추가하겠습니다.

이제 마크업 영역에서 로그인, 로그아웃 버튼에 class:selected={url==='/login'}, class:selected ={url==='/login'}을 추가하여 현재 URL에 따라 selected라는 class를 추가하겠습니다. 그리고 우측 버튼을 클릭하면 첫 화면으로 이동할 수 있게끔 on:click 이벤트에 goHome 메소드를 연동해 주겠습니다.

```
<script>
  import { router, meta } from 'tinro';

  const route = meta();
  const url = route.url;

  const goHome = () => {
    router.goto('/');
  }

</script>

<!-- start header -->
<header class="mdl-layout__header mdl-layout__header--waterfall">
  <div class="mdl-layout__header-row">
      <span class="mdl-layout-title">SLogs</span>
      <nav class="mdl-navigation">
        <a class="mdl-navigation__link" class:selected={url==='/login'} href="/
login"  >로그인</a> <!-- 수정됨 -->
        <a class="mdl-navigation__link" class:selected={url==='/register'} href="/
register" >회원가입</a> <!-- 수정됨 -->
      </nav>
      <i class="bx bxs-home" on:click={goHome} ></i>
  </div>
</header><!-- end header -->
```

[코드 11-31] AuthHeader.svelte

11-7-5 로그인 페이지 작성

지금까지 인증과 관련된 전반적인 기능을 만들었으니 이번에는 로그인 페이지를 작성해 보겠습니다. 로그인 컴포넌트인 AuthLogin.svelte를 열어 주겠습니다. 그리고 필요한 컴포넌트인 authToken 스토어를 가져오겠습니다.

스크립트 영역부터 작성합니다. 로그인에 필요한 상태값은 email과 password입니다. value라는 객체를 만들고 formEmail, formPassword라는 상태값을 초기화해 줍니다.

로그인이 완료되면 여기에 사용된 상태값을 초기화시켜야 하기 때문에 resetValue라는 메소드를 만들어 values에 포함된 값들을 초기화할 수 있도록 합니다.

다음으로 로그인을 요청할 onLogin 메소드를 만들겠습니다. onLogin의 경우 서버로 호출이 필요한 비동기 함수이므로 try catch와 async를 사용해서 메소드를 만들고, 실제 로그인을 요청하는 사용자정의 메소드인 authToken.login을 await과 함께 작성하겠습니다. 로그인이 정상적으로 완료되면 resetValues를 이용해 폼과 관련된 상태값들을 초기화시켜 주겠습니다.

마크업 영역에서는 입력폼에 상태값으로 values.formEmail, values.formPassword를 바인딩시키고 로그인 버튼에 on:click 이벤트를 이용해 onLogin 메소드를 호출하겠습니다.

```
<script>
  import { authToken } from '../stores'; // 추가

  let values = { // 추가
    formEmail: '',
    formPassword: ''
  }

  const resetValues = () => { // 추가
    values.formEmail = '';
    values.formPassword = '';
  }

  const onLogin = async () => { // 추가
    try {
      await authToken.login(values.formEmail, values.formPassword);
      resetValues();
    }
    catch(error) {
      console.log(error);
    }
  }
</script>

<!-- start main login box-->
<main class=" mdl-layout__content">
  <div class="box mdl-grid mdl-grid--no-spacing mdl-shadow--2dp">

    <div class="mdl-card mdl-cell mdl-cell--12-col">
      <div class="mdl-textfield mdl-js-textfield">
        <input class="mdl-textfield__input" type="text" placeholder="이메일"
```

```
bind:value={values.formEmail}> <!-- 수정됨 -->
    </div>
    <div class="mdl-textfield mdl-js-textfield">
      <input class="mdl-textfield__input" type="password" placeholder="패스워드"
bind:value={values.formPassword}> <!-- 수정됨 -->
    </div>
    <div class="mdl-card__actions btn-box">
      <a href="#null" class="mdl-button mdl-js-button mdl-js-ripple-effect"
on:click={onLogin}>로그인</a> <!-- 수정됨 -->
    </div>
  </div>

  </div>
</main><!-- end main login box-->
```

[코드 11-32] AuthLogin.svelte

11-7-6 회원가입 페이지 작성

다음으로 회원가입을 구현합니다. 회원가입도 로그인과 비슷합니다. AuthRegister.svelte 컴포넌트를 열고, 필요한 auth 스토어를 가져오고 values에 상태값들을 설정한 다음 회원가입을 진행할 onRegister 메소드를 만들어 줍니다.

그리고 마크업 영역에서는 준비된 폼에 formEmail, formPassword, formPasswordConfirm을 바인딩시켜 주고 회원가입 버튼에 on:click 이벤트로 onRegister를 연동시켜 주겠습니다.

```
<script>
  import { auth } from '../stores'; // 추가

  let values = { // 추가
    formEmail: '',
    formPassword: '',
    formPasswordConfirm: '',
  }

  const onRegister = async () => { // 추가

    try {
      await auth.register(values.formEmail, values.formPassword);
```

```
      }
      catch(error) {
        console.log(error);
      }
    }
</script>

<!-- start main register box-->
<main class="mdl-layout__content">
  <div class="box mdl-grid mdl-grid--no-spacing mdl-shadow--2dp">

      <div class="mdl-card mdl-cell mdl-cell--12-col">
        <div class="mdl-textfield mdl-js-textfield">
          <input class="mdl-textfield__input" type="text" placeholder="이메일"
 bind:value={values.formEmail} > <!-- 수정됨 -->
        </div>
        <div class="mdl-textfield mdl-js-textfield">
          <input class="mdl-textfield__input" type="password" placeholder="비밀번호"
bind:value={values.formPassword} > <!-- 수정됨 -->
        </div>
        <div class="mdl-textfield mdl-js-textfield">
          <input class="mdl-textfield__input" type="password" placeholder="비밀번호 확인"
bind:value={values.formPasswordConfirm} > <!-- 수정됨 -->
        </div>
        <div class="mdl-card__actions btn-box">
          <a href="#null" class="mdl-button mdl-js-button mdl-js-ripple-effect"
on:click={onRegister} >회원가입</a> <!-- 수정됨 -->
        </div>
      </div>

  </div>
</main><!-- end main register box-->
```

[코드 11-33] AuthRegister.svelte

11-7-7 작성된 인증기능 테스트

지금까지 인증과 관련된 기본적인 기능 및 페이지를 만들었습니다. 만들어진 기능이 정상적으로 작동하는지 테스트해 보겠습니다. 참고로 SLOG 서비스의 서버가 작동 중이어야 기능이 정상적으로 동작합니다. 서버를 어떻게 실행하는지는 《챕터 11-2. API 설치 및 설명》을 참고하기 바랍니다.

▶ **백앤드:** http://localhost:3000/

▶ **프런트엔드:** http://localhost:5000

우선 회원가입 및 로그인부터 확인해 보겠습니다. 기본적으로 서버에는 이메일이 user1@user1. com이고 비밀번호가 user1이라는 이용자가 만들어져 있습니다. 이 기본 유저 이외에 새로운 유저로 가입하고 로그인해 보기 바랍니다.

[그림 11-13] 회원가입 및 로그인

정상적으로 회원가입 및 로그인이 완료되면, [그림 11-14]와 같이 상단의 버튼이 상황에 따라 변경되는 것을 확인할 수 있습니다. 로그인 시에는 로그아웃 버튼이 나타나 해당 버튼을 클릭하면 로그아웃이 되고, 비로그인 시에는 로그인 페이지로 이동하는 로그인 버튼이 나타나게 됩니다.

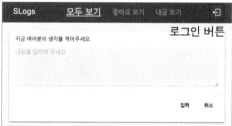

[그림 11-14] 로그인/로그아웃 시 버튼 변화 확인

모든 것이 정상적으로 작동한다면 본격적으로 서비스의 핵심 기능인 글 목록을 만들어 보겠습니다.

11-8 글 목록 구현

작성된 글 목록을 표현하는 기능을 구현해 봅니다. 백엔드 서버를 실행시키면 기본적으로 50개의 작성글이 등록되어 있습니다. 이제 이 작성글을 목록에 나타나도록 하고, 스크롤을 내리면 자동으로 페이지가 증가하는 무한스크롤 기능을 만들어 볼 예정입니다.

11-8-1 currentArticlesPage 스토어 작성

작성글 목록에 사용할 스토어들은 현재 페이지를 나타낼 currentArticlesPage와 글 목록이 담길 articles, 그리고 서버와 통신 중일 때 로딩을 나타낼 loadingArticle 스토어입니다. 기능이 단순한 currentArticlesPage부터 작성해 보겠습니다.

currentArticlesPage 스토어는 현재 페이지가 몇 번째 페이지인지에 대한 페이지 정보를 담고 있습니다. 그래서 초기값으로는 첫 번째 페이지에 해당하는 1을 설정하게 됩니다. 그리고 사용자정의 메소드로 resetPage와 increPage를 가집니다.

resetPage는 다시 한번 페이지 번호를 초기화하는 기능입니다. 그래서 set(1)로 페이지 번호를 초기화시켜 줍니다. increPage는 페이지 번호를 1씩 증감시키는 역할을 합니다. 그리고 페이지 번호가 증가함과 동시에 해당 페이지에 맞는 글 목록을 호출하기 위해 articles.fetchArticles()를 호출합니다. 참고로 무한페이지 방식이기 때문에 페이지 번호를 감소시키는 기능은 필요하지 않습니다.

```
...생략
function setCurrentArticlesPage() { // 추가

  const {subscribe, update, set} = writable(1);

  const resetPage = () => set(1);
  const increPage = () => {
    update(data => data = data + 1);
    articles.fetchArticles();
  }

  return {
    subscribe,
    resetPage,
    increPage,
```

```
    }
  }
  ...생략
```

[코드 11-34] store.js

11-8-2 articles 스토어 작성

articles 스토어는 서버로부터 호출한 글 목록을 담아두는 스토어입니다. 그리고 단순히 글 목록만 담아 두는 것뿐만 아니라 글 목록의 값들을 조작하는 다양한 사용자정의 메소드들도 가지게 됩니다. articles 스토어에 저장된 값들은 다음과 같습니다.

▶ **articleList:** 서버로부터 받은 글 목록이 저장됨

▶ **totalPage:** 서버로부터 받은 전체 페이지 수가 저장됨

▶ **menuPopup:** 글 목록마다 표시되는 popup 메뉴의 상태(true, false)

▶ **editMode:** 현재 글 목록에서 수정모드로 전환된 글의 고유 번호

글 목록 보기에 관한 사용자정의 메소드인 fetchArticles, resetArticles를 우선적으로 추가해 보겠습니다.

```
...생략

function setArticles() { // 추가

  let initValues = {
    articleList: [],
    totalPage: 0,
    menuPopup:'',
    editMode:''
  }

  let values = {...initValues};

  const { subscribe, update, set } = writable(values);

  const fetchArticles = async () => {}
  const resetArticles = () => {}
```

```
  return {
    subscribe,
    fetchArticles,
    resetArticles,
  }
}
...생략
```

[코드 11-35] store.js

● fetchArticles 메소드 작성

fetchArticles는 서버로부터 현재 페이지에 대한 데이터를 받아오는 역할을 하는 메소드입니다. 페이지 번호는 Svelte 스토어의 기본 메소드인 get()을 이용해 currentArticlesPage로부터 받아옵니다. 컴포넌트가 아닌 영역에서 다른 스토어의 값을 받아오기 위해서는 get() 메소드를 이용해서 값을 가져와야만 합니다.

서버로부터 데이터를 얻는 주소가 'http://localhost:3000/api/articles/페이지번호'이므로 currentArticlePage로부터 받아온 페이지 번호를 이용해 path 주소를 만들고 getApi를 이용해 서버로부터 데이터를 받아오면 됩니다.

서버요청이 정상적으로 처리되면 서버로부터 전체 페이지 수에 해당하는 totalPage, 그리고 현재 페이지 글 목록에 해당하는 articles를 전달받게 됩니다. 전달받은 데이터는 update 메소드를 이용해 스토어의 값을 갱신하게 됩니다. 그리고 articles에 해당하는 글 목록의 경우는 이전 데이터를 지우고 새로 받은 데이터로 교체하는 것이 아닌 스프레드(…)를 사용해 **[…기존 데이터, …새로받은 데이터]**와 같이 현재까지 받은 데이터에 새로 받은 데이터를 더하는 형태로 추가됩니다.

여기서 주의해야 할 사항은 페이지가 1일 때는 이렇게 합쳐진 newAritcles가 아닌, 서버로부터 받은 데이터만을 주입한다는 점입니다. 처음 페이지에서는 initValues.articleList가 [ ](빈 배열)로 존재합니다. 이 빈 배열과 새로 받은 배열을 합쳐 버리면 공백 형태의 객체가 들어가게 되어 내용이 없는 객체 하나가 생기기 때문에 첫 번째 페이지의 경우 다른 방식으로 처리해야 합니다.

그리고 fetchArticles는 페이지가 증가할 때 호출됩니다. 그래서 이전에 작성한 currentArticles Page의 increPage() 메소드에서 호출되는 것입니다.

- method: GET
- url: localhost:3000/api/articles/:currentPage
- auth: 선택
- header: X-Auth-Token(선택)
- urlParams: currentPage
- response:

```
{
  articleList: [
    {
      userId: "###",
      userName: "###",
      content: "###",
      createdAt: "###",
      commentCount: "###",
      likeCount: "###",
      likeUsers: ["###"],
    },
    ...
  ],
  totalPage: ###,
  menuPopup:'###',
  editMode:'###'
}
```

```
...생략

function setArticles() {

  let initValues = {
    articleList: [],
    totalPage: 0,
    menuPopup:'',
    editMode:''
  }

  let values = {...initValues};

  const { subscribe, update, set } = writable(values);
```

```
const fetchArticles = async () => { // 추가됨

  const currentPage = get(currentArticlesPage);

  try {

    let path = `/articles/${currentPage}`;

    const options = {
      path: path,
    }

    const getDatas = await getApi(options);

    const newData = {
      articleList: getDatas.articles,
      totalPage: getDatas.totalPage,
    }

    update(datas => {

      const newArticles = [...datas.articleList, ...newData.articleList];

      if(currentPage === 1) {
        datas.articleList = newData.articleList;
        datas.totalPage = newData.totalPage;
      }

      datas.articleList = newArticles;
      datas.totalPage = newData.totalPage;

      return datas;
    })
  }
  catch(error) {
    throw error;
  }
}

const resetArticles = () => {}
```

```
  return {
    subscribe,
    fetchArticles,
    resetArticles,
  }
}

...생략
```

● resetArticles 메소드 작성

resetArticles 메소드는 articles 스토어를 초기화시켜 주는 역할을 합니다. set(resetValue)로 해당 스토어를 초기화시키고, currentArticlesPage.resetPage()를 이용해 현재 페이지 역시도 초기화시켜 주겠습니다.

```
...생략

function setArticles() {

  let initValues = {
    articleList: [],
    totalPage: 0,
    menuPopup:'',
    editMode:''
  }

  let values = {...initValues};

  const { subscribe, update, set } = writable(values);

  const fetchArticles = async () => {
    ... 생략
  }

  const resetArticles = () => { // 추가

    let resetValue = {...initValues}
    set(resetValue);
```

```
    currentArticlesPage.resetPage();
  }

  return {
    subscribe,
    fetchArticles,
    resetArticles,
    resetArticles, // 추가
  }
}

...생략
```

[코드 11-37] store.js

11-8-3 무한스크롤 기능 구현

[그림 11-15] 무한스크롤 작동 원리

SLOG 서비스는 무한스크롤 형태로 동작합니다. 이 무한스크롤이 어떤 원리로 작동하는지 알아보겠습니다. 무한스크롤의 원리는 간단합니다. [그림 11-15]와 같이 스크롤의 움직임을 지켜보다가 스크롤이 대략 화면의 70% 정도 내려오면 그때 페이지를 증가시키고 다음 페이지의 내용을 받아 오면 됩니다.

이제 글 목록을 다루는 ArticleList. svelte 컴포넌트에 이 무한스크롤을 만들어 보겠습니다. 우선 필요한 요소를 불러옵니다. onMount 라이프사이클 메소드와 articles, currentArticlesPage 스토어 그리고 내용을 나타낼 Aritcle 컴포넌트를 불러오겠습니다. 우선 컴포넌트가 처음 열리면 onMount를 이용해 articles.resetArticles()와 articles.fetchArticles()를 실행시켜 주겠습니다. 이것은 페이지가 처음 열리면 articles를 초기화하고 첫 번째 페이지에 해당하는 내용을 불러오는 것입니다.

```svelte
<script>
  import { onMount } from 'svelte';
  import { articles, currentArticlesPage } from '../stores';
  import Article from './Article.svelte';

  let component;
  let elementScroll;

  onMount(() => {
    articles.resetArticles();
    articles.fetchArticles();
  });

</script>

<!-- satart article-wrap -->
<div class="articles-wrap">
</div><!-- end article-wrap -->
```

[코드 11-38] ArticleList.svelte

그리고 스크롤에 대한 이벤트처리는 onScoll이라는 메소드에 의해 작동합니다. 마크업 영역의 첫 부분인 '<div class="articles-wrap" **bind:this={component}**>'에서 'bind:this={component}' 처럼 this로 바인딩된 부분을 볼 수 있습니다. 이 바인딩의 의미는 자기 자신, 즉 .articles-wrap 돔의 정보를 상태값 componet와 바인딩시킨다는 뜻입니다. 그리고 실제 스크롤 정보는 const element = elementScroll ? elementScroll : component.parentNode 코드를 통해 얻게 됩니다. 삼항연산자로 얻은 component.parentNode에 실제 스크롤 정보가 들어있는데 이 정보를 element 상수에 전달합니다.

다음으로 《챕터 6-4. actions》에서 학습한 addEventListener를 이용해 .articles-wrap 돔에서 스크롤 이벤트(scroll)가 발생하거나 사이즈가 변경(resize)되었을 때 그 해당 돔의 정보와 함께 onScroll 메소드가 작동하게 만들어 줍니다.

이제 스크롤이 움직이면 이 스크롤의 정보가 onScroll의 e 전달인자로 받아 사용 가능한 형태가 됩니다. 참고로 이 이벤트 연동 부분을 반응형함수($:)로 만든 이유는 스크롤을 할 때마다 그리고 브라우저의 크기가 변경될 때마다 돔의 높이와 스크롤 위치 등의 정보가 바뀌는데, 이와 같은 변화에 대응하기 위해 반응함수를 통해 이벤트를 연동시켜 이런 값들이 변경되는 것을 자동으로 감지하게 만들기 위해서입니다.

```
<script>
  import { onMount } from 'svelte';
  import { articles, currentArticlesPage } from '../stores';
  import Article from './Article.svelte';

  let component;
  let elementScroll;

  onMount(() => {
    articles.resetArticles();
    articles.fetchArticles();
  });

  $: { // 추가
    if(component || elementScroll) {
      const element = elementScroll ? elementScroll : component.parentNode;
      element.addEventListener('scroll', onScroll);
      element.addEventListener('resize', onScroll);
    }
  }

  const onScroll = (e) => { // 추가
    const scrollHeight = e.target.scrollHeight;
    const clientHeight = e.target.clientHeight;
    const scrollTop = e.target.scrollTop;
    const realHeight = scrollHeight - clientHeight;
    const triggerHeight = realHeight * 0.7;

    const triggerComputed = () => {
      return scrollTop > triggerHeight;
    }

    const scrollTrigger = () => {
```

```
      return triggerComputed()
   }

   if(scrollTrigger()) {
     currentArticlesPage.increPage();
   }
  }

</script>

<!-- satart article-wrap -->
<div class="articles-wrap" bind:this={component}>
  {#each $articles.articleList as article, index}
    <Article {article} />
  {/each}
</div><!-- end article-wrap -->
```

[코드 11-39] ArticleList.svelte

onScroll 메소드에 대해 설명하겠습니다. e 전달인자를 통해서 받은 값에는 돔에 대한 다양한 정보가 담겨 있습니다. 그중 우리가 사용할 것은 스크롤과 화면 세로 사이즈에 관한 내용입니다.

▶ **e.target.scrollHeight** : 브라우저의 스크롤 높이
▶ **e.target.clientHeight** : 브라우저의 화면 높이
▶ **e.target.scrollTop** : 브라우저에서 현재 스크롤 위치

그리고 이 정보를 바탕으로 realHeight와 triggerHeight의 값을 구합니다.

▶ **realHeight:** 실제 스크롤 사이즈
▶ **triggerHeight:** 다음 페이지가 호출될 스크롤 위치 realHeight * 0.7의 경우 스크롤이 화면의 70% 정도 내려왔을 때 값 호출

onScroll 메소드는 scrollTrigger가 true일 때 페이지 넘버를 증가시키는 currentArticlesPage. increPage()를 호출하게 됩니다. 그리고 scrollTriggers는 triggerComputed를 리턴하고, triggerComputed는 현재 위치인 scrollTop과 triggerHeight를 비교해 스크롤이 호출될 위치를 넘게 되면 true를 리턴하는 기능을 실행합니다. 즉, 스크롤이 화면의 70%를 넘기는 것을 감지해 currentArticlesPage.increPage()를 호출하는 것이 onScroll의 역할입니다.

페이지번호에 따른 글 목록이 서버에 요청되고, 서버로부터 해당 페이지의 글 목록을 전달받으면, 전달된 글 목록을 반복블록(#each)을 이용해 표시해 주면 됩니다. 이때 실제로 표시될 작성글의 내용은 Article 컴포넌트에 {aritcle}을 Props로 전달해서 표현하겠습니다.

Article.svelte 컴포넌트를 열고 전달받은 article을 이용해 목업용 데이터가 아닌 실제 값으로 표현되도록 만들겠습니다.

```
<script>
  export let article; // 추가
</script>

<!-- start article box-->
<div class="box mdl-grid mdl-grid--no-spacing mdl-shadow--2dp">
  <div class="mdl-card mdl-cell mdl-cell--12-col">
    <div class="mdl-card__supporting-text ">
      <div class="info-box">
        <div class="info">
          <p class="user-id">{article.userName}</p> <!--수정 -->
          <p class="post-day">{article.createdAt}</p> <!--수정 -->
        </div>
      </div>
    </div>
    <div class="mdl-card__supporting-text ">
      <p class="pre">
        {article.content} <!--수정 -->
      </p>
    </div>
    <div class="mdl-card__actions mdl-card--border">
      <!-- <a href="#null" class="mdl-button">Read our features</a> -->
      <div class="icon-box">
        <i class="bx bx-heart" ></i>
        <p>{article.likeCount}</p> <!--수정 -->
      </div>
      <div class="icon-box-comment">
        <p>{article.commentCount}</p> <!--수정 -->
        <i class="bx bx-comment" ></i>
      </div>

    </div>
```

```
  </div>
  <button class="mdl-button mdl-js-button mdl-js-ripple-effect mdl-button--icon">
    <!-- <i class="material-icons">more_vert</i> -->
    <i class='bx bx-dots-vertical-rounded material-icons'></i>
  </button>
  <ul class="list-menu">
    <li class="onCursur">Edit</li>
    <li class="onCursur">Delete</li>
  </ul>

</div><!-- end article box-->
```

[코드 11-40] Article.svelte

이제 브라우저로 앱을 실행시키고 스크롤을 내려 봅니다. 일정 높이 아래로 내리면 다음 페이지 데이터가 목록에 추가되는 것을 볼 수 있습니다. 하지만 여기에 몇 가지 문제가 있습니다.

11-8-4 무한스크롤 문제 해결

문제1 | 최종 페이지이더라도 스크롤이 움직이면 계속해서 서버로 다음 페이지를 요청하는 문제가 발생합니다. 페이지의 끝에 도달하면 굳이 서버로 계속해서 페이지를 요청할 필요가 없기 때문입니다.

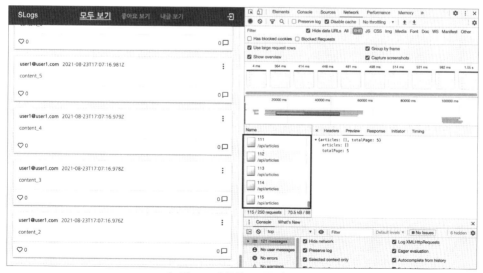

[그림 11-16] 무한스크롤 작동 문제

문제2 | 서버로부터 데이터 전송이 완료되지 않은 상태에서 스크롤을 움직이면 페이지가 증가하는 문제가
발생합니다.

이 문제들을 해결하기 위해 articlePageLock, loadingArticle의 두 가지 스토어를 추가하겠습니
다. articlePageLock은 특정 조건에 해당하면 더는 페이지를 늘리지 않도록 일종의 잠금 장치 역
할을 합니다. 그리고 loadingArticle은 데이터를 받아오는 동안 로딩 중임을 나타내는 역할을
합니다. loadingArticle의 경우 예전 {#await} 블록이 하는 역할과 비슷하다고 볼 수 있습니다.
articlePageLock은 true 또는 false를 가지는 스토어로 이전에 스토어를 배치할 때 이미 만들어 두었
습니다. 값이 true와 false밖에 없기 때문에 다른 사용자정의 메소드는 만들지 않을 예정입니다.

```
...생략
export const currentArticlesPage = setCurrentArticlesPage();
export const articles = setArticles();
export const loadingArticle = setLoadingArticle();
export const articlePageLock = writable(false); // 페이지 잠금 역할을 하는 스토어
export const articleContent = setArticleContent();
export const articlesMode = setArticleMode();
export const comments = setComments();
export const auth = setAuth();
export const authToken = setAuthToken();
```

[코드 11-41] stores.js

다음으로 loadingArticle을 작성해 보겠습니다. loadingArticle 역시 true, false 상태값밖에 없습니
다. 하지만 loadingArticle의 경우는 상태에 따라 articlePageLock과 함께 작동해야 하므로 사용자
정의 메소드 turnOnLoading, turnOffLoading을 만들어 사용하겠습니다.

turnOnLoading은 데이터가 서버로부터 로딩 중임을 나타냅니다. 그러므로 당연히 articlePage
Lock을 활성화해서 이 상태에서는 페이지값이 증가하지 않도록 만들겠습니다. 그리고 turnOf
fLoading은 로딩이 완료된 상태로 articlePageLock도 비활성화하면 됩니다.

```
... 생략
function setLoadingArticle() {
  const {subscribe, set} = writable(false);

  const turnOnLoading = () => {
    set(true);
```

```
    articlePageLock.set(true);
  }
  const turnOffLoading = () => {
    set(false);
    articlePageLock.set(false);
  }


  return {
    subscribe,
    turnOnLoading,
    turnOffLoading,
  }
}
...생략
```

[코드 11-42] stores.js

그리고 articles 스토어에서 resetArticles() 메소드에 articlePageLock.set(false)를 추가시켜 초기화 시 페이지 잠금이 되어 있다면 잠금을 해제하도록 만들겠습니다.

```
...생략

function setArticles() {

  let initValues = {
    articleList: [],
    totalPage: 0,
    menuPopup:'',
    editMode:''
  }

  let values = {...initValues};

  const { subscribe, update, set } = writable(values);

  const fetchArticles = async () => {
    ... 생략
  }

  const resetArticles = () => {
```

```
      let resetValue = {...initValues}
      set(resetValue);

      currentArticlesPage.resetPage();
      articlePageLock.set(false); // 추가
    }

    return {
      subscribe,
      fetchArticles,
      resetArticles,
      resetArticles,
    }
  }
}

...생략
```

[코드 11-43] stores.js

articlePageLock과 loadingArticle을 스크롤에 어떻게 적용하는지 알아보겠습니다. ArticleList.svelte 컴포넌트에 countCheck 함수를 추가하겠습니다. countCheck를 이용해서 서버에서 받은 totalPage를 기준으로 현재의 목록 페이지에 해당하는 currentArticlesPage가 totalPage보다 크거나 같으면 페이지가 더는 증가하지 않도록 만들어 주겠습니다. 그리고 스크롤에서도 articlePageRock을 적용해 articlePageLock이 true일 때는 페이지가 증가하지 않도록 하겠습니다.

그리고 마크업 영역에 loadingArticle을 이용해 현재 로딩 중일 경우 로딩 메시지를 나타내는 기능도 추가하겠습니다.

```
<script>

import { onMount } from 'svelte';
import { articles, currentArticlesPage, loadingArticle, articlePageLock } from '../
stores'; // 추가
import Article from './Article.svelte';

...중략

const onScroll = (e) => {
```

```
    const scrollHeight = e.target.scrollHeight;
    const clientHeight = e.target.clientHeight;
    const scrollTop = e.target.scrollTop;
    const realHeight = scrollHeight - clientHeight;
    const triggerHeight = realHeight * 0.7; // 이벤트 발생 위치 설정

    // 스크롤이 화면의 70% 정도 내려오는 것을 감지하고 70%를 넘으면 true 리턴
    const triggerComputed = () => {
      return scrollTop > triggerHeight;
    }

    // 전체 페이지가 현재 페이지보다 작거나 같으면 true 리턴
    const countCheck = () => { // 추가
      const check = $articles.totalPage <= $currentArticlesPage;
      return check;
    }

    // countCheck를 이용해 현재 페이지가 마지막 페이지일 경우 articlePageRock을 true로 해서
    // 페이지 증가를 방지
    if(countCheck()) {  // 추가
      articlePageLock.set(true);
    }

    // triggerComputed가 ture이고 articlePageRock이 false일 때 true 리턴
    const scrollTrigger = () => {
      return triggerComputed() && !articlePageLock // 추가
    }

    if(scrollTrigger()) {
      currentArticlesPage.increPage();
    }
  }
}

</script>

<div class="articles-wrap" bind:this={component}>
  {#each $articles.articleList as article, index}
    <Article {article} />
  {/each}
```

실전 프로젝트(2) - SNS 서비스 만들기

```
  {#if $loadingArticle} <!-- 추가 -->
    <div class="box mdl-grid mdl-grid--no-spacing ">
      <p>Loading...</p>
    </div>
  {/if}
</div><!-- end article-wrap -->
```

[코드 11-44] ArticleList.svelte

다시 앱을 실행시켜 보겠습니다. 작성글 목록에서 현재 페이지 수가 서버의 전체 페이지 수와 같 거나 그보다 커지게 되면 더는 페이지 증가를 요청하지 않는 것을 볼 수 있습니다. 그리고 loadin gArticle 스토어가 true인 상태에서는 loding이라는 메시지가 표시되고 이때는 스크롤이 내려와 도 더는 다음 페이지 요청을 하지 않는 것도 확인할 수 있습니다.

[그림 11-17] 무한스크롤 정상 작동 확인

11-9 글 작성 구현

11-9-1 로그인 상태에 따른 글 작성폼 변화

이번 챕터에서는 글을 작성하는 부분을 구현합니다. 글을 작성하기 위해서는 로그인을 해야만 합니다. 그래서 우선 로그인하지 않은 상태에서는 작성폼인 ArticleAddForm 컴포넌트가 나타나지 않게 해 보겠습니다. pages 폴더의 Articles.svelte를 열어 주겠습니다. 인증은 authToken 유무 확인을 통해 이루어집니다. authToken 스토어를 가져오고 마크업 영역에서 논리블록 {#if $authToken}을 이용해 authToken이 있어야만 ArticleAddForm 컴포넌트가 보이도록 하겠습니다.

```
<script>
  import ArticleHeader from '../components/ArticleHeader.svelte';
  import ArticleList from '../components/ArticleList.svelte';
  import ArticleAddForm from '../components/ArticleAddForm.svelte';
  import { authToken } from '../stores'; // 추가

</script>

<!-- start svelte-demo -->
<div class="svelte-demo mdl-color--grey-100 mdl-layout mdl-js-layout mdl-layout--
fixed-header">
  <ArticleHeader />
  <!-- start main-->
  <main class="mdl-layout__content">
    {#if $authToken} <!-- 추가 -->
      <ArticleAddForm />
    {/if}
    <ArticleList />
  </main><!-- end main-->
</div><!-- end svelte-demo -->
```

[코드 11-45] pages/Articles.svelte

실행하면 로그인 상태에서만 ArticleAddForm 컴포넌트가 나타나는 것을 볼 수 있습니다.

[그림 11-18] 로그인 상태에만 보이는 글 작성폼

글 작성의 경우 article 스토어의 addArticle 메소드에서 이루어집니다. try catch와 async를 이용해 메소드를 만들고 options 객체에 서버로 보낼 정보를 세팅한 후 postApi(options)를 통해서 게시글 추가를 요청하겠습니다. 그리고 정상적으로 게시글이 추가되면 서버에서는 추가된 글에 대한 정보를 다시 리턴해 줍니다. 리턴받은 정보를 update를 통해서 articles 스토어에도 추가해 새로 등록된 글이 목록에 나타나게 합니다.

article 게시글 작성 API 정보

- method: POST
- url: localhost:3000/api/article
- auth: true
- header: X-Auth-Token
- bodyParams: content
- response:
{
  userId: "###",
  userName: "###",
  content: "###",
  createdAt: "###",
  commentCount: "###",
  likeCount: "###",
  likeUsers: ["###"],
}

```
...생략

function setArticles() {

  let initValues = {
    articleList: [],
    totalPage: 0,
    menuPopup:'',
    editMode:''
  }

  let values = {...initValues};

  const { subscribe, update, set } = writable(values);

  const fetchArticles = async () => {
    ...생략
  }

  const resetArticles = () => {
    ...생략
  }

  const addArticle = async (content) => { // 추가

    try {

      const options =  {
        path:"/article",
        data: {
          content: content,
        }
      }

      const newArticle = await postApi(options);

      update(datas => {
        datas.articleList = [newArticle, ...datas.articleList];
        return datas;
      });
```

```
    // 만약 무조건적으로 새로운 글이 나타나야 한다면, update로 스토어를 업데이트하지 말고,
       목록을 새로 불러오면 됨.
    // articles.resetArticles();

      return;
    }
    catch(error) {
      throw error;
    }
  }

  return {
    subscribe,
    fetchArticles,
    resetArticles,
    addArticle, // 추가
  }
}

...생략
```

[코드 11-46] stores.js

이처럼 스토어에서 게시글 목록을 가지고 있으면 특정 게시물의 추가, 삭제 등의 변화가 일어날 때 해당 부분만을 수정하는 것이 가능합니다. 그리고 이와는 다르게 서버로 게시글을 추가한 후 주석 처리된 articles.resetArticles()를 호출하면 게시글 목록 전체를 서버로 다시 한번 요청하는 방법도 있습니다. 하지만 두 번째 방식은 효율적이지 않습니다. 서버로 요청되는 데이터양이 몇 배 차이나기 때문입니다. 그래서 보통 이런 서비스를 만들 때에는 {#await} 블록을 활용하기보다 이처럼 스토어에 저장해서 사용하는 것을 추천합니다.

11-9-2 ArticleAddForm 컴포넌트 작성

새 글 작성을 실행할 컴포넌트인 ArticleAddForm을 작성하겠습니다. Articles 상태값을 가져오고 values.formContent라는 상태값을 생성하겠습니다. 사용할 메소드로는 새로운 글을 작성하는 메소드인 onAddArticle과 폼을 초기화시켜 주는 onCancelAddArticle을 만들어 주겠습니다.

onAddArticle은 역시 async를 이용한 비동기 함수로 만들어 주고 실제 업로드를 진행할 articles.

addArticle 메소드에 상태값 values.formContent를 전달인자로 설정하겠습니다. 그리고 articles.addArticle은 await을 사용해 비동기 처리를 가능하도록 만들어 줍니다. 정상적으로 새 글이 등록되면 onCancelAddArticle 메소드를 이용해 폼을 초기화시켜 주고, 글이 등록되었다는 것을 alert를 사용해 나타내겠습니다.

마크업 영역에서는 textarea 영역을 values.formContent와 바인딩시켜 주고 입력 취소 버튼을 각각 on:click 이벤트로 onAddarticle, onCancelAddArticle과 연동해 주겠습니다.

```
<script>
  import { articles } from '../stores';

  let values = {
    formContent: ''
  }

  const onAddArticle = async () => {
    try {
      await articles.addArticle(values.formContent);
      onCancelAddArticle();
      alert('새 글이 입력되었습니다.');
    }
    catch(error) {
      alert(error);
    }
  }

  const onCancelAddArticle = () => {
    values.formContent = '';
  }
</script>

<!-- start article-add-form box -->
<div class="box mdl-grid mdl-grid--no-spacing mdl-shadow--2dp">
  <div class="mdl-card mdl-cell mdl-cell--12-col comment-box">
    <div class="mdl-card__supporting-text ">
      <div class="info-box">
        <p>지금 여러분의 생각을 적어주세요.</p>
      </div>
    </div>
```

```
    <div class="mdl-card__supporting-text">

      <div class="mdl-textfield">
        <textarea class="mdl-textfield__input" type="text" rows= "5" id="sample5"
placeholder="내용을 입력해 주세요." bind:value={values.formContent} ></textarea> <!-- 수정 -->

      </div>

    </div>
    <div class="mdl-card__actions mdl-card--border btn-box">
      <a href="#null" class="mdl-button mdl-js-button mdl-js-ripple-effect"
on:click={onAddArticle} >입력</a> <!-- 수정 -->
      <a href="#null" class="mdl-button mdl-js-button mdl-js-ripple-effect"
on:click={onCancelAddArticle} >취소</a><!-- 수정 -->
    </div>
  </div>
</div><!-- end article-add-form box -->
```

[코드 11-47] ArticleAddForm.svelte

이제 로그인된 상태에서 입력폼에 새 글을 작성해 보면 [그림 11-19]와 같이 정상적으로 새 글이
등록되는 것을 볼 수 있습니다.

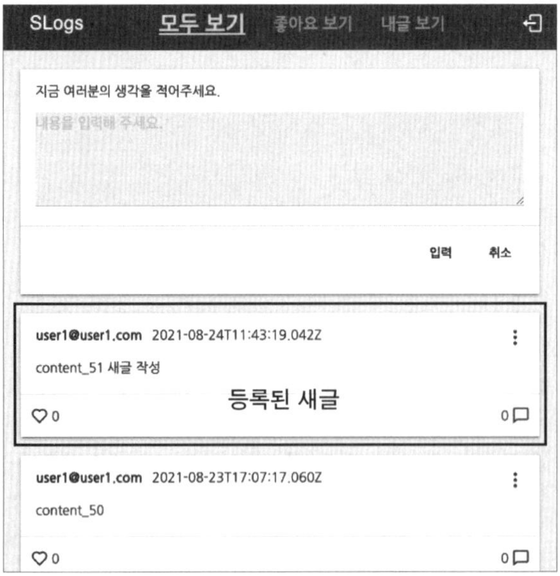

[그림 11-19] 새 글 등록

11-10 글 수정 및 삭제 구현

11-10-1 글 팝업 메뉴 설정

글 수정과 삭제는 작성된 글의 우측 버튼을 눌렀을 때 나오는 메뉴를 통해서 이루어집니다. 이번에는 선택한 곳 위에 나타나는 팝업 형태의 UI와 목록에서 바로 수정이 가능한 인라인 에디터를 만드는 방법을 소개하겠습니다. aritcles 스토어를 보면 menuPopup과 editMode라는 요소를 만든 것을 볼 수 있습니다. 이 두 상태값은 구동 방식이 비슷합니다. 우선 menuPopup에는 팝업 메뉴를 열려는 게시글의 _id 값이 저장됩니다. 그리고 저장된 값을 Article.svelte 컴포넌트에서 자신의 _id 값과 비교해 두 값이 같을 때 화면에 메뉴가 나오게 되는 원리로 작동됩니다.

[그림 11-20] 글 조작을 위한 메뉴

이와 관련된 스토어의 기능을 추가해 보겠습니다. articles 스토어의 openMenuPopup, closeMenuPopup이라는 사용자정의 메소드를 추가하겠습니다. openMenuPopup은 선택된 작성글에서 전달받은 _id 값을 menuPopup에 update를 통해 저장하는 기능을 합니다. 그리고 closeMenuPopup은 menuPopup의 값을 초기화시키는 것으로 팝업창을 닫게 만듭니다.

```
function setArticles() {

  let initValues = {
    articleList: [],
    totalPage: 0,
    menuPopup:'',
    editMode:''
  }

  let values = {...initValues};
```

```
const { subscribe, update, set } = writable(values);

...생략

const openMenuPopup = (_id) => { // 추가
  update(datas => {
    datas.menuPopup = _id;
    return datas;
  })
}

const closeMenuPopup = () => { // 추가

  update(datas => {
    datas.menuPopup = '';
    return datas;
  })
}

return {
  subscribe,
  fetchArticles,
  resetArticles,
  addArticle,
  openMenuPopup, // 추가
  closeMenuPopup, // 추가
  }
}
```

[코드 11-48] stores.js

그리고 Article.svelte 컴포넌트에서 해당 메뉴가 나타나게 만들어 보겠습니다. articles 스토어와 auth 스토어를 가져오겠습니다. 그리고 isViewMenu라는 상태값을 만들어 줍니다. 이 isViewMenu가 true일 때 메뉴가 나타나게 됩니다. isViewMenu 상태값은 $articles.menuPopup과 Props로 전달받은 article._id 값이 같을 때 true가 되도록 만들어 주겠습니다. 이 상태값들의 변화를 감지하기 위해서 반응성블록($:{})을 만들고 if 조건문을 이용해 isViewMenu 값이 설정되도록 하겠습니다.

그리고 onToggleMenuPopup이라는 메뉴를 통해서 articles의 menuPopup 값을 제어하도록 하겠습니다. 해당 메뉴의 경우 토글 형식으로 작동합니다. 즉, 한번 누르면 메뉴가 나타나고 메뉴를

다시 누르면 사라지는 형태입니다. 그래서 onToggleMenuPopup 메소드는 isViewMenu의 상태를 바탕으로 액션을 취하게 됩니다.

다음으로 마크업 영역에도 기능을 추가하겠습니다. 글의 수정 삭제와 관련된 버튼은 로그인된 상태에서 작성자와 로그인한 유저가 같을 때에만 보이게 해야 합니다. 그래야 권한이 없는 사람이 작성된 글을 조작하지 못하기 때문입니다. 그래서 {#if article.userId === $auth._id}의 조건에 맞을 때에만 나타나도록 해 주겠습니다. 팝업 메뉴가 나타나도록 하는 버튼에는 on:click 이벤트로 onToggleMenuPopup을 연동해 주겠습니다. 마지막으로 .list-menu가 나타나기 위해서 is-show라는 CSS class가 필요합니다. .list-menu에 isViewMenu가 true일 때 나타나도록 class:is-show={isViewMenu}로 설정하겠습니다.

```
<script>
  import { articles, auth } from '../stores'; // 추가

  export let article;

  let isViewMenu = false; // 추가

  $: { // 추가
    if($articles.menuPopup === article._id) {
      isViewMenu = true;
    }
    else {
      isViewMenu = false;
    }
  }

  const onToggleMenuPopup = (_id) => { // 추가
    if(isViewMenu === true) {
      articles.closeMenuPopup();
      return;
    }
    articles.openMenuPopup(_id);
  }
</script>

<!-- start article box-->
<div class="box mdl-grid mdl-grid--no-spacing mdl-shadow--2dp">
```

```
<div class="mdl-card mdl-cell mdl-cell--12-col">
  <div class="mdl-card__supporting-text ">
    <div class="info-box">
      <div class="info">
        <p class="user-id">{article.userName}</p>
        <p class="post-day">{article.createdAt}</p>
      </div>
    </div>
  </div>
  <div class="mdl-card__supporting-text ">
    <p class="pre">
      {article.content}
    </p>
  </div>
  <div class="mdl-card__actions mdl-card--border">
    <!-- <a href="#null" class="mdl-button">Read our features</a> -->
    <div class="icon-box">
      <i class="bx bx-heart" ></i>
      <p>{article.likeCount}</p>
    </div>
    <div class="icon-box-comment">
      <p>{article.commentCount}</p>
      <i class="bx bx-comment" ></i>
    </div>

  </div>
</div>
{#if article.userId === $auth._id} <!-- 추가 -->
  <button class="mdl-button mdl-js-button mdl-js-ripple-effect mdl-button--icon"
on:click={()=> onToggleMenuPopup(article._id)}>
    <i class='bx bx-dots-vertical-rounded material-icons'></i>
  </button>
  <ul class="list-menu" class:is-show={isViewMenu}> <!-- 수정 -->
    <li class="onCursur">Edit</li>
    <li class="onCursur">Delete</li>
  </ul>
{/if}
</div><!-- end article box-->
```

[코드 11-49] Article.svelte

실행 후 로그인하면 로그인한 유저가 작성한 글에는 우측 상단에 버튼이 보이고, 이 버튼을 클릭하면 팝업 메뉴가 나오는 것을 확인할 수 있습니다.

[그림 11-21] 로그인 상태에서만 보이는 메뉴

11-10-2 글 수정모드 추가

팝업 메뉴에 수정과 삭제 기능을 추가하겠습니다. 수정은 팝업 메뉴의 Edit을 클릭하면 해당 글이 ArticleEditForm 컴포넌트로 변경되고 이를 이용해 내용을 변경하는 형태가 됩니다. 일종의 인라인 에디터라고 생각하면 됩니다.

작성글 수정에 필요한 사용자정의 메소드들을 스토어에 추가하겠습니다. 이번에도 articles 스토어에 사용자정의 메소드인 openEditModeArticle과 closeEditModeArticle을 추가합니다. openEditModeArticle과 closeEditModeArticle은 openMenuPopup과 기능이 거의 같습니다. _id를 받아 editMode에 설정하는 역할을 합니다.

```
...생략
function setArticles() {

  let initValues = {
    articleList: [],
    totalPage: 0,
    menuPopup:'',
    editMode:''
  }

  let values = {...initValues};

  const { subscribe, update, set } = writable(values);

  ...생략
```

```
    const openEditModeArticle = (_id) => { // 추가
      articles.closeMenuPopup();

      update(datas => {
        datas.editMode = _id;
        return datas;
      });
    }

    const closeEditModeArticle = () => {  // 추가
      update(datas => {
        datas.editMode = '';
        return datas;
      });
    }

    return {
      subscribe,
      fetchArticles,
      resetArticles,
      addArticle,
      openMenuPopup,
      closeMenuPopup,
      openEditModeArticle, // 추가
      closeEditModeArticle, // 추가
    }
  }
  ...생략
```

[코드 11-50] stores.js

Article.svelte 컴포넌트에 기능을 추가하겠습니다. 수정모드에 사용할 ArticleEditForm 컴포넌트를 불러오고, onEditModeArticle이라는 메소드를 만들겠습니다. 그리고 모드를 수정하는 onEditModeArticle도 만들겠습니다.

다음으로 마크업 영역에서 edit 버튼에 on:click 이벤트로 onEditModeArticle 메소드를 연동하겠습니다. 그리고 {#if $articles.editMode === article._id}를 이용해 만약 스토어의 editMode 값과 article._id 값이 같으면 ArticleEditForm 컴포넌트가 나타나게 하고, 다를 경우에는 기존의 내용보

기 모드가 나타나도록 작성하겠습니다. 또 여기에 ArticleEditForm 컴포넌트에 Props로 article을 보내는 것도 추가해야 합니다.

```
<script>
  import { articles, auth } from '../stores';
  import ArticleEditForm from './ArticleEditForm.svelte'; // 추가

  export let article;

  let isViewMenu = false;

  $: {
    if($articles.menuPopup === article._id) {
      isViewMenu = true;
    }
    else {
      isViewMenu = false;
    }
  }

  const onToggleMenuPopup = (_id) => {
    if(isViewMenu === true) {
      articles.closeMenuPopup();
      return;
    }
    articles.openMenuPopup(_id);
  }

  const onEditModeArticle = (_id) => { // 추가
    articles.openEditModeArticle(_id);
  }

</script>

{#if $articles.editMode === article._id} <!-- 추가 -->
  <ArticleEditForm {article} />
{:else}

  <!-- start article box-->
  <div class="box mdl-grid mdl-grid--no-spacing mdl-shadow--2dp">
```

```
    <!-- ...생략 -->
  {#if article.userId === $auth._id}
    <button class="mdl-button mdl-js-button mdl-js-ripple-effect mdl-button--
icon" on:click={()=> onToggleMenuPopup(article._id)}>
      <i class='bx bx-dots-vertical-rounded material-icons'></i>
    </button>
    <ul class="list-menu" class:is-show={isViewMenu}>
      <li class="onCursur" on:click={() => onEditModeArticle(article._
id)}>Edit</li>
      <li class="onCursur">Delete</li>
    </ul>
  {/if}
  </div><!-- end article box-->
{/if}
```

[코드 11-51] Article.svelte

다음으로 수정모드에 해당하는 ArticleEditForm 컴포넌트를 작성하겠습니다. ArticleEditForm은 기본적으로 Article 컴포넌트와 크게 다르지 않습니다. Props로 article을 받아 정보를 화면에 나타내면 됩니다. Textarea 부분만 bind:value를 이용하여 바인딩시켜 줍니다.

```
<script>
  export let article; // 추가

</script>

<!-- start edit article box -->
<div class="box mdl-grid mdl-grid--no-spacing mdl-shadow--2dp">
  <div class="mdl-card mdl-cell mdl-cell--12-col">
    <div class="mdl-card__supporting-text">
      <div class="info-box">
        <div class="info">
          <p class="user-id">{article.userName}</p> <!-- 수정 -->
          <p class="post-day">{article.createdAt}</p> <!-- 수정 -->
        </div>
      </div>
    </div>
    <div class="mdl-card__supporting-text">

      <div class="mdl-textfield">
```

```
        <textarea class="mdl-textfield__input" type="text" rows= "5" id="sample5"
  bind:value={article.content} ></textarea> <!-- 수정 -->
      </div>

  </div>
  <div class="mdl-card__actions mdl-card--border btn-box">
      <a href="#null" class="mdl-button mdl-js-button mdl-js-ripple-effect" >수정</a>
      <a href="#null" class="mdl-button mdl-js-button mdl-js-ripple-effect" >취소</a>
  </div>
  </div>

  <i class="bx bx-x material-icons cancel"></i>
</div> <!-- end edit article box -->
```

[코드 11-52] ArticleEditForm.svelte

앱을 실행시키고 Edit 버튼을 클릭해 보겠습니다. Edit 버튼을 클릭하면 해당 글이 수정모드로 전환되는 것을 볼 수 있습니다.

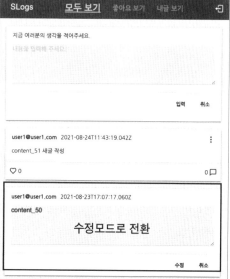

[그림 11-22] 글 수정모드

11-10-3 글 수정 삭제

실제로 작성된 글을 수정하고 삭제하는 기능을 만들어 보겠습니다. 수정된 글을 업데이트시켜 줄 updateArticle을 articles 스토어에 사용자정의 메소드로 추가하겠습니다. 서버로 보낼 정보를 options에 담아 putApi(options)로 서버에 글 수정을 요청합니다. 그리고 서버에서 정상적으로 글이 수정되면 글 정보를 리턴합니다. 이렇게 서버로부터 받은 수정글 정보를 바탕으로 글을 추가할 때와 같이 수정된 정보를 받아 articles 스토어의 articleList에서 해당 글의 _id를 검색해 update로 교체해 줍니다. 그리고 이 모든 과정이 끝나면 articles.closeEditModeArticle()을 호출해 수정모드를 닫아 주고 마무리합니다.

article 게시글 수정 API

- method: PUT
- url: localhost:3000/api/article
- auth: true
- header: X-Auth-Token
- bodyParams: content, _id
- response:

```
{
  userId: "###",
  userName: "###",
  content: "###",
  createdAt: "###",
  commentCount: "###",
  likeCount: "###",
  likeUsers: ["###"],
}
```

```
...생략
function setArticles() {

  let initValues = {
    articleList: [],
    totalPage: 0,
    menuPopup:'',
    editMode:''
  }
```

```
let values = {...initValues};

const { subscribe, update, set } = writable(values);

...생략

const updateArticle = async (article) => { // 추가

  try {

    const updateData = {
      _id: article._id,
      content: article.content,
    }

    const options = {
      path: '/article',
      data: updateData
    }

    const updatedArticle = await putApi(options);

    update(datas => {
      const setDatas = datas.articleList.map(article => {
        if(article._id === updatedArticle._id) {
          article = updatedArticle;
        }
        return article
      });

      datas.articleList = setDatas;
      return datas;
    });

    articles.closeEditModeArticle();
    alert('수정 완료');
  }
  catch(error) {
    alert('수정 중에 오류가 발생했습니다. 다시 시도해 주세요.');
```

```
    }
  }

  return {
    subscribe,
    fetchArticles,
    resetArticles,
    addArticle,
    openMenuPopup,
    closeMenuPopup,
    openEditModeArticle,
    closeEditModeArticle,
    updateArticle, // 추가
  }
}
...생략
```

[코드 11-53] stores.js

다음으로 글 삭제를 위한 스토어를 작성하겠습니다. 서버로 보낼 정보를 options에 담고 delApi(options)를 이용해 서버로 삭제를 요청합니다. 그리고 서버에서 정상적으로 삭제가 완료되면 articles 스토어의 articleList에서 삭제한 글의 _id와 같은 글을 filter를 이용해 제거하겠습니다.

article 게시글 삭제 API

- method: DELETE
- url: localhost: 3000/api/article
- auth: true
- header: X-Auth-Token
- bodyParams: _id

```
...생략
function setArticles() {

  let initValues = {
    articleList: [],
    totalPage: 0,
    menuPopup:'',
    editMode:''
```

```
}

let values = {...initValues};

const { subscribe, update, set } = writable(values);

...생략

const deleteArticle = async (_id) => { // 추가

  try {

    const options = {
      path: '/article/' + _id,
    }

    await delApi(options);

    update(datas => {
      const setDatas = datas.articleList.filter(article => article._id !== _id);
      datas.articleList = setDatas;
      return datas;
    });
  }
  catch(error) {
    alert('삭제 중 오류가 발생했습니다. ');
  }
}

return {
  subscribe,
  fetchArticles,
  resetArticles,
  addArticle,
  openMenuPopup,
  closeMenuPopup,
  openEditModeArticle,
  closeEditModeArticle,
  updateArticle,
  deleteArticle, // 추가
```

```
    }
  }
  ...생략
```

[코드 11-54] stores.js

다음으로 ArticleEditForm 컴포넌트를 열고 onCloseEditModeArticle, onUpdateArticle 메소드를 만들어 주겠습니다. 그리고 메소드를 수정, 취소 버튼에 on:click 이벤트로 연동하겠습니다.

```
<script>
  import { articles } from '../stores';

  export let article;

  const onCloseEditModeArticle = () => { // 추가
    articles.closeEditModeArticle();
  }

  const onUpdateArticle = () => { // 추가
    articles.updateArticle(article);
  }
</script>

<!-- start edit article box -->
<div class="box mdl-grid mdl-grid--no-spacing mdl-shadow--2dp">
  <div class="mdl-card mdl-cell mdl-cell--12-col">
    <div class="mdl-card__supporting-text">
      <div class="info-box">
        <div class="info">
          <p class="user-id">{article.userName}</p>
          <p class="post-day">{article.createdAt}</p>
        </div>
      </div>
    </div>
    <div class="mdl-card__supporting-text">

      <div class="mdl-textfield">
        <textarea class="mdl-textfield__input" type="text" rows= "5" id="sample5"
  bind:value={article.content}  ></textarea>
      </div>
```

```
      </div>
      <div class="mdl-card__actions mdl-card--border btn-box">
        <a href="#null" class="mdl-button mdl-js-button mdl-js-ripple-effect"
  on:click={onUpdateArticle} >수정</a> <!-- 수정 -->
        <a href="#null" class="mdl-button mdl-js-button mdl-js-ripple-effect" on:click
  ={onCloseEditModeArticle} >취소</a> <!-- 수정 -->
      </div>
    </div>

    <i class="bx bx-x material-icons cancel"></i>
  </div> <!-- end edit article box -->
```

[코드 11-55] ArticleEditForm.svelte

글 삭제를 위해 Article 컴포넌트를 열고, onDeleteArticle 메소드를 추가한 다음 팝업 메뉴의 Delete 버튼에 on:click 이벤트로 연동하겠습니다. 이때 onDeleteArticle 메소드 같이 삭제의 경우는 한번 정도 정말 삭제를 할지를 물어보는 것이 좋습니다. 그래서 자바스크립트 confirm을 이용해 글에 대한 삭제 의사를 확인 후 삭제하도록 만들겠습니다.

```
<script>
  import { articles, auth } from '../stores';
  import ArticleEditForm from './ArticleEditForm.svelte';

  ...생략

  const onDeleteArticle = (_id) => { // 추가
    if(confirm('삭제하시겠습니까?')) {
      articles.deleteArticle(_id);
    }
    else {
      return;
    }
  }

</script>

{#if $articles.editMode === article._id}
  <ArticleEditForm {article} />
{:else}
```

```
<!-- start article box-->
<div class="box mdl-grid mdl-grid--no-spacing mdl-shadow--2dp">
  <div class="mdl-card mdl-cell mdl-cell--12-col">
    <div class="mdl-card__supporting-text ">
      <div class="info-box">
        <div class="info">
          <p class="user-id">{article.userName}</p>
          <p class="post-day">{article.createdAt}</p>
        </div>
      </div>
    </div>
    <div class="mdl-card__supporting-text ">
      <p class="pre">
        {article.content}
      </p>
    </div>
    <div class="mdl-card__actions mdl-card--border">
      <!-- <a href="#null" class="mdl-button">Read our features</a> -->
      <div class="icon-box">
        <i class="bx bx-heart" ></i>
        <p>{article.likeCount}</p>
      </div>
      <div class="icon-box-comment">
        <p>{article.commentCount}</p>
        <i class="bx bx-comment" ></i>
      </div>

    </div>
  </div>
  {#if article.userId === $auth._id}
    <button class="mdl-button mdl-js-button mdl-js-ripple-effect mdl-button--
icon" on:click={()=> onToggleMenuPopup(article._id)}>
      <i class='bx bx-dots-vertical-rounded material-icons'></i>
    </button>
    <ul class="list-menu" class:is-show={isViewMenu}>
      <li class="onCursur" on:click={() => onEditModeArticle(article._
id)}>Edit</li>
      <li class="onCursur" on:click={() => onDeleteArticle(article._id)}>Delete</
li> <!-- 수정 -->
    </ul>
  {/if}
```

```
    </div><!-- end article box-->

{/if}
```

[코드 11-56] Article.svelte

이제 앱을 구동하여 목록에서 수정 및 삭제를 테스트해 보면 정상적으로 작동되는 것을 확인할
수 있습니다.

[그림 11-23] 글 수정 확인

[그림 11-24] 글 삭제 확인

서버로 받은 데이터를 바탕으로 만들어진 목록을 수정, 삭제하는 작업을 할 경우, **서버로 받은 목록을 스토어에 저장하고 서버와의 통신이 정상적으로 완료되면 목록을 전부 새로 받는 것이 아닌 스토어에 저장된 목록 중에 변경된 부분만 수정하는 방법을 추천합니다.** 변경이 일어났을 때 무조건 전체 데이터를 다시 서버에서 받는 방법과 목록의 일부만을 받아 변경하는 방법의 통신 비용의 차이는 클 수밖에 없습니다. 때문에 스토어를 활용한 서버통신 패턴을 꼭 기억하기 바랍니다.

11-11 코멘트 기능 구현

11-11-1 코멘트 페이지 이동

코멘트 기능을 구현해 보겠습니다. 코멘트는 라우터를 기준으로 "localhost:5000/api/articles/comments/:_id"와 같이 aritcle 아래에 위치하게 됩니다. 우선 라우터를 배치해 보겠습니다. pages/Articles.svelte 컴포넌트를 열고 스크립트 영역에 Comments와 Route를 추가하고, 마크업 영역에서 〈main〉 태그 다음에 〈Route〉를 설정해 주겠습니다.

참고로 하위 Route를 이처럼 router.svelte가 아닌 다른 컴포넌트에 배치하는 이유는 〈Comments〉 컴포넌트가 디자인상의 이유로 〈div class="svelte-demo ..."〉 안에 배치되어야 하기 때문입니다.

```
<script>
  import ArticleHeader from '../components/ArticleHeader.svelte';
  import ArticleList from '../components/ArticleList.svelte';
  import ArticleAddForm from '../components/ArticleAddForm.svelte';
  import { authToken } from '../stores';
  import Comments from '../pages/Comments.svelte' // 추가
  import { Route } from 'tinro'; // 추가
</script>

<!-- start svelte-demo -->
<div class="svelte-demo mdl-color--grey-100 mdl-layout mdl-js-layout mdl-layout--
fixed-header">
  <ArticleHeader />
  <!-- start main-->
  <main class="mdl-layout__content">
    {#if $authToken}
      <ArticleAddForm />
```

```
    {/if}
    <ArticleList />
  </main><!-- end main-->

  <Route path="/comments/:_id"> <!-- 추가 -->
    <Comments />
  </Route>
</div><!-- end svelte-demo -->
```

[코드 11-57] pages/Articles.svelte

다음으로 pages/Comments.svelte 컴포넌트를 열고 해당 컴포넌트가 components/CommentList.
svelte 파일을 가져와 배치하도록 만들겠습니다.

```
<script>
  import CommentList from '../components/CommentList.svelte';
</script>

<CommentList />
```

[코드 11-58] pages/Comments.svelt

그리고 Article 컴포넌트에서 코멘트에 대한 이벤트를 만들겠습니다. 스크립트 영역에서 route
를 불러오고, goComments 메소드를 만든 다음 router.goto('/articles/comments/${_id}')를 이
용해 프로그램적으로 페이지를 이동하게 만들겠습니다. 마크업 영역에서는 <i class="bx bx-
comment">에 goComments 메소드를 on:click으로 연결해 주겠습니다.

```
<script>
  import { articles, auth } from '../stores';
  import ArticleEditForm from './ArticleEditForm.svelte';
  import { router } from 'tinro';

  export let article;

  ...생략

  const goComments = (_id) => { // 추가
    router.goto(`/articles/comments/${_id}`);
  }
```

```
</script>

{#if $articles.editMode === article._id}
  <ArticleEditForm {article} />
{:else}

  <!-- start article box-->
  <div class="box mdl-grid mdl-grid--no-spacing mdl-shadow--2dp">
    <div class="mdl-card mdl-cell mdl-cell--12-col">
      <div class="mdl-card__supporting-text ">
        <div class="info-box">
          <div class="info">
            <p class="user-id">{article.userName}</p>
            <p class="post-day">{article.createdAt}</p>
          </div>
        </div>
      </div>
      <div class="mdl-card__supporting-text ">
        <p class="pre">
          {article.content}
        </p>
      </div>
      <div class="mdl-card__actions mdl-card--border">
        <!-- <a href="#null" class="mdl-button">Read our features</a> -->
        <div class="icon-box">
          <i class="bx bx-heart" ></i>
          <p>{article.likeCount}</p>
        </div>
        <div class="icon-box-comment">
          <p>{article.commentCount}</p>
          <i class="bx bx-comment" on:click={() => goComments(article._id)} ></i>
<!-- 추가 -->
        </div>

      </div>
    </div>
    {#if article.userId === $auth._id}
      <button class="mdl-button mdl-js-button mdl-js-ripple-effect mdl-button--
icon" on:click={()=> onToggleMenuPopup(article._id)}>
        <i class='bx bx-dots-vertical-rounded material-icons'></i>
```

```
      </button>
      <ul class="list-menu" class:is-show={isViewMenu}>
        <li class="onCursur" on:click={() => onEditModeArticle(article._
  id)}>Edit</li>
        <li class="onCursur" on:click={() => onDeleteArticle(article._id)}>Delete</li>
      </ul>
    {/if}
  </div><!-- end article box-->

{/if}
```

[코드 11-59] Article.svelte

앱을 실행시키고 목록의 코멘트에 해당하는 버튼을 클릭하면 코멘트 페이지가 나타나는 것을 볼
수 있습니다.

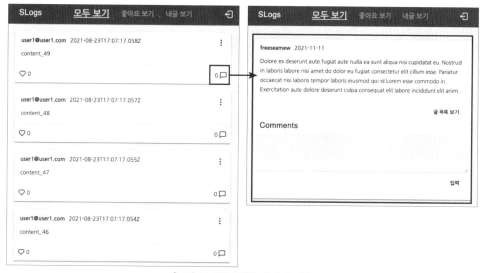

[그림 11-25] 코멘트 페이지 이동

● 브라우저 뒤로가기 문제 해결

참고로 코멘트보기는 무한스크롤이 가지는 한 가지 단점을 해결한 상태입니다. 무한스크롤로 만
든 많은 서비스에서 현재 우리가 만든 코멘트보기와 같이 상세페이지로 갔다가 브라우저의 뒤로
가기를 통해서 다시 목록으로 돌아갈 때 페이지가 초기화되어 첫 페이지부터 다시 나타나는 문
제가 자주 발생합니다. 하지만 지금 만든 방식의 경우는 다릅니다. 뒤로가기를 해도 원래 보던 글

목록이 그대로 있는 것을 볼 수 있을 것입니다. 그 이유는 코멘트보기가 새로운 페이지로 이동한 것 같지만 실제로는 글 목록 위에 새로운 레이아웃을 마치 팝업창처럼 목록 위에 덧씌운 형태이기 때문입니다. 그래서 코멘트로 갔다가 뒤로가기를 눌러도 글 목록을 초기화하거나 새로 불러오지 않고 그대로 있는 것을 볼 수 있습니다. 즉, 코멘트보기 레이어만 나타났다 사라져 버린 것입니다. 이 부분을 한 번씩 테스트해 보면 좋은 경험이 될 것입니다.

코멘트보기에서 브라우저의 뒤로 보기를 이용해 목록으로 가도 이전에 내가 보고 있던 화면이 그대로 있는 것을 확인할 수 있음

[그림 11-26] 브라우저 뒤로가기 테스트

11-11-2 코멘트 페이지에서 선택된 글의 내용 보기 설정

코멘트의 경우 지금까지와는 조금 다른 작동방식을 가집니다. 코멘트는 선택된 글의 상세보기 + 코멘트 목록의 구조를 가지고 있습니다. 이 중에서 선택된 글 정보의 경우는 Prop 등을 통해서 글 내용이 CommentList 컴포넌트로 전달되는 것이 아니라 URL로 전달되는 _id 값을 바탕으로 다시금 서버에서 불러와 표시하게 됩니다.

코멘트 URL 예시 http://localhost:5000/articles/comments/Xo9u5fNfkt2g6BKWB

이렇게 하는 이유는 글 목록의 코멘트 버튼을 클릭해 코멘트 페이지로 넘어온다면 괜찮지만 위와 같이 URL 주소만을 이용해 코멘트 페이지로 접속하는 사용자가 발생할 수 있기 때문입니다. URL 주소만을 가지고 해당 코멘트에 접속하는 유저의 경우 이전 페이지에서 받을 정보가 없으므로 URL 주소에 담긴 글의 _id 값을 바탕으로 글 내용을 서버로 요청받아 표시해 줄 수밖에 없습니다. 내용보기에 필요한 스토어부터 만들어 보겠습니다.

글 하나의 내용이 담기는 스토어는 articleContent가 됩니다. articleContent 스토어에는 _id, userId, userName, content 등 작성글 한 개에 대한 정보가 담깁니다. 그리고 getArticle이라고 하는 사용자정의 메소드를 통해서 전달인자로 받은 _id 값을 바탕으로 서버를 통해 해당 글에 대한 정보를 요청하고 받습니다.

```
...생략
function setArticleContent() { // 추가
  let initValues = {
    _id: '',
    userId: '',
    userName: '',
    content: '',
    createdAt: '',
    commentCount: 0,
    likeCount: 0,
    likeUsers: [],
  }

  let values = {...initValues}

  const { subscribe, set } = writable(values);

  const getArticle = async (_id) => {

    try {
      const options = {
        path: `/article/${_id}`
      }

      const getData = await getApi(options);
      set(getData);
    }
    catch(error) {
      alert('오류가 발생했습니다. 다시 시도해 주세요.');
    }
  }

  return {
    subscribe,
    getArticle,
```

```
    }
  }
  ...생략
```

[코드 11-60] stores.js

다음으로 CommentList 컴포넌트에서 articleContent 스토어를 이용해 내용을 불러오겠습니다. 필요한 요소들인 onMount, router, meta, articleContent를 불러옵니다.

URL 주소에서 작성글의 *id 값을 가져와야 하므로 meta()로 생성한 Route를 활용해 route. params._id와 같은 방법으로 _id 값을 가져오고 이 값을 articleId에 담겠습니다. 그리고 라이프사이클 메소드인 onMount()를 이용해 컴포넌트가 mount될 때 articleContent.getArticle(articleId) 를 호출해 내용을 받아오도록 만들어 주겠습니다. 추가로 goArticle 메소드에는 이전 페이지인 목록으로 이동시켜 주는 메소드도 추가하겠습니다.

마크업 영역에서는 articleContent 스토어를 이용해 필요한 값들이 나타나도록 표현하겠습니다.

```
<script>
  // 추가
  import { onMount } from 'svelte';
  import { router, meta } from 'tinro';
  import { articleContent, } from '../stores';

  const route = meta();
  const articleId = route.params._id;

  onMount(() => {
    articleContent.getArticle(articleId);
  });

  const goArticle = () => router.goto('/articles');
</script>

<!-- start comment-modal-bg-->
<div class="comment-modal-bg modal-show">
  <div class="mdl-layout__content comment-wrap">
    <!--  start box-comment-article -->
    <div class="box mdl-grid mdl-grid--no-spacing mdl-shadow--2dp">
      <div class="mdl-card mdl-cell mdl-cell--12-col comment-box">
```

```html
        <div class="mdl-card__supporting-text ">
          <div class="info-box">
            <div class="info">
              <p class="user-id">{$articleContent.userName}</p> <!-- 수정 -->
              <p class="post-day">{$articleContent.createdAt}</p> <!-- 수정 -->
            </div>
          </div>
        </div>
        <div class="mdl-card__supporting-text bottom-padding ">
          <p class="pre">{$articleContent.content}</p> <!-- 수정 -->
        </div>
        <div class="mdl-card__supporting-text flex-right ">
          <a href="#null" class="mdl-button mdl-js-button mdl-js-ripple-effect"
on:click={goArticle} >글 목록 보기</a>  <!-- 수정 -->
        </div>
        <div class="mdl-card__supporting-text ">
          <h5>Comments</h5>
        </div>

        <!-- start comment list-->
        <ul class="mdl-list">

        </ul> <!-- end comment list-->

        <div class="mdl-card__actions">
          <div class="mdl-textfield">
            <textarea class="mdl-textfield__input" type="text" rows= "5" id="sample5"
 ></textarea>
          </div >
        </div>
        <div class="btn-box">
          <a href="#" class="mdl-button mdl-js-button mdl-js-ripple-effect">입력</a>
        </div>

      </div>
    </div><!--end box-comment-article-->
  </div><!-- end mdl-layout__content-->
</div><!-- end comment-modal-bg-->
```

[코드 11-61] CommentList.svelte

여기까지 결과를 실행시켜 보겠습니다. 코멘트 버튼을 클릭하면 코멘트 페이지에서도 선택한 글의 내용이 나오는 것을 볼 수 있습니다.

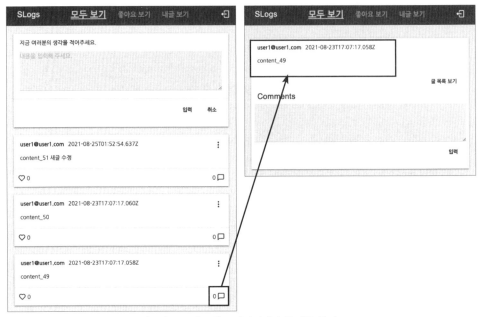

[그림 11-27] 코멘트 페이지에서 글 내용 확인

11-11-3 코멘트 추가 및 목록 보기

코멘트 페이지에 코멘트 기능을 추가해 보겠습니다. 이번에도 역시 스토어를 만드는 작업부터 시작하겠습니다. 코멘트는 comments라는 스토어를 통해서 작업이 이루어집니다. 코멘트의 배열의 형태로 작성되므로 처음 생성값으로 빈 배열을 넣어줍니다.

comments 스토어에서 사용되는 사용자정의 메소드는 코멘트를 불러오는 fetchComments, 코멘트 작성의 addComment, 코멘트 삭제의 deleteComment가 사용됩니다. 해당 메소드들을 만들고 return {} 안에 만든 메소드들을 추가하도록 하겠습니다. 다음으로 각각의 메소드를 작성해 보겠습니다.

```
... 생략
function setComments() {
```

```
const { subscribe, update, set } = writable([]);

const fetchComments = async (_id) => {}
const addComment = async (articleId, commentContent) => {}
const deleteComment = async(_id, articleId) => {}


return {
  subscribe,
  fetchComments,
  addComment,
  deleteComment,
  }
}
... 생략
```

[코드 11-62] stores.js

● fetchComments 메소드

fetchComments는 작성된 코멘트 목록을 불러오는 역할을 합니다. 다음 comment 목록 API를 참
고로 서버에 전달할 값들을 options에 넣고 getApi(options)를 이용해 서버로 데이터를 요청하겠
습니다. 그리고 서버로부터 데이터가 정상적으로 오면 set(getDatas)를 통해서 받은 목록을 스토
어에 넣어 주면 됩니다. articles.fetchArticles와 비교해 보면 조금 단순해지긴 했어도 작업의 순서
는 거의 유사합니다.

---

comment 목록 API

- method: GET
- url: localhost:3000/api/comments/:_id
- response:
[
  {
    userId: "###",
    userName: "###",
    articleId: "###",
    content: "###",
    createdAt: "###",
  },
]

```
... 생략
function setComments() {

  const { subscribe, update, set } = writable([]);
  const fetchComments = async (_id) => { // 내용 추가
    try {
      const options = {
        path: `/comments/${_id}`
      }

      const getDatas = await getApi(options);
      set(getDatas);

    }
    catch(error) {
      alert('오류가 발생했습니다. 다시 시도해 주세요. ')
    }
  }

  const addComment = async (articleId, commentContent) => {}
  const deleteComment = async(_id, articleId) => {}

  return {
    subscribe,
    fetchComments,
    addComment,
    deleteComment,
  }
}
... 생략
```

[코드 11-63] stores.js

● addComment 메소드

코멘트를 추가하는 addComment 메소드를 작성하겠습니다. 서버로 보낼 내용을 options에 담고,
postApi(options)를 이용해 서버에 코멘트 추가를 요청합니다. 정상적으로 추가되면, 서버는 추
가한 코멘트를 리턴해 줍니다. 그리고 리턴된 코멘트는 update를 이용해서 comment 스토어의
목록에 추가합니다.

comment 추가 API

- method: POST
- url: localhost:3000/api/comments
- auth: true
- header: X-Auth-Token
- bodyParams: articleId, content
- response:
{
  userId: "###",
  userName: "###",
  articleId: "###",
  content: "###",
  createdAt: "###",
}

```
... 생략
function setComments() {

  const { subscribe, update, set } = writable([]);

  const fetchComments = async (_id) => {
    ...생략
  }

  const addComment = async (articleId, commentContent) => { // 내용 추가
    try {
      const options = {
        path: '/comment',
        data: {
          articleId: articleId,
          content: commentContent,
        },
      }

      const newData = await postApi(options);

      update(datas => [...datas, newData]);
    }
    catch(error) {
```

```
      alert('오류가 발생했습니다. 다시 시도해 주세요.')
    }
  }

  const deleteComment = async(_id, articleId) => {}

  return {
    subscribe,
    fetchComments,
    addComment,
    deleteComment,
  }
}
... 생략
```

[코드 11-64] stores.js

● deleteComment 메소드

마지막으로 deleteComment 메소드를 추가해 보겠습니다. 작업 과정은 비슷합니다. API를 참고
로 options에 값을 넣고 delApi(options)를 이용해 서버에 삭제를 요청합니다. 그리고 정상적으
로 삭제되면 update를 이용해서 comments 스토어에서 삭제된 코멘트를 제거해 줍니다.

comment 삭제 API

- method: DELETE
- url: localhost:3000/api/comments
- auth: true
- header: X-Auth-Token
- bodyParams: _id, articleId

```
... 생략
function setComments() {

  const { subscribe, update, set } = writable([]);

  const fetchComments = async (_id) => {
    ...생략
  }
```

```
const addComment = async (articleId, commentContent) => {
  ...생략
}

const deleteComment = async(_id, articleId) => { // 내용 추가
  try {

    const options = {
      path: '/comment',
      data: {
        _id: _id,
        articleId: articleId,
      }
    }

    await delApi(options);
    update(datas => datas.filter(comment => comment._id !== _id));

    alert('코멘트가 삭제되었습니다.');
  }
  catch(error) {
    alert('삭제 중 오류가 발생했습니다. 다시 시도해 주세요.');
  }
}

return {
  subscribe,
  fetchComments,
  addComment,
  deleteComment,
}
}
... 생략
```

[코드 11-65] stores.js

comments 스토어를 이용해 코멘트가 실제적으로 작동하도록 만들어 보겠습니다. 이를 위해 CommentList 컴포넌트를 열어 주고 comments 스토어와 authToken 스토어를 가져오겠습니다.

스크립트 영역에서 values에 formContent라는 상태값을 추가해 주고, 코멘트를 추가하는 메소드인 onAddComment도 추가하겠습니다. onAddComment의 경우 async를 이용해 비동기 처리가 가능하도록 만들고 코멘트 추가가 정상적으로 처리되면 values.formContent 상태값을 공백으로 초기화시켜 주겠습니다.

또 컴포넌트가 마운트되면 코멘트 목록이 나타나도록 하기 위해 onMount에 comments.fetchComments(articleId) 메소드를 추가하겠습니다.

마크업 영역에서는 코멘트의 경우 로그인된 사용자만 작성해야 하므로 authToken 스토어를 이용해 로그인한 사용자에게만 코멘트 작성 기능이 보이도록 만들어 주겠습니다. 그리고 formContent 상태값을 textarea에 바인딩시키고 onAddComment 메소드를 입력 버튼에 연동하겠습니다.

마지막으로 반복블록 {#each $comments as comment, index}를 이용해 코멘트 목록이 반복되어 나타나도록 하고 이때 comment와 articleId를 Props로 Comment 컴포넌트에 전달하겠습니다.

```
<script>
  import { onMount } from 'svelte';
  import { router, meta } from 'tinro';
  import Comment from '../components/Comment.svelte';
  import { articleContent, comments, authToken } from '../stores'; // 내용 추가

  const route = meta();
  const articleId = route.params._id;

  let values = { // 추가
    formContent: ''
  }

  onMount(() => {
    articleContent.getArticle(articleId);
    comments.fetchComments(articleId); // 추가
  });

  const goArticle = () => router.goto('/articles');

  const onAddComment = async () => { // 추가
```

```
    try {
      await comments.addComment(articleId, values.formContent);
      values.formContent = '';
    }
    catch(error) {
      alert('삭제 중 오류가 발생했습니다. 다시 시도해 주세요.');
    }
  }

</script>

<!-- start comment-modal-bg-->
<div class="comment-modal-bg modal-show">
  <div class="mdl-layout__content comment-wrap">
    <!--  start box-comment-article -->
    <div class="box mdl-grid mdl-grid--no-spacing mdl-shadow--2dp">
      <div class="mdl-card mdl-cell mdl-cell--12-col comment-box">
        <div class="mdl-card__supporting-text ">
          <div class="info-box">
            <div class="info">
              <p class="user-id">{$articleContent.userName}</p>
              <p class="post-day">{$articleContent.createdAt}</p>
            </div>
          </div>
        </div>
        <div class="mdl-card__supporting-text bottom-padding ">
          <p class="pre">{$articleContent.content}</p>
        </div>
        <div class="mdl-card__supporting-text flex-right ">
          <a href="#null" class="mdl-button mdl-js-button mdl-js-ripple-effect"
on:click={goArticle} >글 목록 보기</a>
        </div>
        <div class="mdl-card__supporting-text ">
          <h5>Comments</h5>
        </div>

        <!-- start comment list-->
        <ul class="mdl-list">
        {#each $comments as comment, index } <!-- 추가 -->
          <Comment {comment} {articleId} />
```

```
        {/each}
      </ul> <!-- end comment list-->
      {#if $authToken} <!-- 추가 -->
      <div class="mdl-card__actions">
        <div class="mdl-textfield">
          <textarea class="mdl-textfield__input" type="text" rows= "5"
bind:value={values.formContent} ></textarea>
        </div >
      </div>
      <div class="btn-box">
        <a href="#" class="mdl-button mdl-js-button mdl-js-ripple-effect"
on:click={onAddComment} >입력</a>
      </div>
      {/if}
    </div>
  </div><!--end box-comment-article-->
  </div><!-- end mdl-layout__content-->
</div><!-- end comment-modal-bg-->
```

[코드 11-66] CommentList.svelte

다음으로 코멘트 목록의 내용에 해당하는 comment 컴포넌트를 작성하겠습니다. 필요한 스토어인 comment, auth를 가져오고 Props로 넘겨진 comment, articleId를 받아 줍니다. 여기에 코멘트를 삭제하는 onDeleteComment 메소드를 만들어 주고, onDeleteComment도 onDeleteArticle과 마찬가지로 confirm을 이용해 한 번 더 삭제 의사를 체크하겠습니다.

마크업 영역에는 Props로 받은 comment를 이용해 내용들을 채워 주고, 삭제 버튼인 <i class="bx bx-trash...">의 경우 현재 코멘트 작성자만 삭제할 수 있게 comment.userId와 auth._id가 같을 때에만 화면에 나타나도록 하겠습니다.

```
<script>
  // 아래 추가
  import { comments, auth } from '../stores';

  export let comment;
  export let articleId;

  const onDeleteComment = () => {
    if(confirm('삭제 하시겠습니까?')) {
```

```
      comments.deleteComment(comment._id, articleId);
    }
    else {
      return;
    }
  }
</script>

<!-- start li -->
<li class="mdl-list__item mdl-list__item--three-line">
  <span class="mdl-list__item-primary-content">
    <div class="info-box">
      <div class="info">
        <p class="user-id">{comment.userName}</p> <!-- 수정 -->
        <p class="post-day">{comment.createdAt}</p> <!-- 수정 -->
      </div>
      {#if comment.userId === $auth._id} <!-- 수정 -->
        <i class="bx bx-trash delete" on:click={onDeleteComment}></i>
      {/if}
    </div>

    <div class="comment-content">
      <p class="pre">{comment.content}</p> <!-- 수정 -->
    </div>
  </span>
</li><!-- end li -->
```

[코드 11-67] Comment.svelte

앱에서 코멘트 관련된 기능을 확인하겠습니다. 입력창에 코멘트를 입력해 보면 코멘트 내용이 입력되고 코멘트 목록에 추가되는 것을 확인할 수 있습니다.

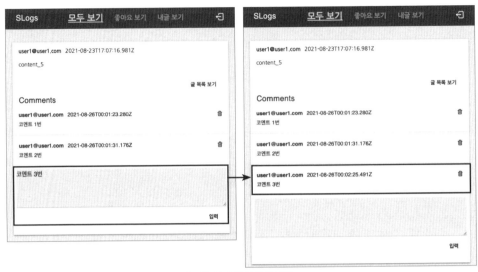

[그림 11-28] 코멘트 입력

그리고 코멘트 삭제 버튼을 클릭하여 코멘트가 삭제되는지 확인하겠습니다. 휴지통 모양의 버튼을 클릭하면 확인창이 나타납니다. 그리고 그 확인창에서 확인을 클릭했을 때 해당 코멘트가 사라진다면 현재까지 작업한 기능이 정상적으로 작동하는 것입니다.

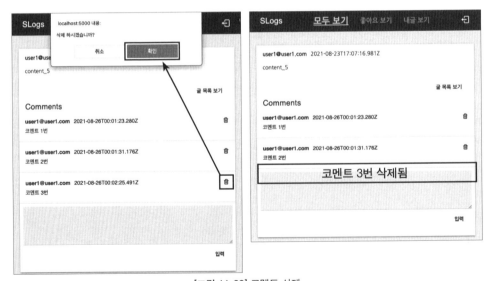

[그림 11-29] 코멘트 삭제

11-11-4 글 목록에서 코멘트 카운트 수정

자, 코멘트 기능까지 만들었습니다. 여기에 한 가지 추가 작업을 해야 합니다. 코멘트를 추가 또는 삭제한 다음에 '글 목록 보기'를 클릭하거나 혹은 브라우저의 이전화면보기 버튼으로 코멘트 이전으로 돌아가 보면 문제를 알 수 있습니다. 바로 글 목록에 표시된 코멘트의 개수가 변하지 않는다는 점입니다. 물론 브라우저를 새로고침하면 데이터를 모두 새로 가져오기 때문에 정상적인 값이 나타날 것입니다. 하지만 이렇게 처리하는 것은 효율적이지 않습니다.

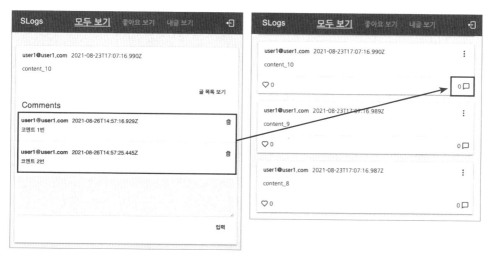

[그림 11-30] 코멘트 개수 표시 문제

이 문제를 처리하기 위해서는 코멘트가 추가되거나 삭제될 때 글 목록이 담긴 aritcles 스토어에서 해당 글에 대한 코멘트 숫자를 업데이트해 주면 됩니다. 이를 위해 스토어에 사용자 정의 메소드를 추가해 보겠습니다. articles 스토어에 코멘트 개수를 증가시킬 메소드인 increArticleCommentCount와 반대로 개수를 감소시킬 decreArticleCommentCount를 추가하겠습니다. 해당 메소드들은 작성글의 고유번호인 articleId를 전달인자로 받아 map을 이용해 datas. articleList의 _id 값과 전달받은 articleId를 비교합니다. 그리고 같은 값을 발견하면 해당 글의 commentCount 값을 증가시키거나 감소시켜 주는 역할을 합니다.

```
...생략
function setArticles() {
```

```
let initValues = {
  articleList: [],
  totalPage: 0,
  menuPopup:'',
  editMode:''
}


let values = {...initValues};

const { subscribe, update, set } = writable(values);


...생략

const increArticleCommentCount =(articleId) => { // 추가
  update(datas => {
    const newArticle = datas.articleList.map(article => {
      if(article._id === articleId) {
        article.commentCount = article.commentCount +1;
      }
      return article;
    })
    datas.articleList = newArticle;
    return datas;
  })
}

const decreArticleCommentCount = (articleId) => { // 추가
  update(datas => {
    const newArticles = datas.articleList.map(article => {
      if(article._id === articleId) {
        article.commentCount = article.commentCount -1;
      }
      return article;

    });
    datas.articleList = newArticles;
    return datas;

  });
}
```

```
  return {
    subscribe,
    fetchArticles,
    resetArticles,
    addArticle,
    openMenuPopup,
    closeMenuPopup,
    openEditModeArticle,
    closeEditModeArticle,
    updateArticle,
    deleteArticle,
    increArticleCommentCount, // 추가
    decreArticleCommentCount, // 추가
  }
}
...생략
```

[코드 11-68] stores.js

추가된 메소드를 comments 스토어의 addComment 메소드와 deleteComment 메소드에 적용해
보겠습니다. addComment 메소드에는 articles.increArticleCommentCount(articleId)를 추가하고
deleteComment 메소드에는 articles.decreArticleCommentCount(articleId)를 추가하면 됩니다.

```
...생략
function setComments() {

  const { subscribe, update, set } = writable([]);

  const fetchComments = async (_id) => {
    ...생략
  }

  const addComment = async (articleId, commentContent) => {

    try {
      const options = {
        path: '/comment',
        data: {
```

```
        articleId: articleId,
          content: commentContent,
        },
      }

      const newData = await postApi(options);

      update(datas => [...datas, newData]);
      articles.increArticleCommentCount(articleId); // 추가

    }
    catch(error) {
      // alert('오류가 발생했습니다. 다시 시도해 주세요.')
      throw error;
    }
}

const deleteComment = async(_id, articleId) => {
  try {
    const options = {
      path: '/comment',
      data: {
        _id: _id,
        articleId: articleId,
      }
    }

    await delApi(options);

    update(datas => datas.filter(comment => comment._id !== _id));
    articles.decreArticleCommentCount(articleId); // 추가

    alert('코멘트가 삭제되었습니다.');

  }
  catch(error) {
    throw error;
  }
}
```

```
  return {
    subscribe,
    fetchComments,
    addComment,
    deleteComment,
  }
}
...생략
```

[코드 11-69] stores.js

다시 한번 앱의 작성글에 코멘트를 등록 또는 삭제 후에 이전 페이지로 이동하면 정상적으로 코멘트 개수가 표시되어 있는 것을 볼 수 있습니다.

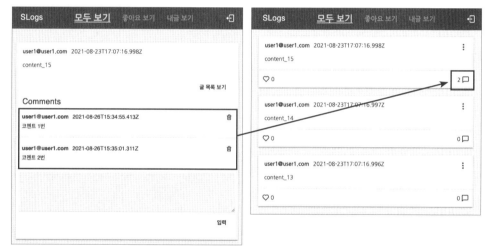

[그림 11-31] 코멘트 개수 표시 문제 해결

11-12 '좋아요' 기능 구현

11-12-1 '좋아요' 관련 스토어 추가

'좋아요' 기능을 추가해 보겠습니다. 이 기능은 글 목록에서 마음에 드는 글에 '좋아요'를 누르면 채워진 형태의 하트가 되고 '좋아요' 개수도 올라가는 역할을 하는 기능입니다. 이 기능과 관련된 스토어는 articles입니다. articles 스토어에 추가되는 마지막 사용자정의 메소드입니다.

● likeArticle 메소드

likeArticle 메소드는 원하는 글에 '좋아요'를 추가하는 역할입니다. API를 참고로 해서 메소드를 작성해 보겠습니다.

---

like 추가 API

- method: PUT
- url: localhost:3000/api/like
- auth: true
- header: X-Auth-Token
- bodyParams: articleId

---

likeArticle 메소드를 async와 함께 추가하고, options에 서버로 보낼 정보를 정리해 await과 함께 putApi(options)를 이용해 서버에 like를 추가하도록 요청합니다. 이제 이 패턴은 어느 정도 익숙할 거라고 생각합니다.

그리고 서버에서 정상적으로 처리되면 articles 스토어의 글 목록이 담긴 articleList에서 해당하는 글을 찾아 정보를 수정해야 합니다.

여기서 수정해야 할 값은 두 가지입니다. 하나는 해당 글의 '좋아요' 개수에 해당하는 likeCount 이고 다른 하나는 해당 글에 내가(로그인된 현재 사용자가) '좋아요'를 했는지에 대한 정보를 나타내는 likeMe 값입니다.

likeCount, likeMe의 수정 방법은 다음과 같습니다. 먼저 전달인자로 받은 aritlceId를 바탕으로 map을 이용해 목록에서 변경해야 하는 글(목록의 _id와 articleId가 같은 글)을 찾아냅니다. 그리고 해당 글의 likeCount에 +1을 하고 likeMe는 true로 만들어 주면 됩니다. 이처럼 map, filter 등을 이용해 목록을 조작하는 방법도 어느 정도 익숙해졌을 것입니다.

```
...생략
function setArticles() {

  let initValues = {
    articleList: [],
    totalPage: 0,
    menuPopup:'',
```

```
    editMode:''
}

let values = {...initValues};

const { subscribe, update, set } = writable(values);

...생략

const likeArticle = async (articleId) => { // 추가

  try {

    const options = {
      path: '/like',
      data: {
        articleId: articleId,
      }
    }

    await putApi(options);
    update(datas => {
      const newArticles = datas.articleList.map(article => {
        if(article._id === articleId) {
          article.likeCount = article.likeCount + 1;
          article.likeMe = true;
        }
        return article;
      });
      datas.articleList = newArticles;
      return datas;
    });

  }
  catch(error) {
    alert('오류가 발생했습니다. 다시 시도해 주세요.');
  }
}

return {
```

```
    subscribe,
    fetchArticles,
    resetArticles,
    addArticle,
    openMenuPopup,
    closeMenuPopup,
    openEditModeArticle,
    closeEditModeArticle,
    updateArticle,
    deleteArticle,
    increArticleCommentCount,
    decreArticleCommentCount,
    likeArticle, // 추가
  }
}
...생략
```

[코드 11-70] stores.js

● cancelLikeArticle 메소드

like를 해제하는 메소드는 아래의 API를 참고로 작동됩니다.

like 해제 API

- method: PUT
- url: localhost:3000/api/cancellike
- auth: true
- header: X-Auth-Token
- bodyParams: articleId

cancelLikeArticle 메소드는 likeArticle과 거의 차이가 없습니다. API를 호출하는 주소와 likeCount를 더하는 대신 -1로 변경해 주는 부분만 다르고 나머지는 같습니다.

```
...생략
function setArticles() {

  let initValues = {
    articleList: [],
    totalPage: 0,
```

```
    menuPopup:'',
    editMode:''
}

let values = {...initValues};

const { subscribe, update, set } = writable(values);

...생략

const likeArticle = async (articleId) => { // 추가
    ...생략
}

const cancelLikeArticle = async (articleId) => {  // 내용 추가

    try {

        const options = {
            path: '/cancellike',
            data: {
                articleId: articleId,
            }
        }

        await putApi(options);

        update(datas => {
            const newArticles = datas.articleList.map(article => {
                if(article._id === articleId) {
                    article.likeCount = article.likeCount - 1;
                    article.likeMe = false;
                }
                return article;
            });
            datas.articleList = newArticles;
            return datas;
        });

    }
```

```
   catch(error) {
     alert('오류가 발생했습니다. 다시 시도해 주세요.');
   }
 }

 return {
   subscribe,
   fetchArticles,
   resetArticles,
   addArticle,
   openMenuPopup,
   closeMenuPopup,
   openEditModeArticle,
   closeEditModeArticle,
   updateArticle,
   deleteArticle,
   increArticleCommentCount,
   decreArticleCommentCount,
   likeArticle,
   cancelLikeArticle, // 추가
 }
}
...생략
```

[코드 11-71] stores.js

11-12-2 Aritcle 컴포넌트에 '좋아요' 기능 추가

Article 컴포넌트에서 실제로 작동하는 '좋아요' 기능을 구현해 보겠습니다. 추가로 사용할 스토어는 authToken입니다. 해당 스토어를 가져오고, '좋아요'를 표시할 onLike와 해제할 onCancelLike 메소드를 추가해 주겠습니다.

각각의 메소드는 마크업 영역에서 로그인 유무에 따른 숨기기로 처리되지 않고, 메소드 자체에서 인증을 체크하는 구조를 갖도록 하겠습니다. 이때 인증을 체크하려면 $authToken의 유무를 이용해 확인하면 됩니다.

마크업 영역에서는 선택하려는 글의 '좋아요' 상태에 해당하는 article의 likeMe가 true일 경우에는 이미 '좋아요'가 체크된 상태이므로 '좋아요'를 취소하는 onCancelLike 메소드와 연동하고, likeMe

가 false인 경우에는 onLike 메소드를 호출하도록 설정하겠습니다.

```
<script>
  import { articles, auth, authToken } from '../stores'; // 추가
  import ArticleEditForm from './ArticleEditForm.svelte';
  import { router } from 'tinro';

  ...생략

  const onLike = (_id) => { // 추가
    if($authToken) {
      articles.likeArticle(_id);
    }
  }

  const onCancelLike = (_id) => { // 추가
    if($authToken) {
      articles.cancelLikeArticle(_id);
    }
  }
</script>

{#if $articles.editMode === article._id}
  <ArticleEditForm {article} />
{:else}

  <!-- start article box-->
  <div class="box mdl-grid mdl-grid--no-spacing mdl-shadow--2dp">
    <div class="mdl-card mdl-cell mdl-cell--12-col">
      <div class="mdl-card__supporting-text ">
        <div class="info-box">
          <div class="info">
            <p class="user-id">{article.userName}</p>
            <p class="post-day">{article.createdAt}</p>
          </div>
        </div>
      </div>
      <div class="mdl-card__supporting-text ">
        <p class="pre">
          {article.content}
```

```
          </p>
        </div>
        <div class="mdl-card__actions mdl-card--border">
          <!-- <a href="#null" class="mdl-button">Read our features</a> -->
          <div class="icon-box">
            {#if article.likeMe} <!-- 수정 -->
              <i class="bx bxs-heart" on:click={() => {onCancelLike(article._id)}} ></i>
            {:else}
              <i class='bx bx-heart' on:click={() => {onLike(article._id)}} ></i>
            {/if}
            <p>{article.likeCount}</p>
          </div>
          <div class="icon-box-comment">
            <p>{article.commentCount}</p>
            <i class="bx bx-comment" on:click={() => goComments(article._id)} ></i>
          </div>
        </div>

      </div>
    </div>
    {#if article.userId === $auth._id}
      <button class="mdl-button mdl-js-button mdl-js-ripple-effect mdl-button--
icon" on:click={()=> onToggleMenuPopup(article._id)}>
        <i class='bx bx-dots-vertical-rounded material-icons'></i>
      </button>
      <ul class="list-menu" class:is-show={isViewMenu}>
        <li class="onCursur" on:click={() => onEditModeArticle(article._
id)}>Edit</li>
        <li class="onCursur" on:click={() => onDeleteArticle(article._id)}>Delete</li>
      </ul>
    {/if}
  </div><!-- end article box-->

{/if}
```

[코드 11-72] Article.svelte

앱을 실행시켜 정상적으로 작동하는지 확인해 보겠습니다. 앱 실행 후에 로그인한 상태에서 하트
로 표시된 '좋아요' 버튼을 클릭하면 [그림-11-32]와 같이 표시되고 개수가 증가하는 것을 볼 수 있
습니다. 반대로 이미 체크되어 있는 '좋아요'는 체크가 해제되며 '좋아요' 개수가 줄어드는 것도 확
인 가능합니다.

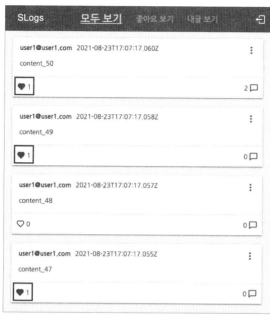

[그림 11-32] '좋아요'가 표시되고 해당 개수도 변화됨

11-13 보기모드 변경 구현

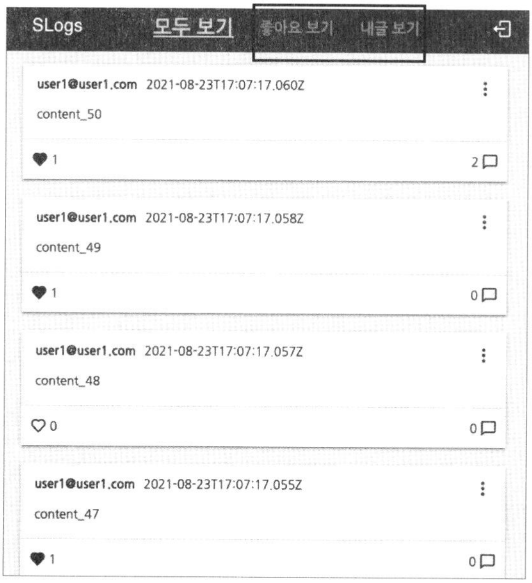

현재는 글 보기 방식 중에 모두 보기 부분만 활성화되어 있습니다. 지금부터 자신이 '좋아요'를 표시한 글과 내 글만 모아서 볼 수 있는 기능들을 만들어 보겠습니다.

[그림 11-33] 보기모드 비활성 상태

11-13-1 보기모드 변경 원리

보기모드에 따라 작성글 목록이 달라지는 원리에 대해서 설명하겠습니다. API 명세에서 글 목록과 관련된 API는 다음의 세 가지입니다. 이 중에서 지금까지 사용한 방식은 ⓐ 방식입니다.

　ⓐ **전체 글:** localhost:3000/api/articles/:currentPage

　ⓑ **내가 쓴 글:** localhost:3000/api/articles/my/:currentPage

　ⓒ **좋아요 체크한 글:** localhost:3000/api/likes/:currentPage

현재 코드는 다음과 같이 path가 고정되어 있습니다. 그렇다면 요청할 URL 주소에서 path 관련 부분을 ⓐ~ⓒ 조건에 맞게 나타나게 하면 원하는 글 목록이 보여질 것입니다.

```
let path = `/articles/${currentPage}`;

const options = {
  path: path,
}
```

11-13-2 스토어 작성

보기모드 선택과 관련된 스토어를 추가하겠습니다. 보기모드는 articleMode라는 스토어의 상태에 따라서 변경되도록 합니다. 여기에 사용될 모드의 종류는 다음 세 가지입니다. 모드 선택의 경우 《챕터 8-7. count & Todo 보기모드》와 같이 constant.js라는 상수를 담을 파일에 모드의 이름을 정의 내리고 불러와 사용하겠습니다.

　▶ **전체 글 보기:** NOMAL_FETCH

　▶ **내가 쓴 글 보기:** MY_FETCH

　▶ **좋아요 체크한 글 보기:** LIKE_FETCH

src 폴더 아래에 utils라는 폴더를 만들고 그 아래에 constant.js라는 파일을 생성한 후 모드를 작성하겠습니다.

```
설치경로
├── node_modules
```

```
├── public
├── scripts
├── src
│   ├── components
│   ├── pages
│   ├── service
│   ├── styles
│   ├── utils
│   │   └── constant.js // 추가
│   ├── App.svelte
│   ├── main.svelte
│   ├── stores.js
│   └── router.svelte
├── package.json
└── rollup.config.js
```

```
export const NOMAL_FETCH = 'nomal_fetch';
export const LIKE_FETCH = 'like_fetch';
export const MY_FETCH = 'my_fetch';
```

[코드 11-73] Article.svelte

다음으로 articleMode 스토어에 내용을 추가하겠습니다. 이를 위해 constant.js의 상수들을 스토어 파일에 가져오겠습니다. writable의 초기값은 NOMAL_FETCH로 설정을 하고 사용자정의 메소드로 changeMode를 추가하겠습니다.

changeMode 메소드는 전달인자를 받은 mode를 set(mode)로 변경하고, articles.resetArticles()로 articles 스토어를 초기화한 후 다시 articles.fetchArticles() 메소드를 호출해 현재 선택된 모드에 맞는 작성글을 불러오겠습니다.

```
import { writable, get } from "svelte/store";
import {getApi, putApi, delApi, postApi} from './service/api';
import { router } from 'tinro';
import { NOMAL_FETCH, LIKE_FETCH, MY_FETCH } from './utils/constant'; // 추가

function setArticleMode() { // 추가
  const {subscribe, update, set} = writable(NOMAL_FETCH);

  const changeMode = (mode) => {
```

```
      set(mode);
      articles.resetArticles();
      articles.fetchArticles();
    }

    return {
      subscribe,
      changeMode,
    }
  }

  ... 생략
```

[코드 11-74] stores.js

다음으로 articles 스토어의 fetchArticles() 메소드에서 모드에 따라 path가 변경될 수 있도록 수정
하겠습니다. 선택된 모드의 경우 get(articlesMode)를 이용해 현재 선택된 모드가 어떤 것인지 가
져오고, 그에 맞게 path를 설정해 주면 됩니다.

```
function setArticles() {

  ...생략

  const fetchArticles = async () => {

    const currentPage = get(currentArticlesPage);

    try {

      loadingArticle.turnOnLoading();

      let path = ''; // 추가
      const mode = get(articlesMode); // 추가

      if(mode === NOMAL_FETCH) { / 추가
        path = `/articles/${currentPage}`;
      }
      else if(mode === LIKE_FETCH) {
        path = `/likes/${currentPage}`;
      }
```

```
    else if(mode === MY_FETCH) {
      path = `/articles/my/${currentPage}`;
    }
    else {
      path = `/articles/${currentPage}`;
    }

    const options = {
      path: path,
    }

    const getDatas = await getApi(options);

    ...생략
  }
  ... 생략

}
```

[코드 11-75] stores.js

11-13-3 ArticleHeader 컴포넌트에 보기모드 기능 구현

마지막으로 ArticleHeader.svelte에서 이벤트를 통해서 모드가 선택되도록 하겠습니다. 파일을 열고 constant에 있는 모드들을 불러온 다음 onViewModeChange() 메소드를 추가하겠습니다. onViewModeChange() 메소드는 mode 전달인자를 받아 articlesMode.changeMode(mode)를 호출하도록 만들어 줍니다.

마크업 영역에서는 '모두 보기'를 제외하고 '좋아요 보기', '내글 보기'의 경우 인증을 해야 사용 가능하도록 {#if $authToken}을 이용해 설정해 줍니다. 또 각 링크 버튼은 현재 선택된 버튼을 나타내기 위해 class:selected를 이용해 모드에 따라 .selected 클래스가 적용되도록 만들어 주겠습니다. 그리고 활성화된 버튼에는 on:click 이벤트에 onViewModeChange(모드)를 연결하겠습니다.

```
<script>
  import { router } from 'tinro';
  import { authToken, articlesMode } from '../stores';
  import { NOMAL_FETCH, LIKE_FETCH, MY_FETCH } from '../utils/constant' // 추가
```

```
  const goLogin = () => router.goto('/login');
  const onLogout = () => authToken.logout();

  const onViewModeChange = (mode) => { // 추가
    router.goto('/articles');
    articlesMode.changeMode(mode);
  }

</script>

<!-- start header -->
<header class="mdl-layout__header mdl-layout__header--waterfall">
  <div class="mdl-layout__header-row">
    <!-- Title -->
    <span class="mdl-layout-title">SLogs </span>
    <nav class="mdl-navigation">
    <!-- 코드 수정 -->
    <a class="mdl-navigation__link"  class:selected={$articlesMode === NOMAL_
FETCH} href="#null" on:click={() => onViewModeChange(NOMAL_FETCH)} >모두 보기</a>

      {#if $authToken}
        <a class="mdl-navigation__link" href="#null" class:selected={$articles
Mode === LIKE_FETCH} on:click={() => onViewModeChange(LIKE_FETCH)}>좋아요 보기</a>
        <a class="mdl-navigation__link" href="#null" class:selected={$articlesMode
=== MY_FETCH} on:click={() => onViewModeChange(MY_FETCH)}>내글 보기</a>
      {:else}
        <a class="mdl-navigation__link blocked" href="#null" >좋아요 보기</a>
        <a class="mdl-navigation__link blocked" href="#null" >내글 보기</a>
      {/if}
      <!-- 코드 수정 -->
    </nav>

    {#if $authToken}
      <i class="bx bx-log-out" on:click={onLogout} ></i>
    {:else}
      <i class="bx bx-log-in" on:click={goLogin} ></i>
    {/if}
  </div>
</header><!-- end header -->
```

[코드 11-76] ArticleHeader.svelte

앱을 실행시켜 보기모드에 따라 글 목록이 정상적으로 나오는지 확인해 보겠습니다. 각각의 모드를 클릭해 보면 해당 모드에 맞는 글들이 나타나는 것을 볼 수 있습니다.

[그림 11-34] 보기모드 선택

이것으로 SLOG 서비스의 대부분의 기능들은 완료되었습니다. 다음 챕터에서는 앱의 완성도를 높이기 위한 설정을 진행할 예정입니다.

11-14 앱 완성도 높이기

11-14-1 폼 검증(form validation) 구현

현재는 로그아웃, 로그인, 그리고 글을 작성할 때 공백이거나 형식에 맞지 않는 내용을 입력해도 그 값을 서버에 그대로 전송합니다. 물론 비정상적인 값을 서버에 보내면 서버가 그에 맞는 오류를 리턴하지만, 매번 비정상적인 값을 서버에 보내는 것은 자원 낭비가 됩니다. 그리고 여기에 보안적인 문제도 더해집니다. 이 경우에 필요한 기능이 바로 폼 검증입니다.

폼 검증을 하기 위해서는 추가로 yup이라는 라이브러리를 설치해야 합니다. yup은 폼 검증 등의 어떤 값에 대한 유효성 검사에 사용하는 라이브러리로 매우 범용적입니다. Svelte가 아니더라도 React나 Vue에서도 사용할 수 있고 심지어 Node.js 기반의 백앤드 서버에서도 사용할 수 있는 라이브러리입니다. npm을 이용해 yup을 설치하겠습니다.

```
npm i yup
```

yup 설치 후에는 utils 아래에 validates.js라는 파일을 만들어 주겠습니다.

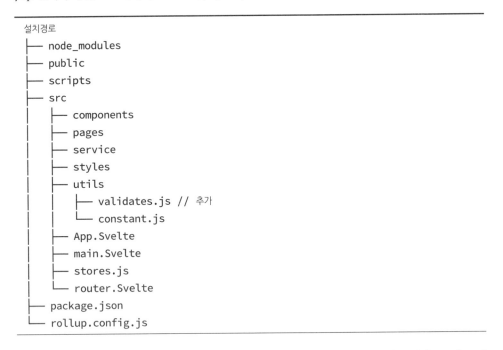

```
설치경로
├── node_modules
├── public
├── scripts
├── src
│   ├── components
│   ├── pages
│   ├── service
│   ├── styles
│   ├── utils
│   │   ├── validates.js // 추가
│   │   └── constant.js
│   ├── App.Svelte
│   ├── main.Svelte
│   ├── stores.js
│   └── router.Svelte
├── package.json
└── rollup.config.js
```

yup의 기본 사용방법을 알아보겠습니다. 우선 yup.object().shape({})를 작성해 줍니다. 그리고 검증을 원하는 요소를 객체형태로 집어넣어 검증합니다. 이때 검증은 체이닝 형태로 이루어집니다.

다음을 예로 들어 보면 formName이라는 값을 검증하고 있는데, 이 값은 required(null 불허용), email(email 형태를 가져야 함)의 검증을 거쳐 이에 해당하지 않는 값이 들어오면 오류를 발생시키게 됩니다.

```
yup.object().shape({
    formName: yup.string().required('이메일을 입력해 주세요.').email('이메일 형식이 잘
못되었습니다.').label('이메일'),
});
```

●validates.js 작성

그럼 이제까지 validates.js에 SLOG 서비스를 만들면서 작성한 폼들에 대한 검증을 수행할 코드를 작성해 보겠습니다. yup을 가져오고 글 작성에 사용할 contentValidate라는 상수를 만들겠습니다. 검증할 폼의 이름은 formContent가 되고, string().required()를 설정해 문자에 null을 허용

하지 않게 만들어 주겠습니다.

```
import * as yup from 'yup';

export const contentValidate = yup.object().shape({
  formContent: yup.string().required('내용을 입력해 주세요.').label('내용'),
});
```

[코드 11-77] validates.js

loginValidate는 로그인에 대한 폼 검증에 사용됩니다. 검증의 대상으로 formEmail과 formPa
ssword를 각각 작성하고, formEmail의 경우 .email()을 이용해 입력된 내용이 이메일 형식인지
를 체크할 수 있도록 합니다.

```
import * as yup from 'yup';

export const contentValidate = yup.object().shape({
  formContent: yup.string().required('내용을 입력해 주세요.').label('내용'),
});

export const loginValidate = yup.object().shape({ // 추가
  formEmail: yup.string().required('이메일을 입력해주세요.').email('이메일 형식이 잘못되었습니
다.').label('이메일'),
  formPassword: yup.string().required('패스워드를 입력해주세요.').label('패스워드'),
});
```

[코드 11-78] validates.js

registerValidate는 회원가입에 대한 폼 검증에 사용됩니다. 기본적으로는 loginValidate와 같지
만 formPasswordConfirm이라는 것을 추가로 검증합니다. formPasswordConfirm은 패스워
드 확인인데 패스워드를 정확히 하기 위해서 패스워드를 한 번 더 입력하는 폼입니다. 그래서
formPassword와 formPasswordConfirm이 같다는 것을 검증해야 합니다. 이에 해당하는 코드가
.oneOf()입니다. oneOf를 통해 다른 폼과 값이 같은지 확인할 수 있습니다.

```
import * as yup from 'yup';

export const contentValidate = yup.object().shape({
  formContent: yup.string().required('내용을 입력해 주세요.').label('내용'),
});
```

```
export const loginValidate = yup.object().shape({
  formEmail: yup.string().required('이메일을 입력해주세요.').email('이메일 형식이 잘못되었습니
다.').label('이메일'),
  formPassword: yup.string().required('패스워드를 입력해주세요.').label('패스워드'),
});

export const registerValidate = yup.object().shape({ // 추가
  formEmail: yup.string().required('이메일을 입력해 주세요.').email('이메일 형식이 다릅니다.'),
  formPassword: yup.string().required('패스워드를 입력해 주세요.'),
  formPasswordConfirm: yup.string().required('패스워드 확인을 입력해주세요.').oneOf([yup.
ref('formPassword'), null ],'패스워드와 패스워드 확인이 일치하지 않습니다.').label('패스워드 확인'),
});
```

[코드 11-79] validates.js

마지막으로 extractErrors를 추가하겠습니다. 이 메소드는 폼마다 발생되는 오류들을 한 번에 모
아주는 역할을 하는 함수입니다.

```
import * as yup from 'yup';

export const extractErrors = error => { // 추가
  return error.inner.reduce((acc, error) => {
    return {...acc, [error.path]: error.message}
  }, {});
}

export const contentValidate = yup.object().shape({
  formContent: yup.string().required('내용을 입력해 주세요.').label('내용'),
});

export const loginValidate = yup.object().shape({
  formEmail: yup.string().required('이메일을 입력해주세요.').email('이메일 형식이 잘못되었습니
다.').label('이메일'),
  formPassword: yup.string().required('패스워드를 입력해주세요.').label('패스워드'),
});

export const registerValidate = yup.object().shape({
  formEmail: yup.string().required('이메일을 입력해 주세요.').email('이메일 형식이 다릅니다.'),
  formPassword: yup.string().required('패스워드를 입력해 주세요.'),
  formPasswordConfirm: yup.string().required('패스워드 확인을 입력해주세요.').oneOf([yup.
```

```
ref('formPassword'), null ],'패스워드와 패스워드 확인이 일치하지 않습니다.').label('패스워드 확인'),
});
```

validates.js를 폼마다 적용해 보겠습니다. 우선 로그인 페이지에 폼 검증을 추가하겠습니다.

● 로그인 페이지에 폼 검증 추가

로그인 페이지에 해당하는 AuthLogin.svelte 컴포넌트를 열고 필요한 요소들을 불러오겠습니다. validates.js에서 loginValidate, extractErrors를 불러옵니다. 그리고 오류가 저장될 errors라는 빈 객체를 만들어 주겠습니다. 다음으로 onLogin 메소드에서 authToken.login() 바로 전에 loginValidate.validate(...)를 추가하고 대상인 values를 전달인자로 보내서 검증을 진행할 수 있도록 만들겠습니다. 여기서 주의할 점은 yup으로 구성된 loginValidate.validate()의 경우 꼭 await을 이용한 비동기 처리를 해야 한다는 것입니다.

검증 과정에서 발생한 오류는 catch()에서 처리하면 됩니다. 이곳에서 errors = extractErrors(error)로 검증할 항목들의 오류를 모아서, 폼별로 오류가 있으면 해당 오류를 alert 경고창 등으로 알려 사용자가 오류를 인지할 수 있게 만들어 주겠습니다.

여기에 어떤 폼에 오류가 발생했는지 보다 쉽게 알 수 있도록 오류가 발생한 폼이 강조되는 기능을 더해 보겠습니다. .wrong이라는 CSS 스타일을 추가하고 각 입력폼에 class:wrong={errors.formEmail} 같이 오류가 발생하면 .wrong이 스타일에 추가되도록 설정하겠습니다.

```
<script>
  import { authToken } from '../stores';
  import { loginValidate, extractErrors } from '../utils/validates'; // 추가

  let errors = {}; // 추가

  let values = {
    formEmail: '',
    formPassword: ''
  }

  const resetValues = () => {
    values.formEmail = '';
```

```
    values.formPassword = '';
  }

  const onLogin = async () => {

    try {
      await loginValidate.validate(values, {abortEarly: false}); // 추가
      await authToken.login(values.formEmail, values.formPassword);
      resetValues;

    }
    catch(error) {
      errors = extractErrors(error) // 추가

      if(errors.formEmail) { // 추가
        alert(errors.formEmail);
        return;
      }

      if(errors.formPassword) { // 추가
        alert(errors.formPassword);
        return;
      }
    }
  }

</script>

<!-- start main login box-->
<main class=" mdl-layout__content">
  <div class="box mdl-grid mdl-grid--no-spacing mdl-shadow--2dp">

    <div class="mdl-card mdl-cell mdl-cell--12-col">
      <div class="mdl-textfield mdl-js-textfield">
        <input class="mdl-textfield__input" type="text" placeholder="이메일"
bind:value={values.formEmail} class:wrong={errors.formEmail}> <!-- class:wrong 추가 -->
      </div>
      <div class="mdl-textfield mdl-js-textfield">
        <input class="mdl-textfield__input" type="text" placeholder="패스워드" bind:value={val
ues.formPassword} class:wrong={errors.formPassword}> <!-- class:wrong 추가 -->
      </div>
```

```
      <div class="mdl-card__actions btn-box">
        <a href="#null" class="mdl-button mdl-js-button mdl-js-ripple-effect"
on:click={onLogin} >로그인</a>
      </div>
    </div>

  </div>
</main><!-- end main login box-->

<style>
.wrong { // 추가
  border-bottom: 3px solid red;
}
</style>
```

[코드 11-81] AuthLogin.svelte

앱의 로그인 페이지에서 값들을 입력하지 않거나 정상적인 이메일 형식을 입력하지 않으면 [그림
11-35]와 같이 경고창이 뜨고, 오류가 발생한 폼에 붉은 라인으로 표시가 되는 것을 볼 수 있습니다.

[그림 11-35] 로그인 페이지 폼 검증

●회원가입 페이지에 폼 검증 추가

회원가입 페이지인 AuthRegister.svelte 컴포넌트에도 폼 검증을 추가하겠습니다. 폼 검증을 추
가하는 과정은 로그인과 거의 동일합니다. registerValidate, extractErrors를 추가하고, 오류를
담을 errors를 만든 다음 onRegister에 registerValidate.validate(...)를 추가합니다.

마크업 영역에서도 마찬가지로 스타일 요소인 .wrong을 추가하고 입력폼에 class:wrong={오류
이름}을 추가하겠습니다.

```
<script>
  import { auth } from '../stores';
  import { registerValidate, extractErrors } from '../utils/validates'; // 추가

  let errors = {}; // 추가

  let values = {
    formEmail: '',
    formPassword: '',
    formPasswordConfirm: '',
  }

  const onRegister = async () => {

    try {
      await registerValidate.validate(values, {abortEarly: false}); // 추가
      await auth.register(values.formEmail, values.formPassword);
    }
    catch(error) {
      errors = extractErrors(error); // 추가

      if(errors.formEmail) { // 추가
        alert(errors.formEmail);
        return;
      }

      if(errors.formPassword) { // 추가
        alert(errors.formPassword);
        return;
      }

      if(errors.formPasswordConfirm) { // 추가
        alert(errors.formPasswordConfirm);
        return;
      }
    }
  }
</script>

<!-- start main register box-->
```

```
<main class="mdl-layout__content">
  <div class="box mdl-grid mdl-grid--no-spacing mdl-shadow--2dp">


    <div class="mdl-card mdl-cell mdl-cell--12-col">
      <div class="mdl-textfield mdl-js-textfield">
        <input class="mdl-textfield__input" type="text" placeholder="이메일"
bind:value={values.formEmail} class:wrong={errors.formEmail}  > <!-- class:wrong -->
      </div>
      <div class="mdl-textfield mdl-js-textfield">
        <input class="mdl-textfield__input" type="text" placeholder="비밀번호"
bind:value={values.formPassword} class:wrong={errors.formPassword} > <!--
class:wrong -->
      </div>
      <div class="mdl-textfield mdl-js-textfield">
        <input class="mdl-textfield__input" type="text" placeholder="비밀번호 확인"
bind:value={values.formPasswordConfirm} class:wrong={errors.formPasswordConfirm} >
<!-- class:wrong -->
      </div>
      <div class="mdl-card__actions btn-box">
        <a href="#null" class="mdl-button mdl-js-button mdl-js-ripple-effect"
on:click={onRegister} >회원가입</a>
      </div>
    </div>

  </div>
</main><!-- end main register box-->

<style>
.wrong {
  border-bottom: 3px solid red;
}
</style>
```

[코드 11-82] AuthRegister.svelte

앱을 실행시켜 폼 검증이 정상적으로 이루어지는지 확인해 보겠습니다. 비정상적인 값들을 입력
하면 [그림 11-36]과 같이 경고창이 뜨고 폼에 표시되는 것을 확인할 수 있습니다.

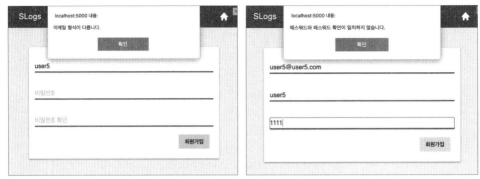

[그림 11-36] 회원가입 페이지 폼 검증

●작성글 폼 검증

사용자가 글을 작성하는 컴포넌트인 ArticleAddForm 컴포넌트에도 폼 검증을 추가하겠습니다.
이번에도 역시 contentValidate, extractErrors를 불러온 후 errors를 추가하겠습니다. 다음으로
onAddArticle 메소드에 contentValidate.validate(…)를 추가하고 catch에서 오류에 대한 경고를
보여 주는 부분을 만들겠습니다. 그리고 ArticleAddForm 컴포넌트에는 입력창이 하나여서 따로
마크업 영역에 표시되는 기능은 만들지 않겠습니다.

```
<script>
  import { articles } from '../stores';
  import { contentValidate, extractErrors } from '../utils/validates';  // 추가

  let errors={}; // 추가

  let values = {
    formContent: ''
  }

  const onAddArticle = async () => {
    console.log('onAddarticle')
    try {
      await contentValidate.validate(values, {abortEarly: false}); // 추가
      await articles.addArticle(values.formContent);
      alert('입력되었습니다. ');
      onCancelAddArticle();
    }
```

```
    catch(error) {
      errors = extractErrors(error); // 추가
      if(errors.formContent) { // 추가
        alert(errors.formContent);
        return;
      }
    }
  }

  const onCancelAddArticle = () => {
    values.formContent = '';
  }

</script>

...생략
```

[코드 11-83] ArticleAddForm.svelte

앱을 실행시킨 후 내용을 입력하지 않고 '입력' 버튼을 클릭하면 [그림 11-37]과 같이 경고창이 나타나는 것을 확인할 수 있습니다.

[그림 11-37] 글 작성 관련 폼 검증

● 코멘트 폼 검증

마지막으로 코멘트에 폼 검증을 추가하겠습니다. 코멘트에서의 폼 검증은 글 작성 페이지의 폼 검증과 완전히 동일합니다. 그리고 글 작성 페이지에서와 마찬가지로 입력폼이 한 개여서 마크업 영역에서 오류가 난 폼에 강조하는 부분은 만들지 않겠습니다.

```
<script>
  import { onMount } from 'svelte';
  import { router, meta } from 'tinro';
  import Comment from '../components/Comment.svelte';
  import { articleContent, comments, authToken } from '../stores';
  import { extractErrors, contentValidate } from '../utils/validates'; // 추가

  let errors={}; // 추가

  ...생략

  const onAddComment = async () => {
    try {
      await contentValidate.validate(values, {abortEarly: false}); // 추가
      await comments.addComment(articleId, values.formContent);
      values.formContent = '';
    }
    catch(error) {
      errors = extractErrors(error); // 추가
      if(errors.formContent) { // 추가
        alert(errors.formContent);
        return;
      }
    }
  }

</script>
... 생략
```

[코드 11-84] CommentList.svelte

코멘트 역시 아무 내용 없이 '입력'을 클릭하면 [그림 11-38]과 같은 경고창이 나타나는 것을 볼 수 있습니다.

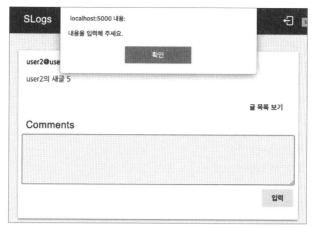

[그림 11-38] 코멘트 관련 폼 검증

yup은 앞에서 설명한 것처럼 폼 검증과 같은 유효성 검사를 할 때 매우 유용한 라이브러리입니다. yup은 지금 사용한 기능들 이외에도 다양한 유효성 검사 기능을 가지고 있습니다. 서비스를 개발할 때 yup 페이지에서 필요한 기능을 검색하면 도움이 될 것입니다.

yup 홈페이지 https://github.com/jquense/yup

11-14-2 날짜 보기 수정

작성글 또는 코멘트의 날짜 표시가 현재는 '2021-08-26T18:13:53.064Z'와 같이 표시됩니다. 이렇게 전체 날짜를 모두 보여주는 것도 좋겠지만 2분 전, 2시간 전, 2일 전과 같이 더욱 직관적으로 시간을 표현하는 방법을 알아보겠습니다. 시간을 표시하는 데 사용하면 좋은 외부 라이브러리는 dayjs입니다. npm을 이용해 해당 라이브러리를 추가하겠습니다.

```
설치: npm i dayjs
```

다음으로 utils 폴더 아래에 date.js라는 파일을 만들겠습니다. dayjs에 대한 설정값들을 이 date.js 파일에 작성하고 필요한 곳에서 불러와 사용하겠습니다.

```
설치경로
├── node_modules
├── public
```

```
├── scripts
├── src
│   ├── components
│   ├── pages
│   ├── service
│   ├── styles
│   ├── utils
│   │   ├── validates.js
│   │   ├── date.js // 추가
│   │   └── constant.js
│   ├── App.svelte
│   ├── main.svelte
│   ├── stores.js
│   └── router.svelte
├── package.json
└── rollup.config.js
```

dayjs에는 다양한 플러그인이 있습니다. 우리가 사용할 다음 플러그인들을 불러오겠습니다.

- ▶ **relativeTime:** .from, .to 등 상대시간을 알아내는 플러그인
- ▶ **utc:** utc 형태로 포맷된 date 표현
- ▶ **locale:** 언어 설정

시간을 처리할 함수인 dateView()를 만들어 주고 불러온 플러그인들을 설정합니다. 그리고 export를 이용해 외부에서 dateView를 사용할 수 있도록 만들어 주겠습니다.

```
import dayjs from 'dayjs';
import relativeTime from 'dayjs/plugin/relativeTime';
import utc from 'dayjs/plugin/utc';
import 'dayjs/locale/ko';

function dateView(date) {

  dayjs.extend(utc);
  dayjs.locale('ko');
  dayjs.extend(relativeTime);

  return dayjs().to(dayjs(date).utc().format('YYYY-MM-DD HH:mm:ss'))
}
```

```
export default dateView;
```

[코드 11-85] date.js

● Article.svelte에 dateView 적용

메인글 목록이 있는 Article.svelte에 적용해 보겠습니다. dateView를 불러오고, 마크업 영역에서 날짜가 나타나는 부분에서 dateView(article.createdAt)처럼 변경하겠습니다.

```
<script>
  import { articles, auth, authToken } from '../stores';
  import ArticleEditForm from './ArticleEditForm.svelte';
  import { router } from 'tinro';
  import dateView from '../utils/date.js'; // 추가
  ...생략
</script>

{#if $articles.editMode === article._id}
  <ArticleEditForm {article} />
{:else}

  <!-- start article box-->
  <div class="box mdl-grid mdl-grid--no-spacing mdl-shadow--2dp">
    <div class="mdl-card mdl-cell mdl-cell--12-col">
      <div class="mdl-card__supporting-text ">
        <div class="info-box">
          <div class="info">
            <p class="user-id">{article.userName}</p>
            <p class="post-day">{dateView(article.createdAt)}</p> <!-- 수정 -->
          </div>
        </div>
      </div>
      ... 생략

{/if}
```

[코드 11-86] Article.svelte

● CommentList.svelte와 Comment.svelte에 dateView 적용

두 컴포넌트 모두에 dateView 컴포넌트를 불러오고 마크업 영역에서 날짜를 출력하는 부분을
dateView로 감싸 주겠습니다.

```
<script>
  import { onMount } from 'svelte';
  import { router, meta } from 'tinro';
  import Comment from '../components/Comment.svelte';
  import { articleContent, comments, authToken } from '../stores';
  import { extractErrors, contentValidate } from '../utils/validates';
  import dateView from '../utils/date.js'; // 추가


  ... 생략

</script>

<!-- start comment-modal-bg-->
<div class="comment-modal-bg modal-show">
  <div class="mdl-layout__content comment-wrap">
    <!-- start box-comment-article -->
    <div class="box mdl-grid mdl-grid--no-spacing mdl-shadow--2dp">
      <div class="mdl-card mdl-cell mdl-cell--12-col comment-box">
        <div class="mdl-card__supporting-text ">
          <div class="info-box">
            <div class="info">
              <p class="user-id">{$articleContent.userName}</p>
              <p class="post-day">{dateView($articleContent.createdAt)}</p> <!-- 수정 -->
            </div>
          </div>
        </div>
        ...생략
</div><!-- end comment-modal-bg-->
```

[코드 11-87] CommentList.svelte

```
<script>
  import { comments, auth } from '../stores';
  import dateView from '../utils/date.js'; // 추가

  ... 생략
```

```
</script>

<!-- start li -->
<li class="mdl-list__item mdl-list__item--three-line">
  <span class="mdl-list__item-primary-content">
    <div class="info-box">
      <div class="info">
        <p class="user-id">{comment.userName}</p>
        <p class="post-day">{dateView(comment.createdAt)}</p> <!-- 수정 -->
      </div>
      {#if comment.userId === $auth._id}
        <i class="bx bx-trash delete" on:click={onDeleteComment}></i>
      {/if}
    </div>

    <div class="comment-content">
      <p class="pre">{comment.content}</p>
    </div>
  </span>
</li><!-- end li -->
```

[코드 11-88] Comment.svelte

앱을 실행해 봅니다. 글 목록과 코멘트 모두에 날짜 표현방식이 변경된 것을 볼 수 있습니다.

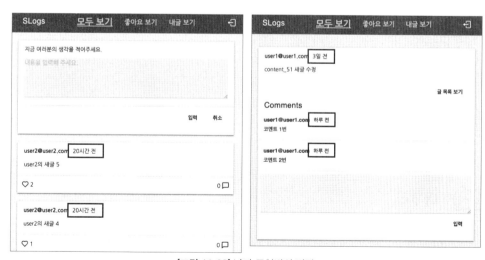

[그림 11-39] 날짜 표현방식 변경

11-14-3 로그아웃 보완

마지막으로 로그아웃을 보강해 보겠습니다. 현재 로그인한 사용자는 자신이 표시한 '좋아요'가 표시됩니다. 하지만 로그아웃을 하면 초기화되지 않고 그대로 노출되는 문제가 있습니다. 이를 해결하는 방법은 로그아웃 시 resetArticles() 메소드를 이용해 articles 스토어를 초기화하고 fetchArticles()를 이용해 내용을 다시 불러오는 것입니다.

```js
... 생략

function setAuthToken() {
... 생략

  const logout = async () => {
    try {
      const options = {
        path: '/logout'
      }
      await postApi(options);
      authToken.resetAuthToken();
      articles.resetArticles(); // 추가
      articles.fetchArticles(); // 추가
    }
    catch(error) {
      alert('오류가 발생했습니다. 다시 시도해 주세요.')
    }
  }
... 생략
}

... 생략
```

[코드 11-89] stores.js

11-15 마무리

지금까지 Svelte를 이용해 SLOG라는 서비스를 만들어 보았습니다. 우리가 함께 작업한 과정은 실제 서비스에서도 충분히 활용 가능한 부분이 많습니다. 특히 다음과 같은 사항은 많은 서비스에서 반복적으로 발생하는 작업입니다.

▶ 서버와 REST API로 통신하는 방법

▶ 비동기 처리 방법

▶ 실제 서비스에서의 스토어를 이용한 상태값 처리 패턴

▶ 인증 패턴

▶ 무한스크롤을 이용한 페이지네이션

▶ 폼 검증

▶ 적절한 반응성기호 활용

특히 이 중에서도 REST API를 이용한 통신방법과 이를 처리하는 비동기 패턴은 자바스크립트로 만드는 프런트엔드 프로젝트에서는 필수적으로 알고 있어야 하는 부분입니다.

개인적으로 무한스크롤 처리에 대한 부분은 고민이 많았습니다. 무한스크롤의 경우 만드는 것은 어렵지 않지만, 내용을 본 다음 뒤로가기를 통해 다시 목록으로 가는 순간 목록의 데이터가 다시 로드되는 것은 많은 서비스가 가지고 있는 문제였습니다. 물론 지금은 이러한 문제가 많이 해결되었지만 불과 1~2년 전까지만 해도 이렇게 불완전한 무한스크롤 방식을 흔하게 볼 수 있었습니다.

그래서 최대한 실제 서비스에서도 사용할 수 있을 만한 코드들로 예제를 만들려고 노력했습니다. 이 프로젝트로 얻은 경험이 여러분에게 조금이나마 도움이 되었으면 좋겠습니다.

Chapter 12

rollup 소개 및 번들러 이해

Chapter 12
rollup 소개 및 번들러 이해

12-1 번들러란?

현재의 프런트엔드는 기본적으로 Node.js 기반에서 개발되고 있지만, Node.js 환경을 통한 개발이 보편적이지 않았을 때는 다음과 같이 사용할 CSS 및 JavaScript 파일들을 HTML에 직접적으로 삽입해서 사용했습니다.

```html
<html xmlns="http://www.w3.org/1999/xhtml">
<head>
    <meta charset="utf-8">
    <meta http-equiv="X-UA-Compatible" content="IE=Edge"/>
     <meta name="viewport" content="width=device-width, initial-scale=1.0">
    <meta name="description" content="">
    <meta name="author" content="">
    <title>SK SE Management Tool</title>
     <link href="/include/css/style.css" rel="stylesheet" type="text/css" />
      <link href="/include/css/buttons.css" rel="stylesheet" type="text/css" />
      <link href="/include/GridViewScroll/GridviewScroll.css" rel="stylesheet" type="text/css" />
    <script src="/include/js/jquery-1.8.2.min.js" type="text/javascript"></script>
```

```
    <script src="/include/jqueryui/1.9.1/jquery-ui.min.js" type="text/
javascript" ></script>
      <script src="/include/GridViewScroll/gridviewScroll.min.js"
type="text/javascript"></script>
   </head>
```

하지만 지금과 같은 Node.js 기반 위에서 필요한 다양한 자바스크립트 플러그인을 사용하는 환경에서는 이처럼 직접적으로 플러그인을 하나하나 추가하는 것은 쉽지 않습니다. 그리고 어쩌면 개발 시간보다 플러그인을 관리하는 데에 더 큰 노력이 필요할지도 모릅니다. 이 말이 과장이 아님을 보여 드리겠습니다.

《챕터 11. 실전 프로젝트(2) - SNS 서비스 만들기》에서 작업한 SLOG 프로젝트를 열고 좌측 탐색기에서 node_modules라는 폴더를 열어 보겠습니다. 이 폴더는 사용자가 직접 설치하지 않더라도 의존성에 의해 설치된 다양한 자바스크립트 플러그인들을 볼 수 있습니다. 만약 예전 방식으로 개발해야 한다면 이런 파일들을 개발자가 일일이 삽입해야 할 것입니다.

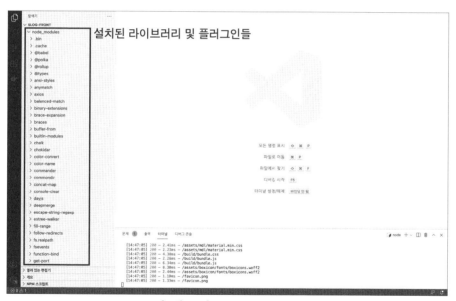

[그림 12-1] node_module 폴더

이런 복잡한 환경을 극복하기 위해 나온 개념이 바로 번들링(Bundling)입니다. 번들링은 node_module에 있는 파일들과 사용자가 직접 입력한 코드들을 정리해 bundle.js라는 하나의 파일로 만들어 주는 과정을 말합니다. 즉, 파일이 합쳐지는 과정을 번들링, 번들링을 하는 도구를 번들러 (Bundler)라고 하는 것입니다.

12-2 rollup 소개

번들러 중에서 가장 유명한 제품은 webpack입니다. 하지만 webpack은 초기 번들러인 만큼 몇 몇 단점이 존재합니다. 대표적인 예가 ES6의 Module 형태의 번들이 불가능하다는 것입니다(물론 webpack도 현재 이 부분을 개선하고 있습니다). ES Module을 지원하지 않으면 Tree Shaking이라는 기능을 사용하지 못하게 되는데 이 때문에 사용하지 않는 파일들도 함께 번들링되어서 파일 사이즈가 커지는 문제가 발생합니다. 이런 webpack의 단점을 보완하고 나온 번들러가 바로 Rollup.js입니다.

12-3 기본 설정

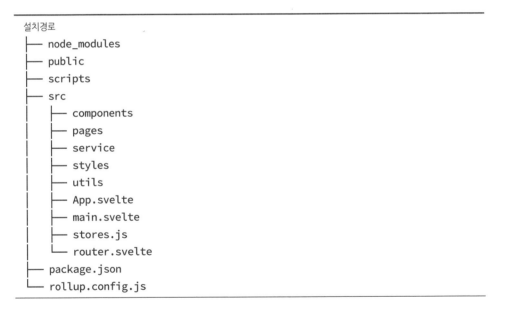

```
설치경로
├── node_modules
├── public
├── scripts
├── src
│   ├── components
│   ├── pages
│   ├── service
│   ├── styles
│   ├── utils
│   ├── App.svelte
│   ├── main.svelte
│   ├── stores.js
│   └── router.svelte
├── package.json
└── rollup.config.js
```

rollup의 설정 파일을 알아보겠습니다. SLOG 프로젝트에서 rollup.config.js라는 파일을 열어 보면 중간쯤에 export default가 있습니다. 이 부분 바로 아래에 input, output이라고 되어 있는 것을 볼 수 있습니다.

input은 일종의 시동 파일, 즉 Svelte 프로젝트의 시작점을 지정하는 부분입니다. 기본 설정은 src/main.js로 되어 있습니다. 그리고 output은 번들링되어 합쳐진 자바스크립트 파일을 어디에 저장할지 설정하는 부분입니다. 기본적으로는 public/build/bundle.js로 되어 있습니다.

```
... 생략
export default {
  input: 'src/main.js',
  output: {
    sourcemap: true,
    format: 'iife',
    name: 'app',
    file: 'public/build/bundle.js'
  },
  ...생략
```

[코드 12-1] rollup.config.js

다음으로 볼 부분은 plugins:[]입니다. Rollup.js도 필요에 따라 외부 플러그인을 사용합니다. 이렇게 외부 플러그인들을 설정하는 부분이 바로 plugins입니다. 기본적으로 이곳에 설치된 플러그인으로는 CSS가 있습니다. 참고로 자바스크립트 말고 CSS 파일들도 번들링 같은 과정을 거쳐 하나의 파일로 만드는 역할을 하는 플러그인입니다.

```
...생략
  plugins: [
    svelte({
      compilerOptions: {
        // enable run-time checks when not in production
        dev: !production
      }
    }),
    // we'll extract any component CSS out into
    // a separate file - better for performance
    css({ output: 'bundle.css' }),
  ...생략
  ],
...생략
```

[코드 12-2] rollup.config.js

12-4 SCSS 설정

플러그인을 추가하여 Rollup.js의 기능을 확장해 보도록 하겠습니다. 확장할 기능은 SCSS를 앱에서 바로 사용하도록 세팅하는 것입니다. 디자인 요소에 해당하는 CSS를 좀 더 프로그램처럼 사용할 수 있는 것이 바로 SCSS입니다. 하지만 SCSS는 CSS로 변환해야 앱에 적용할 수 있습니다. 실전 프로젝트 《챕터 8. 실전 프로젝트(1) - Todo 서비스 만들기》, 《챕터 11. 실전 프로젝트(2) - SNS 서비스 만들기》 모두 SCSS로 디자인한 요소를 다시 CSS로 변환해 사용했습니다. SCSS를 변환 없이 바로 사용할 수 있다면 앱 개발이 조금 더 편리해질 것입니다.

이를 위해서는 다음의 세 가지 플러그인을 설치해야 합니다. SLOG 서비스에서 npm을 이용해서 플러그인을 설치합니다.

```
npm install -D svelte-preprocess
npm install -D sass
npm i rollup-plugin-scss
```

그리고 Rollup.js의 설정 파일인 rollup.config.js를 열어 플러그인들을 추가해 주겠습니다. 다음으로 plugins:[] 아래에 svelte({})라고 설정된 부분에 preprocess: sveltePreprocess()를 추가하고 css({}) 다음에 scss({output:'public/build/main.css'})를 추가합니다.

이제 SCSS의 output 설정을 통해서 SCSS로 된 파일들이 자동으로 컴파일되어 public/build/main.css에 모아집니다.

```
import svelte from 'rollup-plugin-svelte';
import commonjs from '@rollup/plugin-commonjs';
import resolve from '@rollup/plugin-node-resolve';
import livereload from 'rollup-plugin-livereload';
import { terser } from 'rollup-plugin-terser';
import css from 'rollup-plugin-css-only';
import sveltePreprocess  from 'svelte-preprocess'; // 추가
import scss from 'rollup-plugin-scss'; //추가

...생략

export default {
  input: 'src/main.js',
  output: {
```

```
      sourcemap: true,
      format: 'iife',
      name: 'app',
      file: 'public/build/bundle.js'
    },
    plugins: [
      svelte({
        compilerOptions: {
          // enable run-time checks when not in production
          dev: !production
        },
        preprocess: sveltePreprocess(), // 추가
      }),
      // we'll extract any component CSS out into
      // a separate file - better for performance
      css({ output: 'bundle.css' }),
      scss({ // 추가
        output: 'public/build/main.css',
      }),
      ... 생략
    ],
    watch: {
      clearScreen: false
    }
};
```

[코드 12-3] rollup.config.js

마지막으로 이렇게 생성된 main.css를 index.html에 삽입하여 사용하면 됩니다.

```
<!DOCTYPE html>
<html lang="en">
<head>
  <meta charset='utf-8'>
  <meta name='viewport' content='width=device-width,initial-scale=1'>

  <title>SLOG</title>
  <link rel='icon' type='image/png' href='/favicon.png'>
  <link rel='stylesheet' href='/assets/boxicon/css/boxicons.min.css'>
  <link rel='stylesheet' href='/assets/mdl/material.min.css'>
  <link rel='stylesheet' href='/build/bundle.css'>
```

```
    <link rel='stylesheet' href='/build/main.css'> <!-- 추가 -->

    <script defer src='/build/bundle.js'></script>
</head>

<body>
</body>
</html>
```

[코드 12-4] index.html

그러면 SLOG 앱을 통해 정상적으로 작동하는지 확인해 보겠습니다. 예제 폴더(《**챕터 2-3. Svelte 설치 폴더 설명**》참고)에서 chapter11 폴더 아래의 'Slog-Design/scss/main.scss' 파일을 SLOG 프로젝트의 'src/styles' 폴더에 복사해 주겠습니다. 그리고 main.js에서 기존의 main.css를 주석으로 처리하여 비활성화시키고 main.scss를 import를 이용해 추가하겠습니다.

```
import App from './App.svelte';
// import './styles/main.css'; // 주석 처리
import './styles/main.scss'; // 추가

const app = new App({
  target: document.body,
});

export default app;
```

[코드 12-5] main.js

앱을 실행시키면 기존과 변함없이 작동하는 것을 확인할 수 있습니다. 이제 CSS보다 효율적인 SCSS를 앱에 직접적으로 사용할 수 있게 되었습니다.

여기에 추가로 컴포넌트의 스타일 부분에 SCSS를 사용할 경우에 대해서도 설명하겠습니다. 컴포넌트 내부의 스타일을 SCSS로 적용할 시에는 스타일 영역을 정의할 때 〈style lang="scss"〉와 같이 설정해 주면 됩니다. 물론 이 설정은 Rollup.js에 SCSS 세팅이 완료된 상태에서 해야 오류가 발생하지 않습니다.

```
<script>
...생략
<script>
```

```
<main>...생략</main>

<style lang="scss"> <!-- lang="scss" 추가 -->
  main {
    p {
      font-weight: bold;
    }
  }

</style>
```

Chapter 13

특수 요소

13-1 ⟨svelte:self⟩

⟨svelte:self⟩는 자기 자신을 재귀적으로 참조할 때 사용하는 요소입니다. 트리뷰와 같이 요소들을 반복해서 참조해야 할 때 사용합니다. 주의점은 최상위 수준의 마크업에서는 표시할 수 없고, 자기 자신을 무한히 렌더링하는 것을 방지하기 위해서 논리블록(#if)를 적절하게 사용해서 반복되는 슬롯에 전달해야 하는 것입니다.

```
<script>
  import File from './File.svelte';

  export let expanded = false;
  export let name;
  export let files;
</script>

{#if expanded}
  <ul>
    {#each files as file}
      <li>
        {#if file.files}
          <svelte:self {...file}/> <!-- 자기 자신을 참조 -->
        {:else}
          <File {...file}/>
```

```
            {/if}
          </li>
        {/each}
      </ul>
    {/if}
```

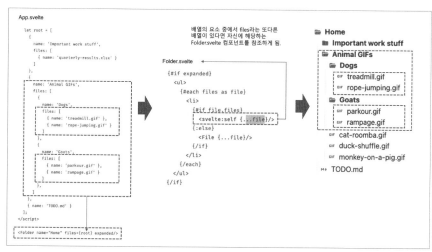

[그림 13-1] self 설명

13-2 〈svelte:component〉

〈svelte:component〉로 구성요소 생성자를 사용하여 구성요소를 동적으로 렌더링합니다. 속성이 변경되면 구성요소가 삭제되고 재생성됩니다. 이 값이 거짓이면 구성요소가 렌더링되지 않습니다. 어떤 컴포넌트들을 특정 조건에 따라 다르게 표현해야 할 때 논리블록(#if) 대신 〈svelte:component〉를 사용하여 표현할 수도 있습니다.

```
<script>
  import RedThing from './RedThing.svelte';
  import GreenThing from './GreenThing.svelte';
  import BlueThing from './BlueThing.svelte';

  const options = [
    { color: 'red',   component: RedThing   },
    { color: 'green', component: GreenThing },
    { color: 'blue',  component: BlueThing  },
```

13

특수 요소

```
  ];

  let selected = options[0];
</script>

<select bind:value={selected}>
  {#each options as option}
    <option value={option}>{option.color}</option>
  {/each}
</select>

<svelte:component this={selected.component}/> <!-- 선택된 selected 값에 따라
다른 컴포넌트가 렌더링 -->
```

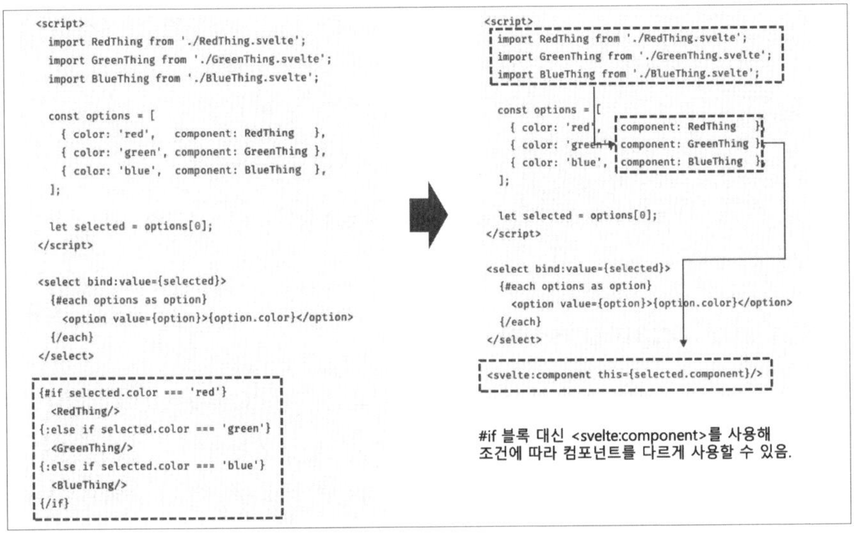

[그림 13-2] 〈svelte:component〉 설명

13-3 〈svelte:window〉

최상위 돔인 window 객체에 접근할 때 사용하는 요소입니다. 예를 들어 〈svelte:window
on:keydown={이벤트}〉와 같이 이벤트를 연결하면 특정 영역이 아닌 전체 영역에서 발생한 이
벤트나 스크롤 등을 감지할 수 있습니다.

```
<svelte:window on:keydown={이벤트}/>
```

```
<svelte:window bind:scrollY={y} />
```

13-4 〈svelte:body〉

〈svelte:window〉와 비슷한 역할을 하는 요소로 HTML의 body에서 발생한 이벤트를 감지할 수 있습니다. 〈svelte:body〉 역시 'on:이벤트명'으로 사용 가능합니다.

```
<svelte:body
  on:mouseenter={이벤트}
  on:mouseleave={이벤트}
/>
```

13-5 〈svelte:head〉

〈svelte:head〉는 HTML의 head 영역에 접근할 수 있는 특수 요소입니다. link, meta 등의 head에서 사용하는 요소들을 필요에 따라 삽입할 수 있습니다.

```
<svelte:head>
  <link rel="stylesheet" href="tutorial/dark-theme.css">
</svelte:head>
```

13-6 〈svelte:options〉

〈svelte:options〉는 컴파일에 대한 사용자 지정 옵션입니다. 옵션은 다음과 같은 것이 있습니다.

immutable	true일 경우 컴파일러가 동일성을 검사하여 확실히 값이 변경되었을 때만 동작하게 함
accessors	컴포넌트 Props에 getter, setters를 추가함
namespace	일반적으로 사용될 네임스페이스
tag	컴파일 시의 커스텀 요소의 이름 지정

이 중에서 immutable(불변성)이라는 옵션을 살펴보겠습니다. 같은 컴포넌트가 여러 번 사용된 경우 그중 하나에 변경이 일어났을 때 같은 컴포넌트 전체가 반응하는 경우가 발생할 수 있습니다. 이럴 경우 컴포넌트 상단에 〈svelte:options immutable={true}/〉를 작성하면 해당 컴포넌트가

변경되었을 경우에만 작동합니다.

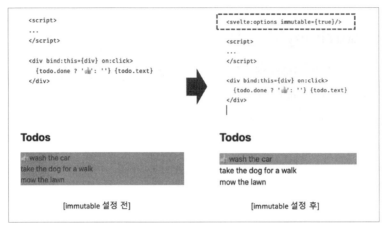

[그림 13-3] immutable 설정 전후 비교

13-7 〈svelte:fragment〉

slot으로 특정 컴포넌트를 재사용할 경우 slot name으로 지정된 요소를 사용하려면 div 등의 태그에 slot name을 사용해야 합니다. 이럴 경우 원래 의도했던 디자인을 수정해야 하는 불편함이 있을 수 있습니다. 〈svelte:fragment〉는 slot을 사용할 때 필요없는 HTML 요소 대신에 사용할 수 있는 기능입니다. 〈svelte:fragment〉를 만들고 여기에 slot name을 작성해 주면 됩니다.

```
<Box>
  <div slot="footer"> <!-- slot을 사용하기 위해 div가 추가됨.. -->
    <p>All rights reserved.</p>
    <p>Copyright (c) 2019 Svelte Industries</p>
  </div>
</Box>

다음과 같이 사용 가능

<Box>
  <svelte:fragment slot="footer">
    <p>All rights reserved.</p>
    <p>Copyright (c) 2019 Svelte Industries</p>
  </svelte:fragment>
</Box>
```

Chapter 14

유용한
자바스크립트 문법

Chapter 14
유용한
자바스크립트 문법

자바스크립트는 ES2015 버전 이후 유용한 기능이 많이 추가되었습니다. 이번 챕터에서는 자바스크립트 문법 중 유용한 기능 몇 가지를 소개하도록 하겠습니다.

14-1 화살표함수

화살표함수는 ES6부터 도입된 함수를 정의하는 방법 중의 하나입니다.

```
funName = (num) => num + 1
```

자바스크립트에서 함수를 정의하는 방법은 여러 가지가 있습니다. 모양만 다를 뿐 함수의 결과는 거의 유사하다고 보면 됩니다.

```
// 기본 정의
function fun(num) {
    return num = num + 1
}

// 익명함수를 이용한 정의
const fun = function(num) {
    return num = num + 1
}
```

```
// 한 줄로 사용할 경우 자동으로 return이 됨.
const fun = num => num + 1

// 두 줄 이상일 경우는 return을 써야 함
const fun = (num) => {
    return num = num + 1
}
```

물론 기존 함수의 정의 방법과 완전히 같지는 않습니다. 대표적인 차이점으로 this가 일반함수와 다르게 window, 즉 전역객체를 가리키도록 동작합니다. 그래서 기존과 같은 방법으로 this를 사용해야 할 경우에는 화살표함수를 사용하면 안 됩니다. 화살표함수의 가장 큰 장점은 코드양을 줄일 수 있다는 것입니다. 그리고 배열조작 메소드들과 함께 사용하면 굉장히 편리합니다.

14-2 배열조작 메소드

ES2015부터는 map, filter, reduce 등을 이용해서 배열을 조작할 수 있습니다. 기존의 for를 이용한 배열조작보다 월등히 편리한 이점을 가지는 기능입니다. 다음 [코드 14-1]의 상품 데이터를 이용해 새로운 메소드들이 어떤 역할을 하는지 알아보겠습니다.

```
var goods = [
  {id:1, name:'A Goods', category:'a', price: 1000},
  {id:2, name:'B Goods', category:'b', price: 2000},
  {id:3, name:'C Goods', category:'c', price: 2500},
  {id:4, name:'D Goods', category:'a', price: 500},
  {id:5, name:'E Goods', category:'b', price: 10000},
  {id:6, name:'F Goods', category:'d', price: 5000}
];
```

[코드 14-1] 상품 데이터

● map

map은 원본 배열을 바탕으로 새로운 배열을 만들어 내는 메소드입니다. [코드 14-1]의 상품 데이터에서 상품 이름만을 추출해 새로운 데이터를 만들어야 한다고 했을 때 기존 for문을 사용하면 다음과 같습니다.

```
let names = []
for (var i=0; i < goods.length; i++ ) {
    names.push(goods[i].name)
}

console.log(names)
```

[코드 14-2] for를 이용한 이름 추출

하지만 map을 이용하면 훨씬 간단한 코드가 됩니다. 코드가 간단해지는 것은 단순히 코드양이 줄어드는 이점만 있는 것이 아닙니다. 코드를 이해하는 속도도 빨라지고, 복잡하지 않기 때문에 오류를 발생시킬 확률도 줄어들게 됩니다.

```
const names = goods.map(g => g.name)
```

[코드 14-3] map을 이용한 이름 추출

● filter

filter는 문자 그대로 필요한 값을 걸러내는 메소드입니다. [코드 14-1]에서 price가 1000 이상인 값만을 추출해야 한다고 가정해 보겠습니다. map과 마찬가지로 화살표함수와 같이 사용하면 아주 쉽게 원하는 값만을 추출할 수 있습니다.

```
const goods2 = goods.filter(g => g.price > 1000)
```

[코드 14-4] filter를 이용한 price가 1000 이상인 물건들 찾기

● find

find는 filter와 기능이 유사하지만 한 가지 차이점이 있습니다. filter는 해당하는 모든 값을 가져오지만 find는 해당하는 값을 찾으면 그 첫 번째 값을 리턴하고 종료합니다. 모든 값을 찾을 필요 없을 때, 예를 들어 특정 id 값의 이름을 찾아야 하는 작업에 사용하면 filter보다 효율적입니다.

```
const name = goods.find(g => g.id === '3');
```

[코드 14-5] find를 이용해 name 찾기

● reduce

reduce는 어떤 배열을 함축하는 역할을 합니다. 예를 들어 [코드 14-1]의 goods에서 price의 합계

를 구해야 한다면 다음과 같이 사용할 수 있습니다.

```
const sum = goods.reduce((sum, good) => {
    return sum + good.price;
}, 0)
```
[코드 14-6] reduce를 이용한 sum

● **spread**

spread는 배열을 쉽게 끼워 넣거나 합치는 도구입니다. 다음과 같이 '...'를 이용하면 됩니다.

```
[...배열]
[배열1, ...배열2]
```
[코드 14-7] reduce를 이용한 sum

만약 [1,2,3]이라는 배열의 앞쪽에 0을, 뒤에 4를 추가하고 싶다면 [코드 14-8]과 같이 0, 4 사이에 spread를 이용해 arr1을 넣어주면 됩니다.

```
let arr1 = [1,2,3]
let arr2 = [0, ...arr1, 4] // 0,1,2,3,4
```
[코드 14-8] spread를 이용한 배열 합치기

spread는 또한 객체를 조작할 때도 편리합니다.

```
const obj1 = {a: 1, b: 2}
const obj2 = {c: 3}
console.log({...obj1, ...obj2}) // {a: 1, b: 2, c: 3}
```
[코드 14-9] spread를 이용한 객체 합치기

ES2015 이후의 자바스크립트는 이외에도 다양한 배열조작 메소드를 제공하고 있습니다. 만약 깊이 알아보고 싶다면 한글로 번역되어 있는 아래 자바스크립트 학습 사이트를 추천합니다.

자바스크립트 자료구조와 자료형 https://ko.javascript.info/data-types

●참고 사이트

다음은 Svelte와 관련해서 참고하면 좋은 사이트들입니다.

Svelte 블로그에서는 한 달에 한 번씩 Svelte와 관련된 새로운 소식(교육사이트, 플러그인 등)들을 소개합니다. 매달 방문하면 많은 도움을 얻을 수 있을 것입니다.

▶ https://svelte.dev/blog

Svelte와 관련된 다양한 라이브러리들을 찾아볼 수 있는 사이트입니다.

▶ https://madewithsvelte.com/
▶ https://sveltesociety.dev/

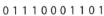

INDEX

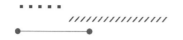

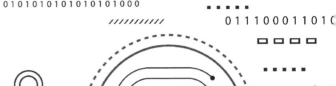

스벨트로 시작하는 웹 프런트엔드

Svelte 프레임워크를 이용한 웹 프런트엔드 기초부터 실전 SNS 프로젝트까지

초판 1쇄 발행 2022년 01월 25일

지은이 김근영
펴낸이 김범준
기획/책임편집 김수민
교정교열 이현혜
편집디자인 나은경
표지디자인 기선주

발행처 비제이퍼블릭
출판신고 2009년 05월 01일 제300-2009-38호
주 소 서울시 중구 청계천로 100 시그니쳐타워 서관 10층 1060호
주문/문의 02-739-0739   **팩스** 02-6442-0739
홈페이지 http://bjpublic.co.kr **이메일** bjpublic@bjpublic.co.kr

가 격 29,000원
ISBN 979-11-6592-113-2
한국어판 © 2022 비제이퍼블릭

예제 파일 다운로드 | https://github.com/bjpublic/Svelte